JN414531

이야기 상담의
이론과 실제

이야기 상담의 이론과 실제

초판인쇄 2026년 1월 10일
초판발행 2026년 1월 15일

지은이 박민수, 오우성
펴낸이 최준규

총괄기획 박노일
편 집 이상민

펴낸곳 피앤씨 에듀
경기도 고양시 일산동구 백석로 119, 214-904
등록 제2017-000078호
전 화 070)7550-3758 팩 스 02)6280-3758
홈페이지 www.pncmedia.co.kr 이메일 pnc@pncmedia.co.kr
ISBN 979-11-88782-86-4 93180

※ 무단복사 및 전재를 금합니다. 파본 및 낙장본은 교환하여 드립니다.

정 가 20,000원

저자서문

함께 있음을 느끼는 여정

저는 아침에 배달되는 신문을 통해 아름다운 시를 만납니다. 아침에 시를 읽는 것은 나에게 행복을 주는 시간입니다. 바쁘고 지친 세상 속에서 잠시나마 마음의 안식을 찾을 수 있는 시간이죠. 한 편의 시를 통해 사색에 잠기며 평온함을 느낍니다. 조간신문을 통해 동시를 만났습니다. 동시는 나를 어린 시절로 돌아가게 만듭니다. 나의 어린 시절을 되돌아보게 하면서, 추억이라는 행복한 계곡에서 물장구를 치게 합니다. 그럴 때면 나의 얼굴에는 자연스레 행복한 미소가 떠오릅니다. 얼마나 좋은지, 얼마나 행복한지, 얼마나 아름다운지…

어느 5월의 아침, 문삼석 시인의 '그냥'이라는 동시를 읽었습니다. 그 동시를 읽으며 엄마가 떠올랐고, 그리움과 감사의 마음이 가득해졌습니다. 그 사랑에 보답하지 못하는 미안함도 함께… 눈물이 고였습니다.

엄만

내가 왜 좋아?

– 그냥….

넌 왜

엄마가 좋아?

– 그냥….

이 시 속 아이와 엄마는 서로 마주 보고 있습니다. 아이와 엄마의 마주봄은 서로에 대한 사랑과 신뢰의 궁극적인 표현입니다. 아이가 느끼는 무한한 행복감과 평온함의 비결은 바로 엄마와 함께 있다는 것입니다. 엄마의 마음에 아이가 있듯, 아이의 마음에도 엄마가 있습니다. 그 둘이 하나가 되어 함께 있을 때 행복이 찾아옵니다. 서로 이야기를 나누며 함께 있음을 느끼고, 행복을 경험하는 것이죠.

이처럼, 누군가와 함께 있다는 것, 함께 있다는 사실의 중요성은 무엇일까요? 오늘날 많은 내담자들이 겪고 있는 문제 중 하나는 바로 '함께 있어줄 사람이 없다'는 것입니다. 내담자는 자신의 이야기를 들어주고, 자신의 고통을 함께 느낄 수 있는 사람을 필요로 합니다. 상담자가 내담자의 이야기를 들으며, 그 문제를 자신처럼 느낄 수 있다면 진정한 치료가 이루어질 것입니다.

이야기의 중요성은 요즘 새롭게 부각되고 있습니다. 특히 인문 사회과학 분야에서 인간의 삶을 이해하는 방법론으로서 이야기narrative라는 패러다임이 점차 확립되고 있습니다. 사람은 이야기 속에서 새로운 의미를 창출하며, 이러한 경험을 통해 자기 자신을 탐색하게 됩니다. 이야기를 하며 새로운 언어를 만나고, 새로운 의미를 발견하는 과정은 사람을 자기 자신에게 새로운 존재로 다가가게 만듭니다. 또한 사람들은 이야기를 통해 자신과 타인을 이해하게 됩니다.

이야기에 대한 새로운 패러다임은 마이클 화이트Michael White와 데이빗 엡스턴David Epston으로부터 시작되었습니다. 그 이후로 여러 학자들에 의해 발전되었습니다.

이야기 상담은 문제 해결을 위한 시도로서, 왜 사람은 이야기를 하고 싶어 할까요? 이야기의 기능은 무엇일까요? 우리는 자신의 이야기를 함으로써 문제를 풀고 치유를 경험합니다. 이야기를 하지 못하면 병들거나 혼란스러워지기도 합니다. 우리의 이야기를 통해 욕구를 충족시키거나, 카타르시스를 경험하며 삶의 의미를 발견하고, 자신의 정체성을 깨닫습니다. 또한 이야기를 나누는 과정에서 기쁨과 재미를 느끼며, 다른 사람과 공감대를 형성하고, 존재감을 느낄 수 있습니다. 이러한 이야기의 기능은 우리의 문제를 해결하는 데 중요한 역할을 합니다. 우리는 부정적인 삶의 이야기를 긍정적인 방향으로 변화시키며, 새로운 삶을 살아갈 수 있습니다. 또한, 자신의 문제의 원인을 주변의 이야기들에서 찾고, 그 이야기들을 재구성하여 문제를 해결할 수도 있습니다. 이처럼 이야기는 그 자체로 문제를 해결하는 기능을 가지고 있습니다. 그래서 이야기는 상담의 기법으로서 효력이 있습니다.

그러나 이야기 상담의 새로운 접근과 효과성에도 불구하고, 여전히 어려운 상담 이론으로 인식되는 경우가 있습니다. 실제로 몇몇 상담 심리 전문가들로부터 “이야기 상담 이론은 어렵다”는 말을 들은 적이 있습니다. 이러한 피드백을 바탕으로, 저는 이야기 상담을 연구하기 시작했습니다. 이야기 상담을 연구하는 과정에서 관련 서적을 폭넓게 탐독한 결과, 이야기 상담의 과정과 기술들이 체계적으로 정리되지 않고 도식화되지 않았음을 깨닫게 되었습니다. 이를 해결하기 위해, 이야기 상담의 과정과 기법들을 도식화하고, 상담자들이 자신의 상담이 어느 과정과 단계에 있는지 쉽게 파악할 수 있도록 하려는 목표를 가졌습니다. 또한, 이야기 상담의 기술들을 보다 쉽게 습득하고 실제로 활용할 수 있는 구체적이고 실용적인 기술들을 제시하고자 했습니다.

따라서 이 책에서는 이야기 상담의 과정과 단계를 새롭게 구성하고, 이야기 상담에서 사용하는 질문 기술들을 도식화하여 제시하고 있습니다.

그러나 무엇보다도 독자들이 이야기 상담을 제대로 수행하기 위해서는, 먼저 이야기 상담의 사상적 배경에서 비롯된 세계관, 가치관, 그리고 인간관에 대한 패러다임의 전환이 필요합니다. 왜냐하면 이야기 상담에서는 상담자가 내담자에게 영향을 주고 변화를 이끌어내는 것뿐만 아니라, 상담자 역시 내담자에게 영향을 받고 변화를 경험하기 때문입니다. 이야기 상담에서는 상담자가 전문가가 아니라, 내담자가 전문가로서 역할을 하기 때문입니다.

이 책은 다음과 같이 구성되어 있습니다. 1부에서는 이야기 상담의 이론적 배경과 원리를 다루고, 2부에서는 이야기 상담의 과정, 단계, 그리고 기법들을 중심으로 설명합니다.

1부에서는 이야기 상담에서 말하는 '이야기'의 기초를 이해하는 것이 목표입니다. 이야기 상담의 핵심이 무엇인지 구체적으로 설명하려고 합니다.

1장과 2장에서는 이야기의 개념과 중요성, 그리고 이야기 상담의 특별한 성립과 발전에 대해 다룹니다. 특히 이야기 상담은 여러 학자들에 의해 다양한 기법들이 개발되었기 때문에, 이 장에서는 이야기 상담 기법들이 어떤 학자들에 의해 만들어졌는지 정리합니다.

3장과 4장에서는 이야기 상담의 사상적 배경과 전반적인 이론에 초점을 맞추어 설명합니다.

2부에서는 이야기 상담에서 말하는 상담의 실제를 이해하는 것이 목표입니다. 이 부는 임상 작업을 기초로 한 실제 사례 중심으로 구성됩니다. 여기서는 이야기 상담의 과정, 단계, 그리고 기법들에 대해 구체적으로 설명할 예정입니다. 우리는 이야기 상담의 과정과 단계를 워크숍 형식으로, 상담 실제 부분은 대화 형식으로 구성하려고 노력했습니다. 왜냐하면 2부를 통해 독자들이 현재 자신의 이야기 상담 위치를 파악하고, 그 위치에서 어떻게 기법들을 활용할지에 대한 해답을 찾기를 바라기 때문입니다. 또한, 이 책에 소개된 이야기 상담의 과정과 단계를 통해 기법들을 끊임없이 훈련하고 연습함으로써, 독자들이 내담자에게 적합하게 적용하고, 궁극적으로 자신만의 독특한 이야기 상담을 만들어 갈 수 있기를 바랍니다.

2부는 이야기 상담의 4과정과 6단계, 그리고 여러 기법들로 구성되어 있습니다. 이 과정과 단계들은 상담자들에게 하나의 지침이 될 것입니다. 상담자들은 이 과정과 단계를 따라가며, 현재 자신의 상담이 어느 위치에 있는지를 파악할 수 있습니다. 또한, 각 단계에서 어떤 이야기 상담 기법을 사용해야 하는지 쉽게 알 수 있도록 구성하였습니다.

이야기 상담의 과정은 '문제 이야기 파악 과정 → 문제 이야기 분리 과정 → 새로운 이야기 구성 과정 → 새로운 이야기 강화 과정'으로 나뉩니다.

문제 이야기 파악 과정은 '문제 이야기 파악 단계'와 '알지 못한다 자세'입니다.

문제 이야기 분리 과정은 '외재화 대화 단계'입니다.

새로운 이야기 구성 과정은 '독특한 자료 발견 대화'와 '재저작 대화 단계'입니다.

새로운 이야기 강화 과정은 '회원 재구성 대화 단계'와 '인정 의식 단계'입니다.

몇 마디 개인적인 말씀을 덧붙이겠습니다. 이 책의 가장 중요한 뼈대는 이야기 상담의 과정과 기법을 다루고 있는 2부입니다. 이 내용들은 기존의 이야기 상담 이론을 바탕으로 저자들이 새롭게 구성하고 창안한 것입니다. 또한, 이러한 과정들은 그동안 이야기 상담의 이론과 실제를 구성하는 데 큰 도움을 준 기독영성상담연구소의 연구원들로부터 받은 피드백 덕분에 완성될 수 있었습니다. 우리는 그들과 함께 절친한 친구가 되어, 상담 분야와 신앙 공동체로서 깊은 관계를 맺을 수 있었던 것에 대해 진심으로 기쁘게 생각합니다.

이 책이 임상적인 성격을 갖추게 된 것은 여러 내담자들이 자신의 이야기를 책에 실을 수 있도록 허락해 준 그들의 배려와 용기 덕분입니다. 그들에게 진심으로 감사의 마음을 전합니다. 이 책이 독자들에게 친숙하게 다가갈 수 있도록 아름답게 편집해 준 피앤씨에듀의 편집부와 출판 과정에서 많은 도움을 주신 최준규 사장님께도 감사드립니다.

박민수 · 오우성

차 례

제1부 이야기 상담의 이론적 배경과 원리

제2부 이야기 상담의 과정과 기술

제1부

이야기 상담의 이론적 배경과 원리

제 1 장

이야기 상담의 성립과 배경

삶과 함께하는 이야기

우리의 삶은 이야기이다. 삶이 이야기로 들릴 때, 삶은 우리의 가슴 속으로 들어오고, 그 이야기가 우리 삶의 현장으로 들어와 우리의 삶을 더욱 풍성하게 한다. 이렇듯 우리는 의식하든 의식하지 않든, 이야기 속에 젖어 살고 있다. 사르트르J. P. Sartre는 우리가 자신의 이야기와 다른 사람들의 이야기에 둘러싸여 있으며, 우리의 삶은 이야기를 통해 이해되고, 마치 이야기를 하는 삶을 살아가는 것 같다고 하였다.

사람은 태어나면서부터 부모나 가족들로부터 이야기를 들으면서 성장한다. 아이는 부모가 들려주는 재미있는 동화나 이야기를 들으면서 세상을 알아 간다. 우리는 누군가로부터 이야기를 들으며 자라났고, 또 아이들에게 이야기를 들려주고 있다.

이야기적인 삶을 살아가는 대표적인 시기가 바로 어린 시절이다. 어린 시절의 이야기는 자연스럽게 삶의 한 부분이 된다. 아이들은 자연스럽게 이야기를 만나며 이야기를 받아들이고, 이야기와 하나가 된다. 아이들에게 있어서 이야기는 자신을 찾는 모험이기도 하다. 아이들은 이야기로 자신의 삶을 만들기도 하고, 그 이야기와 자기 자신을 동일시하기도 한다.[1]

니마이어R. A. Neimeyer에 의하면, "사람은 이야기를 통해 자기 자신과 삶을 만들어 가고, 이야기를 통해 성숙하고 성장하는 삶을 살아간다. 사람은 이야기를 만들기도 하지만, 자기가 하는 이야기에 의해 만들어지기도 한다. 그래서 사람은 이야기적인 삶을 살아가게 된다."[2]

이와 같이, 자기 자신과 외부에 대한 인식은 이야기를 통해 형성된다. 즉, 자신에 대한 인식, 타인에 대한 인식, 세계에 대한 인식은 이야기를 통해 형성된다는 것이다. 특히 우리 각자가 가지고 있는 인생관, 세계관, 가치관 등은 중요한 사람들이 들려준 이야기가 만들어 낸 결과물이다. 따라서 사람들은 이야기를 만들기도 하지만 동시에 다른 사람이 들려준 이야기에 의해 살아가기도 한다.

이처럼 사람은 태어나면서부터 이야기라는 공기 속에서 살아간다. 사람이 사는 곳에 이야기가 있고, 삶이 있는 곳에 이야기가 있다. 따라서 사람은 늘 이야기와 함께 살고 있고, 이야기에 둘러싸여 살고 있으면서도, 공기와 같이 이야기의 존재를 깨닫지 못하면서 살아간다.

삶에서 이야기를 뺀다면 마치 영화 속 등장 인물들에게서 대사를 뺀 것처럼 재미가 없을 것이다. 사람들이 자신의 삶을 이야기할 수 없다면, 삶의 의미도 더 이상 찾지 못하고 있음을 느끼게 될 것이다.[3] 사람

---

1) 고미영, 『이야기 치료와 이야기 세계』 (서울: 청목출판사, 2004), 23.
2) R. A. Neimeyer, "An Appraisal of Constructivist Psychotherapies," *Journal of Consulting and Clinical Psychology* 61(2) (1993): 226.

이 자신의 이야기를 한다는 것은 곧 자신의 삶을 살아가고 있다는 것이며, 자신에 대한 이야기의 중단이나 부재는 곧 죽음이라고 말할 수 있다.4)

이야기란 무엇인가?

이야기는 신화, 전설, 동화, 설화, 서사시, 역사, 연극, 드라마, 무언극, 미술작품, 영화, 신문기사, 대화 등 어디에나 존재한다. 이야기는 거의 제한이 없는 다양한 형태로 모든 시대, 장소, 사회 속에 존재해 왔다. 이야기는 인류의 역사가 시작되는 동시에 시작되었고, 동시에 어떤 집단, 문화, 종족 속에도 존재하고 있다. 이것은 바로 이야기가 삶 그 자체이기 때문에 그렇다.

스토리, 내러티브, 담론

영어의 스토리story와 내러티브narrative는 단어의 뜻과 의미 그리고 쓰임새에 따라 구분된다. 그러나 우리나라는 이 두 단어를 '이야기'라는 똑같은 용어로 번역하여 사용하고 있다. 학자들 간에는 이 두 용어를 구분 없이 사용하거나, 스토리는 이야기로, 내러티브는 서사敍事로 뚜렷이 구분하여 사용하기도 한다. 이 책에서는 이 두 단어를 구별하여 사용하고자 한다.

---

3) 정석환, "이야기 심리학과 기독교 상담," 한국기독교상담심리치료학회, 제5회 학술대회, 2001년 11월 10일

4) 오탁번·이남호, 『서사문학의이해』 (서울: 고려대학교출판부, 2001), 7.

영어에서 스토리는 역사history라는 단어와 같은 어원에서 나왔고, 한 때는 동일한 의미로 사용되기도 하였다.[5] 스토리는 어떤 사건을 묘사한 것이며, 일정한 구조를 가지고 있다.[6] 또한, 스토리는 아주 제한적인 용어로서 수많은 문학적 양식들, 곧 신화나 비유 무용담에서 나오는 이야기tale를 말하기도 한다. 따라서 스토리는 사건을 단순한 이야기체로 만들어서 사건의 내용만을 간결하게 전달하는 것을 말한다.

내러티브narrative의 어원은 라틴어 '내레이트narrate'이다. 이 내레이트는 '무엇을 알게 하기 위하여 이야기로 설명하는 것'을 의미한다. 따라서 내러티브로서의 이야기는 스토리보다 좀 더 광범위한 개념으로[7] 이야기의 구성 요소인 사건, 인물, 배경과 담론discourse을 주요 구성으로 하고 있다. 즉, 내러티브는 해설자와 수화자受話者가 있는 이야기이다. 스토리를 해설하는 것이 담론에 해당한다. 즉, 내러티브는 스토리에 담론을 추가한 것이다. 그러므로 내러티브는 담론이 있는 이야기이다.

로우리E. L. Lowry에 의하면 내러티브로서의 이야기는 "특정한 시간에 일어나는 사건이다. 이 사건은 불안정 상태나 충돌을 겪고, 계속적인 갈등 및 혼란을 지나 극적 반전으로 이어지며, 결국 대단원의 끝으로 나아간다."[8] 또한 그는 스토리와 내러티브를 구별하기 위해 '약medicine'이란 단어를 예로 들어 설명한다. '약'이라는 단어는 단순히 이미 제조된 병 안에 들어 있는 약 자체를 의미 할 수 있지만, 다른 측면에서는 의사의

---

5) Wayne B. Robbinson, 이연길 역, 『이야기식 설교를 향한 여행』 (서울: 한국장로교출판사, 1983), 13.

6) 김번영, 『이야기 치료와 상담』 (서울: 솔로몬, 2007).

7) Jennifer Freeman, David Epston, and Dean Lobovits, *Playful Approaches to Series Problems : Narrative Therapy with Children and Their Families* (London: W. W. Norton, 1997), 72.

8) Wayne B. Robbinson, op. cit., 13.

처방과 제조 과정까지를 포함하는 의미로 사용되기도 한다. 약 자체를 스토리라고 한다면, 의사의 처방과 제조 과정까지 포함하는 것을 내러티브라 할 수 있다.[9] 그러므로 내러티브로서의 이야기는 사건 자체에 자신의 해석과 경험을 함께 곁들여 엮는 것이라고 할 수 있다.

담론은 이야기를 일정한 관점과 수사적인 기교를 가지고 새롭게 쓰는 기술이다. 그러므로 같은 이야기 소재를 가지고도 담론에 따라 여러 종류의 다른 이야기가 만들어질 수 있다.

담론의 특징은 '어떻게'이다. 같은 이야기라도 이야기하는 방식에 따라 다르게 구성될 수 있다. 담론은 이야기의 '어떻게'를 구성하는 중요한 요소로서 수사학에 해당한다. 수사학의 본질을 이루는 것은 관점, 전개 과정, 상징, 아이러니, 이야기 기법 등이다. 이러한 수사학의 본질들이 합해져 담론 속에 녹아든다. 그러므로 담론에 따라 내러티브가 전개된다. 이야기를 이끌어 나가는 기술이 바로 담론이다.

담론은 단순히 어떤 언어적 표현 형식만을 지칭하는 것이 아니라, 그것을 조직하는 수단을 뜻하며, 사회적인 이미지 생산을 가속하거나 통제하는 제반 물질적 조건을 전제하는 개념이다.[10] 따라서 담론은 단순히 개인이나 가족의 언어가 아니라, 사회의 언어로서 그 속에 사회적인 평가나 문화적 편견이 깃들어 있음을 의미한다.

이야기의 중요성

사람은 사회적인 존재이다. 이 말의 의미는 사람은 의사소통뿐만 아

9) Eugine L. Lowry, *The Sermon* (Nashville: Abingdon Press, 1997), 24.

10) H. L. Dreyfus and P. Rainbow, *Michael Faucault: Beyond Structuralism and Hermeneutics* (Chicago: University of Chicago Press, 1983), 85.

니라 각종 정보의 교환과 문화의 전수가 가능하다는 것이다. 이러한 상호 교환적인 관계를 가능하게 하는 능력이 바로 언어이다. 사람은 이야기를 통해 사회적인 상호작용을 할 수 있으며, 논리와 추론 등의 인지적인 활동을 수행할 수 있다.[11)]

또한 사람은 근본적으로 이야기를 하는 존재이다.[12)] 이야기는 시인과 극작가와 소설가들의 전유물이 아니다. 왜냐하면 우리는 이야기를 통해 자신의 삶을 이해하고, 자신의 삶을 이야기함으로써 살아가기 때문이다.[13)] 이야기가 우리의 삶에 중요한 이유에 대해 피터슨E. H. Peterson은 다음과 같이 말했다.

> 우리가 우리의 삶을 기술하려 할 때, 또한 사실은 중요하지만 겉으로는 대수롭지 않아 보이는 일에 주목하고자 할 때, 우리의 행동과 감정에 특유의 질감을 더해 주는 색깔과 모양과 냄새의 미묘한 차이를 음미하고자할 때, 직장과 가정에서 갖는 만남과 관계에 일관성을 부여하고자 할 때, 그리고 이웃과 역사 속에서 우리의 정확한 자리를 발견하고자 할 때, 우리가 사용할 수 있는 가장 좋은 방법은 바로 이야기다. 이야기는 새롭고 세세한 것들을 묘사하기 좋아한다. 그러나 동시에 이야기는 그 모든 세세한 일들 이면에 있는, 눈에 쉽게 띄지 않는 의미와 목적 등을 발견하고 드러내 주기도 한다. 이야기 속에서는 사소한 일과 커다란 일들이 모두 똑같이 중요하게 대우받고 서로 쉽게 연결될 수 있다.[14)]

이처럼 사람은 세상을 만날 때 이야기를 통해 경험을 조직하고 이해한다. 우리의 경험은 이야기 형식으로 정리되어 기억 속에 저장된다.

---

11) 박혜경·조선하, "유아 내러티브 발달에 대한 연구," 『생활과학연구』 제8권 (2003): 162.
12) Alasdair MacIntyre, *After Virtue: A Study in Moral Theory,* 3rd ed. (Notre Dame:University of Notre Dame Press, 2007), 216.
13) Ibid., 212.
14) Eugene H. Peterson, *Leap Over a Wall,* 이종태역, 『다윗 :현실에 뿌리박은 영성』 (서울: IVP, 1999), 14.

기억되어 있는 지식을 통해 사람들은 자신들이 경험한 사건에 의미를 부여해 이야기를 만들고, 만들어진 이야기를 통해 가치, 믿음, 욕구나 필요 등을 표현한다.[15] 이야기는 의사소통을 위해 가장 널리 사용되어 온 매체가 되어 왔다. 이야기는 의사소통을 도와주며, 그 효과를 높여 준다. 이와 같이 이야기는 사람의 삶에 있어서 가장 중심적인 부분을 차지해 왔다.

이야기의 필요성: 왜 우리는 이야기를 하는가?

삶은 복잡하다. 그래서 우리는 삶을 설명할 방법을 찾는다. 이 설명은 우리가 우리 자신에게 하는 이야기이고, 이 이야기가 우리의 경험을 구성하며, 우리의 행동을 결정한다.[16] 그러나 현대인에게는 고대인들이 가졌던 신화와 같은 궁극적인 이야기가 없다. 현대인은 궁극적인 삶의 의미를 찾을 수 있는 이야기가 없는 세계에서 살고 있다. 그래서 우리는 우리의 이야기 속에서 궁극적인 삶의 의미를 찾아야 한다. 우리는 우리의 이야기를 통해 삶을 재해석하면서 의미를 부여하게 된다.

왜 사람은 이야기를 하고자 하는가? 우리는 이야기를 함으로써 자신의 문제가 풀리는 것을 경험한다. 우리는 이야기를 하지 못하면 병이 들거나 혼란스러워진다. 우리는 우리의 이야기를 함으로써 자신의 욕구를 충족시키거나, 감정의 정화catharsis를 느끼거나 삶의 의미를 발견하고 자신의 정체성을 깨닫게 된다. 또한 우리는 자신의 이야기를 통해 기쁨과 재미를 느끼고, 다른 사람과 공감대를 형성하며 자신이 살아 있다는 느낌을 갖기도 한다. 예를 들어 우리나라 남자들은 군대 이야기,

---

15) 양유성, 『이야기 치료』 (서울: 학지사, 2006).

16) Michael P. Nichols and Richard C. Schwartz, *The Essentials of Family Therapy*, 3rd ed. (Boston: Allyn and Bacon, 2007), 263.

정치 이야기, 스포츠 이야기를 하면서 공감대를 형성한다. 또한 여자들은 자녀 양육과 가족, 친구, 일상적인 활동 등의 이야기를 하면서 공감대를 느낀다. 사람들은 자기 이야기 또는 다른 사람의 이야기를 하면서 자기가 살아 있다는 느낌을 갖게 된다. 어떤 남자는 술만 먹고 들어오면 가족들을 불러 놓고 밤새 같은 이야기를 계속한다. 이 사람이 같은 이야기를 계속하는 이유는 똑같은 이야기를 하면서도 자신은 새로운 것으로 느끼고, 기쁨과 행복을 느끼기 때문이다.

사람들이 이야기를 하는 또 다른 이유는, 사람이 유한한 존재이기 때문에 이 한계를 벗어나고 싶어 하기 때문이다. 예를 들어, 1,000원도 아까운 사람이 복권을 사서 백만장자가 되면 어떻게 할까라는 상상을 하면서 이야기를 한다. 우리가 상상력을 가지고 이야기 속으로 들어갈 때, 우리는 더 넓고 더 자유로우며 더 정연한 세계에 있음을 알게 된다. 때때로 이야기는 우리를 더 실제적인 세계로 인도하고, 우리의 지평을 넓혀 주며, 우리의 시각과 통찰력을 예리하게 만들어 준다.[17)]

브루너J. Bruner의 주장처럼 우리가 '살았던 시간lived time'을 기술할 수 있는 방법은 이야기 형식밖에 없다. 물론 이것은 시간의 경험을 기술할 수 있는 다른 형식이 없다는 뜻은 아니다. 살았던 시간에 대한 의미를 알기 위해서는 이야기의 형식을 사용할 수밖에 없다는 의미이다. 그러므로 어떤 사람이 자신의 삶을 말할 때마다 그것은 항상 이야기적인 성취가 된다. 사람들은 자신의 삶을 이야기 형식으로 재현한다.[18)]

이와 같이 우리가 우리의 삶을 이해하기 위해서는 이야기의 형식을 취할 수밖에 없다.

---

17) Eugene H. Peterson, op. cit., 15.
18) Jerome Bruner, "Life as Narrative," *Social Research*, Vol. 54, no. 1 (1987): 12–13.

이야기의 기능

이야기는 사람들이 자신의 삶을 이해하고 설명하는 데 가장 쉽게 이용하는 매개체이다. 그러나 최근에는 이야기가 단순한 의사전달의 도구만이 아니라 세계와 인간의 삶에 적극적으로 관여하여 그 영향력을 발휘하고 있다는 사실에 주목하고 있다. 이야기는 삶을 구성해 주고 삶을 원하는 대로 변형시킬 수 있는 힘을 가지고 있음이 점점 더 뚜렷하게 드러나기 시작했다.[19] 다음에서는 이야기의 주요 기능들 중 몇 가지를 소개한다.

이야기는 자아 정체성을 형성하게 한다 우리는 삶 속에서 의미 있는 이야기를 만나고, 이를 토대로 나 자신의 이야기를 만들어 간다. 탈근대주의 사상에 의하면 자아는 전적으로 이야기로 형성되며 이야기의 산물이다.[20] 탈근대주의 사상가들은[21] 자아를 이야기적 구성물로 이해하였다. 이들의 견해에 의하면 자아가 형성되는 데에는 개인적인 차원과 사회적인 차원이 있다. 개인적인 차원의 자아 형성은 순수하게 개인의 내면에서 발생되고 구성된 이야기를 의미하며, 사회적인 차원의 자아 형성은 다양한 통로를 통해 우리 안에 들어온 다른 사람들의 소리에 의해 만들어진 이야기를 의미한다.[22] 즉, 자아 정체성은 내가 나 자신에 대해 이야기하는 것과 다른 사람이 나에 대해 이야기하는 것을 통해 형성된다.

---

19) 고미영, "이야기의 속성과 치유," 『교수논총』 11 (2000): 17.
20) D. E. Polkinghorne, "Narrative and Self−Concept," *Journal of Narrative and Life History* 1, no. 2 and 3 (1991): 135.
21) Polkinghorne, Carr, McAdams, Gergen 등의 학자.
22) 고미영, 『이야기 치료와 이야기의 세계』 (서울: 청목출판사, 2004), 56.

나에 관한 이야기는 과거에 대한 통찰과 현재와 미래의 전망을 보여 줌으로써 우리에게 정체성에 관한 질문을 던진다.[23] 우리는 이야기를 통해 '나는 누구였으며, 나는 누구이며, 어떤 사람이 될 것인가?'하는 질문에 답을 찾는다. 우리는 이야기를 통해 과거-현재-미래의 자아 정체성을 형성해 간다.[24]

이처럼 이야기는 자신과 다른 사람의 삶을 이해하게 함으로써, 타자와의 관계를 깊게 할 뿐만 아니라 자기 자신에게 더 나은 자아를 찾도록 돕는다. 타자의 실생활 경험을 진솔하게 들음으로써 자아는 평소에는 왜 저런 행동을 할까 하고 의심했던 일들을 타자와의 관계와 경험에 대한 이야기를 통해 이해할 수 있게 된다. 이처럼 이야기의 공유는 타자를 일반적인 타자로 남겨 놓는 것이 아니라, 특정한 타자로 만들어 준다. 그리고 특정한 타자의 필요에 의해 응답하도록 동기유발시켜 준다. 또한 나의 삶의 이야기를 경청하는 타자들의 반응과 나의 삶의 이야기에 대한 자기반성이 더 나은 자아를 구성하게 해 준다.[25]

그러므로 우리는 자신에 대해 다른 사람들이 어떻게 지각하고 있는가라는 상호작용 과정 속에서 자신이 누구인지를 정의해 간다. 그런데 이것은 반복되는 과정이다. 우리는 우리의 관계맥락 안에서 스스로의 '현실'을 창조하게 된다. 우리는 다른 사람과 이야기를 나누면서 상호작용하는 순간마다 우리 스스로가 누구인지를 드러낸다.[26]

---

23) Ibid., 51.
24) 양유성, op. cit., 22.
25) 고미숙, "우리의 삶을 이야기하는 서사적 접근의 도덕교육," 『교육철학』 (24호(2000):17.
26) William D. Lax, "임상장면에서 후기 근대주의적 사고," in Sheila McNamee and Kenneth J. Gergen, *Therapy As Social Construction*, 김유숙 역, 『심리치료와 사회구성주의』 (서울: 학지사,2004), 115-116.

이야기는 삶을 구성한다 이야기는 우리 삶의 문제를 해결하는 도구로 사용될 수 있다. 우리는 자신의 삶에 대한 부정적인 이야기를 긍정적인 것으로 바꿈으로써 자신의 삶을 새롭게 살아갈 수 있다. 또한 우리는 자신의 삶이 가지고 있는 문제의 원인을 자기 주변에 있는 이야기에서 발견하고 자신에게 영향을 미치는 이야기를 다시 새롭게 형성할 수도 있다. 그리고 자신의 삶을 구성하고 있는 구성원들을 재구성하고 그들의 새로운 증언을 통해 자신의 문제를 해결할 수도 있다.

이야기는 우리 자신이 외부 세계와의 상호 관련 속에서 만들어 내는 해석의 틀이다.[27] 우리는 이야기를 통해 그 사람의 이야기 세계를 파악하고, 그가 말한 이야기 세계와 현실 세계가 어떠한 관계를 맺고 있는지를 탐색할 수 있다. 이야기는 그 사람이 현재 맺고 있는 관계의 의미를 찾아갈 수 있는 하나의 통로이다. 따라서 이야기를 잘 들어 보면 그 사람의 관계 패턴을 알 수 있다.

따라서 이야기는 단지 삶을 반영하는 것뿐만 아니라 삶을 만들기도 한다. 이것은 사람들이 자신의 이야기와 일치하는 삶을 가지게 되는 이유이다. 또한 그것은 지나치게 서둘러서 자신의 관점을 내담자에게 부과하려는 상담자들이 실패하게 만드는 이유이기도 한다. 그러므로 이것은 이야기는 상담자들이 사람들의 이야기를 탐색함으로써 그들의 행동을 이해하고 영향을 줄 수 있는 이유이기도 하다.[28]

이야기는 치료하는 힘이 있다 정신분석의 근저에 있는 것은 무의식과 성욕과 같은 개념이 아니다. 물론 그것들은 정신분석에서 가장 중

27) Rollo May, *The Cry for Myth* (New York:W.W. Norton and Company, 1991), 20.
28) Michael P. Nichols and Richard C. Schwartz, *The Essentials of Family Therapy*, 264.

요한 개념임에는 틀림이 없다. 그럼에도 불구하고 우리가 간과해서는 안 되는 것은 정신분석을 독립된 학문이자 독자적인 치료 방법으로 만드는 것은 다른 데 있다는 사실이다. 그것은 바로 '이야기하는 치료법talking cure'이다. 사실 '이야기 치료법'이라는 평범한 말 한마디에는 정신분석의 모든 비밀이 숨어 있다.

프로이트S. Frued의 정신분석은 '말'과 함께 시작되었다. 프로이트는 "히스테리 연구"에서 카타르시스catharsis에 대해서 다음과 같이 말하고 있다.

> 환자가 히스테리의 원인이 되는 사건을 완전히 기억해 내고 동시에 그 기억에 얽혀 있는 감정을 불러일으키는 데 성공하면, 그리고 환자가 그 사건에 대해 가능한 한 자세히 진술하고 감정들을 말로 표현하게 되면, 개개의 히스테리 증상은 곧 소멸되고 두 번 다시 일어나지 않는다는 것이다.[29]

프로이트는 안나 오Anna O의 사례에서 그녀에게 무언가 기분이 상한 것에 대해 강제로 말하게끔 했더니, 그 어떤 말도 할 수 없게끔 만들었던 억압이 사라졌다고 하였다. 이와 같이 언어가 행동을 대신할 수 있다. 즉 언어의 도움만으로도 효과적으로 감정을 소산消散시킬 수 있다. 따라서 카타르시스의 핵심은 외상trauma을 이야기하는 것이다. 즉 그때 얽혀 있던 감정을 다시 재현하여 말로 표현하는 것이다. 카타르시스는 쌓였던 감정을 말로 표현하고, 그 감정을 폭발시키는 것이다. 감정을 폭발시킨다는 것은 '울고 나니 시원하다', '화내고 나니 후련하다'라고 하는 것들이며, 감정을 말로 표현한다는 의미는 '말하고 나니 후련하다'라는 말과 같다.

---

29) S. Freud, 김미리혜 역, 『히스테리 연구』(서울: 열린책들, 1997), 18.

이야기는 참만남encounter을 갖게 한다. 이야기 또는 이야기하는 것은 우리가 다른 사람과 결합하는 과정이기도 하다.[30] 스트룹G. W. Stroup은 "우리를 다른 사람들과 동일시하기 위해서, 또 우리가 어떤 사람이고 왜 우리가 그런 사람으로 존재하는가를 설명하기 위해서 개인의 역사를 해석하거나 열거하는 이야기로 말해 준다."[31] 라고 하였다. 즉 우리가 내 이야기를 할 때 듣는 사람은 자기의 이야기로 듣게 된다는 것이다. 그래서 이야기를 듣는 사람은 기뻐하기도 하고, 슬퍼하기도 하고, 눈물을 흘리기도 하는 것이다.

이야기의 성격

리츨D. Ritschl에 의하면, "이야기는 목적을 향하여 움직임을 가진다. 이야기는 어떤 특정한 단어나 문장들에 매이지 않는 하나의 내적 계속성을 가진다."[32] 라고 하였다. 이야기가 지니는 움직임은 과거에 존재했던 무엇으로부터 앞으로 전개되어야 할 방향으로 움직이도록 강력한 힘을 주게 된다.

이야기의 힘에 대해 이연길은 다음과 같이 설명하고 있다.

> 우리나라 속담에 "물이 들어와야 배가 떠나지"란 말이 있다. 이 속담은 간단한 이야기지만, 그 속에는 무언가 움직임이 있다. 그리고 어디로 가야 한다는 목표가 있다. 이 말 속에는 어떤 의미가 들어 있으면서, 또 어떤 곳으로 움직이도록 해 주는 힘이 있다. 그래서 이 말을 듣는 사람들은 각자의 머리에 자기 나름대로 그림을 그리게 되고, 이야기를 듣는 순간 가슴도 머리도 움직이게 된다.

---

30) William D. Lax, op. cit., 115에서 재인용.

31) George W. Stroup. *The Promise of Narrative Theology* (Westminster: John Knox Press. 1981), 90, 재인용.

32) Ibid.

어떤 사람은 실제로 물이 들어와야 배가 떠나는 것이라고 생각할 것이고, 좀 상상력이 뛰어난 사람은 '아, 뭔가 준비되어야 할 일이 진행될 수 있다는 말이로구나.'하고 생각할 것이다. 또 준비가 아직 안 되어 있는 상태에서 무언가를 서두르던 사람이 있었다면, 이 말을 듣는 순간 자기가 하고 있는 일을 다시 한 번 반성하게 될 것이다. '아, 아직 때가 되지 않았는데 내가 서두른 것은 아닌가?'하고 말이다.[33]

따라서 이야기의 성격은 어떤 사건을 이미지화함으로써 현재 자신이 처한 상황을 객관적으로 바라보게 하고, 앞으로 나아가기 위해 갖추어야 할 일들을 전망해 보도록 해 주는 것이다.

이야기의 구조

이야기의 구조에는 두 가지 특징이 있다. 첫째, 이야기에는 행위 조망과 정체성 조망이 동시에 구성되어 있다.[34] 행위 조망에는 행위자, 의도 또는 목적, 상황, 도구, 이야기 문법에 상응하는 요소들이 들어 있다. 정체성 조망에는 그 행위에 연루된 사람들이 알고 사고하고 느낀 것, 혹은 알지 못하고 사고하지 못하고 느끼지 못한 것이 들어 있다. 따라서 이야기 구조는 최소한 행위자, 행위, 목적, 상황, 도구로 구성되어 있기 때문에 우리는 이야기에서 행위자의 보다 밀접한 특징을 알게 된다. 또한 이야기에는 사건의 순서가 포함되고, 그 순서는 바로 행위자의 의도와 의미를 전달하게 된다는 것이다. 따라서 이야기를 한다는 것은 최초의 즉각적인 경험을 역사적으로 그대로 기술하는 것이 아니라, 특정한 방식으로 경험을 구조화하는 것이며, 삶의 내용과 계속성에

---

33) 이연길, 『이야기 설교학』 (서울: 쿰란출판사, 2006), 39.
34) Jerome Brunner, *Actual Minds Possible Worlds* (Cambridge: Harvard University Press, 1986), 14–17.

형식을 부여하는 방식으로 경험을 구조화하는 것이다.35)

그러므로 우리의 삶에 대해 이야기한다는 것은 일어났던 것에 대한 단순한 기록이 아니라 우리의 경험을 계속적으로 해석하고 재해석하는 것을 의미한다. 그래서 우리의 삶을 이야기하는 자서전autobiography의 형식이 일련의 삶 만들기를 위한 절차로서 고려되어야 한다.36)

둘째, 이야기는 말하는 사람과 듣는 사람을 요구한다. 이야기는 듣는 사람에게는 권위가 있는 목소리이다. 왜냐하면 이야기를 하는 자는 청중이 모르는 이야기를 알고 있기 때문이며, 이야기를 말하는 자는 모든 사건과 행위에 대해 선택을 할 수 있기 때문이다. 이러한 관점에서 연대기chronicle와 이야기narrative를 구분 지을 수 있다. 즉, 연대기는 사건들이 일어난 순서대로 단순히 기술하지만, 이야기하는 자는 그 자신의 회고적인 관점에 의해 가장 중요한 사건들을 선정하고, 그들 사이에서 원인과 동기 관계를 밝혀내고, 우리에게 조직적이고 일관된 설명을 제공한다.37)

따라서 이야기는 경험을 구조 짓는 것이며, 경험에 의미를 부여하는 것이다. 자기 삶에 대한 이야기는 자신의 삶에 대해 의미를 부여하는 방식이며, 다른 사람의 삶을 이야기적인 문맥에서 이해한다는 것은 타인의 의도와 의미를 이해하는 방식이다.

이야기의 구성요소

포웰M. A. Powell에 의하면 모든 이야기는 사건, 등장인물, 배경이라는

35) 고미숙, op. cit., 13.
36) Ibid., 14.
37) David Carr, *Time Narrative and History* (Bloomington and Indianapolis: Indiana University Press, 1986), 57–64. 고미숙, Ibid., 14.

세 가지 요소를 갖추고 있다. 사람들은 무엇인가를 누군가에게 그리고 어떤 장소와 시간에 행하게 된다. 여기서 그 사람이 행하는 무엇인가는 사건이고, 이를 행하는 사람은 등장인물이며, 장소와 시간은 배경에 해당한다.[38] 코트W. A. Kort는 상담자들이 귀 기울여 들어야 할 이야기의 요소로는 배경, 인물의 성격, 구상plot, 그리고 그 이야기의 전반적인 분위기나 톤tone이 있다고 하였다.[39] 등장인물과 사건은 마치 시소의 양쪽과도 같다. 어느 쪽이 움직이든지 그것은 다른 쪽에 영향을 미친다.

사 건

사건은 이야기 속에서 일어나는 해프닝happening으로, 사건 없이는 이야기가 구성될 수 없다. 예를 들어, "피터에게는 친구도 친척도 없다."라고 말하는 것은 이야기가 아니다. 왜냐하면 이 진술은 사건을 묘사하지 않았기 때문이다. 이 진술에 사건을 묘사하는 "피터가 죽었다."와 "단 한 사람만 피터의 장례식에 참석했다."라는 문장이 덧붙여진다면, 이는 이야기를 구성하는 것으로 간주될 수 있다.[40]

채트만S. B. Chatman에 의하면 사건에는 말, 생각, 느낌이나 감정도 포함된다.[41] 사건이 이야기가 되기 위해서는 그 사건이 말하는 사람에 의해서 어떻게 제시되는지가 중요한 요소로 작용한다.

사건에는 핵심사건과 주변사건이 있다. 핵심사건은 매우 중요해서

---

38) Allan P. Mark, *What is Narrative Criticism?*, 이종록 역, 『서사비평이란 무엇인가?』 (서울: 한국장로교출판사, 2002), 71.

39) Wesley A. Kort, *Narrative Elements and Religious Meaning* (Philadelphia: Fortress Press, 1975), 18.

40) Seymour B. Chatman, *Story and Discourse: Narrative Structure in Fiction and Film* (Cornell University Press, 1980), 43－44.

41) Ibid., 45.

그것들이 빠지면 이야기의 논리가 파괴되어 버린다. 하지만 주변사건은 생략되어도 이야기의 기본 구조는 파괴되지 않는다.[42] 따라서 이야기에서 무엇이 핵심적이고 무엇이 주변적인 것인가를 파악하는 것이 중요하다.

이야기의 진행순서는 이야기 세계를 만들어 가는 과정이다. 즉, 실제 사건 발생의 순서를 말한다. 이야기하는 사람은 앞으로 어떤 일이 일어날 것인가를 미리 알려 주기 위해 시간적으로 앞으로 나아가기도 하고, 이미 일어난 사건을 설명하기 위해 과거로 거슬러 가기도 한다.[43]

이야기하는 사람이 한 사건을 진술하는 데 소요되는 총시간은 사건이 일어난 실제로 일어난 시간duration과는 전혀 일치하지 않는다.

독자는 이야기 속에서 사건이 발생하는 빈도frequence와 그것들이 진술되는 빈도에 주목해야 한다. 어떤 사건이 이야기 전개 과정에서 언급되는 빈도는 그것이 전체 이야기에 영향을 미치기 때문에 중요하다. 반복은 대체로 강조의 의미를 지니며, 이는 이야기를 듣는 사람에게 사건의 의미를 한 번 이상 되새기도록 요구하기 때문이다.[44]

이야기의 구상plot을 이해하기 위해서는 사건들을 서로 이어 주는 인과관계causation의 요소들을 확인하는 작업이 또한 중요하다.[45] 이 인과관계가 구상의 결정적인 특징이다. "왕이 죽고 그다음에 왕비도 죽었다."라는 문장은 전혀 관련이 없는 두 개의 사건을 나열한 것으로, 그 사건들이 발생한 순서를 말하고 있기 때문에 구상을 이루지 못한다. 이야기가 구상을 갖기 위해서는 사건들이 의미 있는 형태로 서로 연결되

42) Allan P. Mark, op. cit., 72–73.
43) Ibid., 73–74.
44) Ibid., 77–78.
45) Ibid., 78.

어야만 한다. 항상 그런 것은 아니지만 대체로 이것은 인과관계의 요소를 사용함으로써 가능해진다. 포스터Edward M. Forster에 의하면, “왕이 죽고 왕비가 슬픔을 못 이겨 죽었다.”라는 문장은 두 사건 사이에 인과관계가 형성되기 때문에 구상이 이루어진다고 한다.46)

갈등은 행동, 사상, 욕망, 또는 의지의 불일치라고 할 수 있다. 갈등은 다양한 차원에서 일어난다. 대부분의 경우 갈등은 등장인물 사이에서 일어나는데, 그것은 관점의 불일치나 등장인물의 서로 다른 성격적인 특징 때문에 야기된다. 페린L. Perrine은 갈등이 등장인물과 배경 사이, 즉 사람과 그들의 환경 사이에서도 일어날 수 있음을 발견해 냈다.

등장인물은 자연과 사회, 그리고 운명과 갈등을 일으키는 것으로 묘사 되기도 한다. 때때로 등장인물은 자신과 갈등을 일으키기도 한다.47)

등장인물

이야기가 구성되기 위해서는 등장인물character이 필요하다. 등장인물은 이야기 속에 등장하는 사람들로 이야기에서 중요한 의미를 가진다. 등장인물은 이야기 속에 행위자actor로서 구상을 이루는 여러 가지 행동을 수행하는 자이다. 등장인물은 사람뿐만 아니라 무생물, 동물, 꽃 등 사람이 아닌 것들이 될 수도 있다.

등장인물의 묘사에는 개인이 스스로에게 부여한 자기 묘사뿐만 아니라 자기 삶에서 중요한 인물들에게 부여한 묘사도 포함된다.48) 이야기

---

46) Edward M. Forster, *Aspects of the Novel* (1927: reprint, Harmondsworth, Eng.: Penguin Books, 1962), 86.
47) Laurence Perrine, *Story and Structure*, 44. Allan P. Mark, op. cit., 82–83에서 재인용.
48) Charles V. Gerkin, *Living Human Document*, 안석모 역, 『살아있는 인간문서』 (서울: 한국심리치료연구소, 1988), 146.

에서 가장 활발하게 해석 기능을 수행하는 것이 바로 등장인물이다. 이 등장인물을 통해 의미 있는 타자와 신화적 이미지들이 상호 연관 속에서 경쟁하고 대안적 틀이 형성되기도 한다.[49]

이야기 초반에 등장인물들은 어떤 종류의 균형 안에 존재한다. 이야기가 사건화되기 전에 사람들은 등장인물의 나이, 생김새 등 기본적인 것에 대해 알게 된다. 이것은 이야기의 기초적 사건이다. 이야기의 기초적인 사건은 어떤 목표에 도달하기 위한 노력을 꾀하도록 등장인물에게 동기를 준다. 사건은 점점 복잡해지며, 결국 등장인물의 행위는 결말에 이른다.

배 경

배경은 등장인물이 행동하기에 적합한 상황을 설정해 주는 이야기의 한 요소이다. 즉, 배경은 이야기가 벌어지는 세계 또는 환경의 범위와 구성 요소이다.[50] 연극을 보는 관객들은 드라마에서 배경이 얼마나 중요한지를 잘 알고 있다. 어떤 연극에서는 의도적으로 무대장식을 간단하게 하고, 어떤 연극에서는 정교한 장면들로 배경을 채우기도 한다.

이러한 차이는 있지만 장식을 전혀 하지 않은 무대도 배경으로 간주하기 때문에, 배경이 없는 연극은 있을 수가 없다. 마찬가지로 이야기에서 배경은 사건과 등장인물만큼이나 필수적인 요소이다.[51] 배경은 행동이 언제, 어디서, 어떻게 일어나는지를 말해 준다. 그리고 배경은 다양한 기능을 수행한다. 배경은 등장인물의 모습을 보여 주고, 갈등을

49) 정희성, "열린 체계로서의 목회임상진단," 『목회와 상담』 2 (2002): 272.
50) 안석모, 『이야기 목회 이미지영성』 (서울: 목회상담, 2001), 173.
51) David M. Rhoads, Joanna Dewey, and Donald M, Michie, *Mark As Story: An Introduction to the Narrative of a Gospel* (Augsburg Fortress Pub, 1999), 63.

해소시키며, 이야기의 틀을 마련해 주는 일을 한다. 배경의 주요한 기능은 이야기의 분위기를 형성하는 데 기여한다는 것이다. 특히 우리는 공간적, 시간적 그리고 사회적 배경 유형을 고려해야 한다.

공간적 배경은 이야기의 등장인물이 생활하는 물리적인 환경을 가리킨다.[52] 공간적 배경은 주인공들이 그들의 이야기를 형성하고 살아 가는 곳이며, 문화적 · 사회적인 배경들이 주인공들의 활동을 제한하거나 가능하게 해 주는 식으로 그 배경을 이룬다.[53]

시간적 배경은 연대기적인chronological 것과 유형론적인typological 것으로 나눌 수 있다. 연대기적 시간 배경은 정지된 것locative과 지속적인 것durative으로[54] 세분된다. 유형론적인 시간 배경은 어떤 행동이 일어나는 시간의 상징적인 의미를 나타낸다. 이러한 시간적인 배경에 대한 의미들은 다른 것들에 대해서도 더욱 자세히 살펴보게 만든다.[55]

시간적 배경은 구상과 매우 밀접한 관계 속에서 이야기를 구성하는 핵심 요소 중 하나이다. 가장 기본적인 구상의 단위에서 본다면, 시간의 중심축은 과거, 현재, 미래로 이루어져 있다. 이야기에서는 인간 경험의 시간적 특성을 다룬다. 이야기적 서술의 가장 중요한 역할은 지나간 경험을 재현하는 것이다. 따라서 시간의 개념은 필연적으로 이야기의 구성에 관여하게 된다. 그러나 이야기에 있어서 시간은 양면적으로 힘을 발휘한다. 하나는 표현의 수단으로서 언어에 영향을 미치고, 또 다른 하나는 표현되는 대상, 즉 이야기의 사건들 모두를 구성하는 힘을

---

52) Allan P. Mark, op. cit., 123.
53) 고미영, "이야기의 속성과 치유," 12.
54) 정지된 시간 유형은 어떤 행동이 일어난 특정한 시각을 밝히는 것이다. 이러한 시각은 길 수도 있고 짧을 수도 있다. 지속적인 유형은 기간을 의미한다.
55) Allan P. Mark, op. cit., 126-128.

가진다는 것이다. 이야기에서 나타나는 시간의 세 가지 다른 양상에는 순서, 지속성, 빈도가 있으며, 이들은 언제, 얼마나 오래, 얼마나 자주라는 질문에 대한 답을 주는 것으로서 줄거리가 유연하게 진행되도록 돕고 있다.[56)]

사회적 배경은 이야기에 영향을 미치는 정치제도, 계층구조, 경제체제, 사회관습 그리고 일반적인 문화적 상황을 포함한다.[57)] 사회적인 배경은 개인이 태어나고 살아가는 사회적인 관심, 특질, 제도, 위기 등 사회 전반적에 영향을 미치는 요소를 의미한다.

구 상

구상plot이란 이야기를 조직하는 주체이다. 구상은 여러 복잡한 종류의 사건들을 함께 잘 짜맞추어 하나의 단일 이야기로 만들어 간다. 구상은 단순히 강제로 부여되는 것이 아니라 서로가 함께 맞추어지면서 사건들이 앞뒤로 조정되면서 생산되는 것이다. 시간의 경험에 의미를 부여해 주는 것이 바로 구상이다.[58)] 즉 구상은 이야기의 방향을 이끌어 가는 합리적인 조정자라고 볼 수 있다.[59)] 따라서 구상은 이야기를 완성해 나가는 틀이라고 할 수 있다.

구상은 마치 실로 어떤 옷감을 짜는 베틀 작업에 비유할 수 있다. 하나의 옷감이 만들어지기 전에 옷감을 짜는 사람은 어떤 모양의 무늬를 짤지 마음속에 그리고 있다. 실제로 옷감을 짜는 작업은 베틀 위에서 실이 이리저리 얽히고설키며 원하는 무늬의 형태를 만들어 가며 완성

---

56) 고미영, "이야기의 속성과 치유," 12−14.
57) Allan P. Mark, op. cit., 129.
58) 고미영, "이야기의 속성과 치유," 15.
59) 고미영, 『이야기치료와 이야기의 세계』, 38.

된다. 이야기를 만드는 사람도 날실과 씨실의 이야기 실로 구상이라는 틀을 이용하여 어떤 무늬를 가진 이야기를 완성해 가는 것이다. 구상에 의해 사건들은 선택되거나 빠지고, 어떤 일련의 질서를 따라 묶여서 하나의 전체 이야기를 만들어 내거나 아니면 이야기의 변형이 이루어진다. 다시 말해 말하는 사람이 자기 이야기의 목적을 달성하기 위해 어떤 사건이 그 이야기에 기여할지를 결정하는 것이며, 각 사건의 중요도를 가려내어 그 사건을 돋보이게 하거나 아니면 배경에 넣는 작업을 한다. 이러한 구상의 작용에 의해 단순한 연대기나 사건들의 목록을 넘어선 도식화된 전체 이야기가 만들어진다.[60]

구상의 작용으로 인해 이야기에서 경험이 종합되는 과정을 거친다.[61] 영국의 문학 비평가이자 소설가인 포스터E. M. Forster는 단순한 이야기와 구상이 있는 이야기의 차이점에 대해 요약하여 다음과 같이 말하였다. "우리는 이야기narrative를 시간의 순서에 맞추어 배열된 사건들의 이야기story로 정의해 왔다. 구상 또한 사건들의 이야기지만 그 강조점은 인과관계에 있다는 점이 다르다. 즉, '왕이 죽었고, 이어서 그 여왕도 슬픔을 이기지 못해 죽었다.'는 진술은 구상이다. 이야기는 그 다음에 일어난 사건에 대해 대답하지만, 구상은 그 사건의 이유를 말해 준다."[62]

구상은 앞의 이야기 요소들을 총체적으로 종합하여 요소들 간의 내적인 질서를 잡아 주고 이야기의 흐름에서 전체적인 통일성을 완성하는 요소이다.[63] 이 구상에 의해 사건들은 어떤 질서에 따라 정리되고 배열되

---

60) Donald E. Polkinghorne, *Narrative Knowing and The Human Sciences* (New York: State University of New York Press, 1988), 18.
61) 고미영, 『이야기 치료와 이야기의 세계』, 38.
62) Edward M. Forster, op. cit., 93-95.
63) 고미영, 『이야기 치료와 이야기의 세계』, 38.

어 작품에 나타난다. 구상은 독자들이 어떤 방식으로 그 행위를 알게 되는지에 관여한다. 따라서 구상은 사건과 이야기를 연결하는 방식이다.[64)]

브룩P. Blook은 구상의 의미를 '한 연출가가 연극이 끝났을 때 남겨지는 기억'으로 설명하고 있다.

> 그 사건은 하나의 개요, 취향, 흔적, 냄새가 있는 한 편의 그림으로 기억 속에 각인된다. 여전히 남아 있는 것은 그 연극의 중심 이미지, 곧 실루엣이다. 이것은 연극의 의미가 될 것이고, 말해야 하는 핵심 요소가 될 것이다. 수년이 지난 후 한 가지 뚜렷한 연극적 경험을 회고해 볼 때, 나는 내 기억 속에 한 가지 핵심이 되는 것이 새겨져 있는 것을 발견한다. 나무 아래 서 있던 두 명의 방랑자와 짐수레를 끌고 가던 한 늙은 여인, 춤추고 있던 한 사람의 하사관, 지옥의 소파에 앉아 있던 세 사람, 혹은 때때로 형상보다 더 깊은 흔적이다. 나는 그 의미를 정확히 기억할 수 있으리라는 희망을 갖지 않는다. 그러나 그 요점으로부터 일련의 의미들을 재구성할 수는 있다.[65)]

거킨C. V. Gerkin은 "자기의 이야기, 즉 영혼의 신화는 시작과 진행, 그리고 결말을 가지는 구상으로 구성된다. 이야기를 주의 깊게 듣는다면 결국 삶의 이야기의 구상은 항상 경험에 대하여 자기가 내린 해석들이 누적되어 형성된 것이라는 사실을 알게 될 것이다."[66)]고 말했다.

구상은 삶의 이야기를 일관된 방향이나 의미를 지닌 사건으로 구성함으로써 그 이야기를 인간적인 것으로 만들어 준다. 즉, 구상은 경험에 대한 자기 해석의 누적이다. 특정 이야기나 이미지를 과거의 사건과 연결시킴으로써 단순하게 일어난 사건을 일련의 방향이나 의미를 지닌 사건으로 구성한다. 한 사람의 인생 속에서 구상 감각을 상실하는 것은

64) Ibid.
65) Peter Brook, *The Empty Space* (New York: Avon, 1968), 124.
66) Charles V. Gerkin, op. cit., 145–146.

자기 존재의 상실을 의미한다.[67] 그러므로 자기로서의 존재감을 갖는다는 것은 이러한 이야기식 구상의 감각을 지니고 있다는 것이다. 이처럼 구상은 곧 이야기의 생명이다. 소설을 읽을 때나 영화를 볼 때, 구상이 없으면 재미가 없을 뿐만 아니라, 거기에 담긴 의미를 오래도록 기억할 수 없다. 그렇다면 소설을 읽거나 영화를 보는 이유는 바로 그 구상이 주는 재미 때문이라고 할 수 있다.

위에서 살펴본 바와 같이 구상은 이야기의 형태나 내용의 구성을 좌우하는 중요한 요소이며, 전개하려고 하는 이야기의 머리와 꼬리를 결정짓는 요소이다. 그리고 구상을 중심으로 하여 이야기가 전개되며, 이야기를 가장 재미있고 감동 있게 만들어 주는 것이 바로 구상이다. 따라서 이야기하는 사람이 전달하고자 하는 중심에 구상이 있다. 곧, 구상은 이야기의 핵심이다.

이야기 상담의 출발

최근 상담 분야에서는 '발상paradigm의 전환'이 진행 중이다. 상담에 대한 발상의 전환은 긍정의 심리학이 등장하면서 나타난다. 긍정의 심리학은 사회의 여러 분야뿐만 아니라 상담의 영역에도 지대한 영향을 미치고 있다. 긍정의 심리학은 탈근대주의postmodernism의 사상적 배경으로 나타나게 되었다. 탈근대주의의 사상적 배경으로 최근 가족상담의 영역에서 커다란 영향력을 끼치고 있는 이론은 해결중심상담과 이

67) 정희성, op. cit., 272.

야기 상담이다. 니콜스와 슈워츠M. P. Nichols and R. C. Schwartz는 이러한 현상에 대해 "최근 가족치료의 영역에 커다란 영향력을 행사하는 이야기 상담은 후기 근대혁명의 완벽한 표현이다."라고 하였다.[68]

특히 탈근대주의 사상을 기초로 한 이야기 상담은 '사람들이 어떻게 행동하는가?'하는 것보다는 오히려 '사람들이 의미를 어떻게 구성하는가?'라는 질문과 함께 의미 구성에 더 많은 관심을 갖고 있다.[69] 따라서 이야기 상담의 이론에 의하면 사람들은 자신에 대해 이야기하면서 삶에 의미를 부여하고, 이야기를 통해 자신의 경험을 구성하며, 자신의 행동을 결정한다고 한다. 이와 같이 이야기 상담의 이론과 접근 방식은 상담 영역에서 새로운 패러다임의 전환에 속한다.

최근 가족상담 분야에서 관심이 증대되고 있는 이야기narrative와 이야기하기story-telling는 미국을 중심으로 1960~70년대를 풍미했던 인지발달이론에 대한 하나의 대안으로 제안되고 있다. 상담의 접근 방식인 인지에서 이야기로의 방향 전환은 인지발달적 접근이 초점을 두었던 인지적·형식적·가설적인 것을 수정하도록 했다. 그리하여 이야기적 접근에 참여하는 사람들은 개인의 실제 삶에 대한 이야기에 귀를 기울이려고 하고, 이야기가 경험의 인지적·정의적·행동적 차원들을 표현하고 재현하는 방식에 초점을 두려고 한다.[70] 이렇게 인지적 접근 방식에서 이야기 상담 접근 방식으로의 인식론적 전환이 가능하였던 것은 언어에 대한 이해를 바탕으로 하고 있다. 언어에 대한 새로운 이해는 사람들이 사용하는 언어는 실재를 구성하고 창조해 나가는 창조적

68) Michael P. Nichols and Richard C. Schwartz, op. cit., 263.
69) Ibid.
70) Mark B. Tappan, "Narrative, Language and Moral Experience," *Journal of Moral Education*, 20, no 3 (1991): 244–245.

재현이며 창조적 모방이라고 생각하게 되었다.[71]

다시 말해, 사람은 언어로 삶을 표현할 수 있으며, 언어가 있기 때문에 자신의 생각과 감정 그리고 의지들을 나타낼 수 있을 뿐만 아니라 그 삶을 정리하고 구성할 수 있다. 삶의 실재는 언어를 통해 사회적으로 구성되는 것이다. 그렇기 때문에 이야기 상담에서 언어는 중심 주제로 떠오른다. 즉, 언어가 있기 때문에 이야기가 있으며, 이야기가 있기 때문에 삶을 구성할 수 있으며, 이야기를 통해 삶을 구성할 수 있기 때문에 새로운 이야기를 만들 수 있는 것이다. 이러한 새로운 이야기를 통해 또다시 새로운 삶을 구성할 수 있게 된다. 그렇기 때문에 언어는 이야기 상담의 중심 개념이 된다.

사람들의 경험과 행동은 언어에 의해 의미가 구성된다. 화이트M. White에 의하면 "이야기가 우리의 경험을 해석할 수 있도록 구조를 제공하고, 이러한 경험의 해석은 행동으로 수행된다."[72] 사람들의 태도는 이야기가 된 것에 의해서 형성된다. 따라서 사람들의 억압적인 태도는 문제가 있는 이야기에 의해 형성된 것이다. 개인의 정체성은 사람들이 그에 대해 어떻게 이야기하느냐에 의해 형성된다.

니콜스Nichols와 슈워츠Schwartz는 그들의 책 『가족 치료의 핵심 개념The Essentials of Family Therapy』에서 언어에 의해서 경험이 어떻게 형성되는지를 설명하고 있다.

> 대부분의 사람들이 대중 앞에 설 때 느끼는 가슴 뛰는 긴장을 '무대 공포'라고 부르는 것과 '흥분'이라고 부르는 것에는 차이가 있다. 긴장을 '무대 공포'라고

71) 손철민, "이야기 치료 이론," 『복음과 상담』 40 (2007): 45.

72) M. White, *Re: Authoring Lives: Interviews and Essays* (Adelaide, Australia: Dulwich Centre Publications, 1995), 15.

> 표현하는 것은 두근거림을 극복해야 할 문제로 생각하게 한다. 그 대신에 긴장을 '흥분'이라고 표현하는 것은 인정받기를 원하는 사람들 앞에 섰을 때 자연스럽게 일어나는 현상으로서, 반드시 문제가 되는 반응이 아님을 암시한다. 이처럼 사람들이 '무대 공포를 경험하는가 아니면 흥분을 경험하는가?'하는 것은 그들의 생리적 각성을 어떻게 해석하고 표현하느냐에 달려 있다.[73)]

이렇듯 사람들의 행동은 그 무엇인가에 영향을 받아 결정된다. 그 무엇은 지각과 경험에 대한 이야기이며, 그 이야기는 우리 자신들의 이야기이다. 이러한 이야기는 사람들이 살아온 삶의 표현 양식에 의해 결정된다. 그러므로 경험에 대한 이야기적 접근은 지금까지 살아오면서 무시된 요소들에 새로운 의미를 부여할 수 있는 공간을 마련해 준다는 점에서 매우 중요하다. 이야기는 그 사람에게 삶의 의미를 새롭게 구성하도록 해 준다.

사람은 자신에 대해 이야기하고, 다른 사람의 이야기를 들으면서 자신뿐 아니라 다른 사람의 삶의 의미를 이해하게 되며, 서로 생산적이고 의미 있는 관계로 발전하게 된다. 사람은 이야기를 통해 자신의 삶과 자아를 구성해 나갈 뿐 아니라 다른 사람의 행동과 경험을 이해할 수 있게 된다. 이렇게 이야기는 단순한 사건과 경험의 목록 이상으로서, 이야기에는 사람들이 의미 있다고 생각하는 것들이 포함되어 있다.

이야기 상담의 출발점은, 사람은 이야기에 의해 살아간다는 전제에 있다. 이야기 상담은 이런 전제를 가지고 언어를 매개로 한 자기 이해와 치료를 수행하는 상담 기법이다. 이것이 이야기 상담의 독특한 방법이며 특징이다.

사람들의 자기 인식은 언어뿐만 아니라 자신이 속해 있는 문화적 관

---

73) Michael P. Nichols and Richard C. Schwartz, op. cit., 263.

습의 이해와 연결되어 있다. 사람은 언어적 관습에 전제되어 있는 보이지 않는 사회의 통제와 암묵적인 사회문화적 양식의 조정에 의해 지배를 받는다. 그러므로 개인의 특성은 자신들의 생각과 존재의 방식과 관련이 되어 있다. 다시 말하면, 각 개인의 특성은 개인과 타자와의 상호작용 그리고 사회문화적인 관습에 의해 형성된다.[74]

탈근대주의 사상을 기초로 태동하게 된 이야기 상담은 기존 심리상담의 접근을 새로운 패러다임으로 전환하게 하였다. 이야기 상담은 단순한 의미 전달이나 허구로서의 이야기가 아니라, 우리의 삶과 경험을 해석하고 조직하는 강력한 매체로서의 이야기에 대한 새로운 이해를 가지고 상담에 임한다. 이야기 상담에서 이야기는 내담자와 그 가족들이 자신의 삶과 경험을 해석하고 의미를 부여하는 유력한 틀로 그들의 삶을 구성하는 바탕이 된다. 이야기 상담은 이러한 이야기의 영향력을 인정하고 이것을 상담에 활용한다.[75]

이야기 상담은 이야기가 한 사람의 삶에 미치는 힘과 실제적인 효과가 매우 크다는 점에 주목하면서 그 상담 방법을 발전시켜 왔다. 이야기 상담은 모든 이야기에 있는 틈새를 공략하고, 그 사람의 삶을 과거 - 현재 - 미래라는 맥락에서 인식하게 하는 것이다. 이 틈새는 새롭게 보충하고 변형 가능한 것을 의미한다. 이 틈새 때문에 기존의 이야기를 새로운 이야기로 바꿀 수 있다.

---

74) 손철민, op. cit., 46–48.
75) 고미영, "이야기 치료의 개관," 117.

이야기 상담 학자들의 이론과 기법

이야기 상담은 1980년대 중반 이후 화이트M. White와 엡스턴D. Epston에 의해 알려지기 시작하였으며, 그 후에 여러 사람들이 이야기 상담 이론을 발전시켜 왔다. 이야기 상담은 1980년대 중반 이후 오스트레일리아와 뉴질랜드를 중심으로 시작하여 최근에는 북미의 가족상담에서도 성행하고 있다.[76] 이야기 상담의 변천과 발전을 학자들을 중심으로 살펴보도록 하자.

마이클 화이트[77]

가족상담가인 화이트는 남오스트레일리아의 덜위치 센터Dulwich Centre의 소장으로 있다. 그는 기계 제도가로 삶을 시작하였으나, 곧 자신은 기계보다는 사람을 더 좋아함을 알게 되었다. 이러한 인식을 통해 그는 1967년 사회복지국의 사무원으로 사회사업과 인연을 맺게 되어 사업가가 되기 위한 훈련을 받았으며, 거기서 그는 가족상담에 관심을 갖게 되었다.[78]

그는 1970년대에 정신병원에서 임상사회 사업가로서 많은 집단 가족 상담 경험을 쌓았다. 그 당시 그는 지역사회개발과 사회활동에 더

---

76) P. G. Blanton, "Narrative Family Therapy and Spiritual Direction: Do They Fit?," *Journal of Psychology and Christianity* 24, no. 1 (2005): 69.

77) 웹 사이트 www.lighthouseresources.com.au. 2008. 10. 16. 검색.

78) Michael P. Nichols and Richard C. Schwartz, op. cit., 265.

많은 관심을 갖게 되었고, 빈민층 환자들이 지역사회로 돌아가 그들의 권익을 위하여 모임을 조직하고 사회활동을 하는 데 많은 지지와 도움을 주었다.[79)]

초기에 화이트는 가족상담의 사이버네틱스cybernetics 사고[80)] 와 체계 모델을 중심으로 한 행동 패턴에 관심을 갖게 되었다. 그러나 그는 체계 모델의 행동적 패턴과 기능주의적인 생각보다는 벳슨G. Bateson이 말한 "사람들이 어떻게 세계를 그리는가?"에 대해 더 관심을 갖게 되었다.[81)] 상담에 대한 지속적인 관심과 연구로 인해 그는 단지 사람들이 행동하는 방식보다는 오히려 사람들이 그들의 삶에 의미를 부여하는 방법에 더 관심을 갖게 되었다.[82)] 그리하여 연구 후기에는 본문 유비text analogy의 해석학적 방법과 이야기적 비유를 상담 치료에 사용하기 시작하였다.

이러한 관심과 연구에 의해 화이트는 사람들이 자신의 삶에 대해 이야기하는 것을 통해 자신의 경험을 해석하고, 그 경험에 의미를 부여한다는 결론에 도달하게 되었다. 그는 푸코M. Foucault의 사상에서 큰 영향을 받았다. 푸코는 사회 제도의 비인간적 측면을 비판하였다. 이러한 푸코의 사상적 영향으로 화이트는 권력과 지식의 사회적 지배, 그 구조

79) 고미영, "이야기치료의 경험에 관한 질적연구: 이야기의 전환은 가능한가," 『한국사회복지학.30』 (1996): 4.

80) 사이버네틱스라는 이론은 제2차 세계대전 당시 수학 천재인 노버트 와이너Novert Weiner에 의해 개발되었다. 사이버네틱스의 의미는 자동조절 기계에 대한 생각을 정신세계에 대한 일반적 모델로 바꾸었다. 피드백 망의 개념은 사이버네틱스에서 핵심적인 것이다. 이 피드백망이 가족상담자들에 의해 사용되었다. 피드백망은 체계가 안정상태를 유지하거나 미리 설정된 목표를 향해 나가기 위해자기 수정을 하는데 필요한 정보를 획득하는 과정이다.

81) Michael P. Nichols and Richard C. Schwartz, op. cit., 265.

82) Ibid.

속에 있는 소외의 문제, 그리고 가족과 문제 집단에 대한 분석을 상담치료에 적용하였다. 그 결과, 화이트의 이야기 상담은 상담이나 정신과의 임상적 치료 이론과는 매우 다른 독특한 사회적 인식과 사회적 행동을 상담에 포함시키게 되었다.83)

벳슨과 푸코의 영향으로 화이트는 문제를 외재화externalizing하는 생각을 발전시켰다. 그의 외재화 기법은 이야기 상담의 기본적인 특징을 형성하는 데 큰 도움을 주었다. 특히 그는 상담을 할 때 가족에 대해 좀 더 광범위한 역사적 · 문화적 · 정치적인 틀을 고려하도록 하였다.84)

이야기 상담의 외재화 방법은 화이트에 의해 만들어졌으며, 또한 그에 의해 내담자가 가지고 있는 사회문화적 관습을 해체하는 해체 기법이 도입되었다.

엡스턴은 뉴질랜드 오클랜드 출신의 인류학자로서, 전래되는 이야기의 수집과 이야기적 전통에 관심을 가진 가족상담가로 활동하고 있다.86) 그는 인류학에 대한 관심을 통하여 이야기의 은유에 관심을 갖게 되었고, 이야기의 은유를 사용한 상담 기법을 독자적으로 개발하였다.

데이비드 엡스턴85)

엡스턴은 1981년 아델라이데에서 열린 가족치료회의에서 화이트를 만나 이야기의 은유가 사이버네 틱스보다 내담자들에게

83) 고미영, "이야기치료의 경험에 관한 질적연구-이야기의 전환은 가능한가," :5.
84) Michael P. Nichols and Richard C. Schwartz, op. cit., 264-265.
85) 웹 사이트 www.narrativeapproaches.com. 2008. 10. 27. 검색.
86) 고미영, "이야기치료의 경험에 관한 질적연구-이야기의 전환은 가능한가," 『한국사회복지학』 30 (1996): 6.

더 유용하다고 화이트를 설득시켰다.[87] 그 후로 엡스턴은 화이트와 함께 이야기 상담을 발달시키는데 주력해 왔다. 현재 그는 뉴질랜드 오클랜드에 위치한 가족치료 상담소의 공동 소장으로 있다.[88]

엡스턴은 많은 부분에 있어서 이야기 상담의 이론과 실제에 기여하였지만, 특히 다양한 질문들을 개발하고 범주화하였다.[89] 그리고 그는 내담자들이 자신들의 새로운 이야기를 유지하기 위해서는 지지 그룹support group이 필요함을 강조하였다. 이를 위해 그는 내담자들에게 편지 쓰기를 활용하기 시작하였는데, 상담자의 영향력이 사라지고 난 한참 후에도 내담자들은 그들의 새로운 이야기를 지지해 주는 편지를 다시 읽을 수 있고 그리하여 문제를 해결할 수 있다고 하였다.[90]

엡스턴에 의해 은유와 지지 그룹, 편지 쓰기가 이야기 상담의 주요한 기법으로 개발되었다.

프리드먼J. Freedman과 콤스G. Combs는 미국 일리노이주의 에반스턴에서 작은 이야기치료 훈련 센터를 운영하고 있다. 그들은 이야기 상담에 합류하기 전에 전략적 가족치료사이자 정치 활동가였으며, 주로 정치적 연관성에 의해 광범위한 부분에서 화이트의 접근에 관심을 가졌다.

전략적 가족치료사와 정치 활동가들의 이 연합이 많은 저명한 이야기 상담자들의 배경을 특징짓는다. 그들의 저서 『이야기 치료Narrative Therapy』는 이야기 상담의 탁월한 안내서이다.[91]

---

87) Michael P. Nichols and Richard C. Schwartz, op. cit., 264.
88) 고미영, “이야기치료의 경험에 관한 질적연구 - 이야기의 전환은 가능한가,” 6.
89) Michael P. Nichols and Richard C. Schwartz, *Family Therapy: Concepts of Methods*, 김영애 등 역. 『가족치료 - 개념과 방법』 (서울: 시그마프레스, 2002), 479.
90) Michael P. Nichols and Richard C. Schwartz, *The Essentials of Family Therapy*, 264.
91) Ibid.

질 프리드먼[92)]

진 콤스

앤더슨H. Anderson은 오랫동안 굴리시안H. Goolishian과 함께 작업을 하였다. 이들은 함께 사이버네틱 개념에서 벗어나 언어에 대한 탈근대주의적인 이해에 초점을 맞추는 작업을 하였다.[93)] 1980년대와 1990년대에 앤더슨과 굴리시안은 사회구성주의의 영향을 받아 전통적인 상담자-내담자 관계를 협력적collaborative 관계의 접근으로 해석했다. 이들은 상담을 통해 치료하는curing 것보다는 오히려 돌보는caring 것에 더 많은 관심을 가졌으며, 상담자가 전문가의 위치에서 벗어나 내담자와 동등한 동반자가 되기를 추구했다.[94)]

이들은 가족상담에 언어적, 담화적 접근을 개발함으로써 이야기 상담 모델을 이끈 선구자로 볼 수 있다. 이들의 이야기 상담 모델은 문제들이 언어에서 유지되기 때문에 담화를 통해 해결될 수 있다는 전제 위에 서 있다. 상담을 할 때 상담자는 '알 수 없다not-knowing'의 자세를

---

92) 웹 사이트 www.strengths2009.org.au. 2008. 10. 28. 검색.
93) Michael P. Nichols and Richard C. Schwartz, *Family Therapy: Concepts of Methods*, 379.
94) Michael P. Nichols and Richard C. Schwartz, *The Essentials of Family Therapy*, 215–216.

할린 앤더슨[96]

해리 굴리시안[95]

가짐으로써 내담자들이 자신의 삶에서 전문가가 될 수 있도록 그들 자신의 전문적 의견을 적용하였다. 이러한 작업과 이야기 학파의 연결 고리는 '담화는 의미를 창출하며, 상담은 협력적인 작업이 되어야 한다.'는 신념이다.[97] 특히 할린 앤더슨은 상담자의 '알 수 없다'는 자세와 함께 '알고자 하는 자세'를 강조하고 있다. 이러한 자세는 내담자와의 진정한 대화로 이끌고, 상담자가 가지고 있는 전문성과 내담자가 가진 전문성이 만나 함께 문제를 해결할 방안을 찾는 것이다.[98]

톰 앤더슨T. Andersen은 상담에 반영팀reflecting team이라는 새로운 접근을 시작하였다. 이 접근은 상담자와 내담자가 상담하는 것을 가족이나 청중들이 듣게 한 후, 조금 전에 자신이 들은 것을 다시 말하도록 하는 것이다. 이때 가족이나 청중들이 일면경 안에 있으면서 은밀히 그들의 이야기를 듣는 것이 아니라 개방된 곳에서 상담자와 내담자가 나누는

95) 웹 사이트 www.balmbra.no. 2008. 10. 27. 검색.
96) 웹 사이트 www.harleneanderson.org. 2008. 10. 27. 검색.
97) Ibid., 264.
98) Harlene Anderson, "*On A Roller: A Collaborative Language Systems Approach to Therapy,*" in S. Friedman, ed., *The New Language of Change* (New York: Guliford Press, 1993), 325.

이야기를 듣고 다시 말해 준다. 즉, 상담자와 내담자 그리고 가족이나 청중들이 개방된 곳에서 그들의 이야기를 듣고, 들은 것에 대해 자신의 느낌이나 생각을 다시 말하는 것이다. 이러한 과정이 단순해 보이지만 여기서는 상담자가 내담자의 문제에 대해 정확한 평가를 하거나 진단하는 우월한 위치에 있는 것을 해체하고, 상담자와 내담자 그리고 초청된 청중들이 반영팀으로서 상호 협력적인 태도를 가지는 것이다.

톰 앤더슨[99)]

99) 웹사이트 www.rocktheboattraining.com. 2009. 1. 9. 검색

제 2 장
이야기 상담의 사상적 배경

모든 상담 이론의 접근이나 기법은 철학적 토대 위에서 형성되고 구성된다. 상담 이론이 어떤 철학적 배경 위에서 이루어졌느냐에 따라 인간관과 상담의 목표, 상담의 과정, 상담의 기법들이 달라진다. 대부분 상담 이론들을 살펴보면 크게 두 가지 철학적 배경으로 형성되어 있다고 해도 과언이 아니다. 그 두 가지는 근대주의modernism의 정초를 이룬 코키토 사상과 탈근대주의post-modernism 사상이다.

20세기까지의 상담들은 대부분 18세기 유럽의 계몽사상을 기반으로 시작한 20세기 과학주의를 기초로 한 근대주의 철학적 배경 위에 이론적 접근과 기법들이 형성되었다. 이러한 철학적 배경 위에서 형성된 상담 접근법들은 대부분 그들 나름대로 문제를 바라보고 진단하는 틀을 가지고 있다. 이러한 상담자들은 자신이 가지고 있는 상담 이론의 틀안에서 내담자의 문제를 진단하고, 판단하여 그 치료책을 모색하게 되었다. 즉, 상담자는 내담자 문제의 원인을 발견하고, 그 문제를 파헤쳐서

치료한다는 것이다.

그러나 우리가 살고 있는 이 시대의 철학적 배경은 근대주의가 아니라 탈근대주의이다. 탈근대주의의 철학적 관점에 의해 기존의 근대주의 철학적 배경은 비판을 받게 되었다. 최근에는 상담의 영역이 탈근대주의의 영향을 받고 있으며, 탈근대주의의 사상을 토대로 상담 이론의 접근과 기법들이 형성되고 있다. 최근 탈근대주의의 사상을 토대로 형성된 상담 이론들은 해결중심 단기 상담과 이야기 상담이다.

이야기 상담은 탈근대주의의 철학적 영향하에 나타난 상담 이론의 한 분야로서, 사회구성주의자들의 영향을 받은 화이트M. White와 엡스턴D. Epston에 의해 1990년 초반에 형성된 가족상담의 한 분야이다.

탈근대주의와 이야기 상담

1980년대부터 사회에 등장하기 시작한 '탈근대주의'라는 용어는 시간이 흐를수록 확산되어 이에 관한 연구도 축적되고 있다. 그러나 아직도 탈근대주의가 무엇인가에 대해서는 일정한 합의가 있기보다는 다양한 해석들이 존재할 뿐이다. 그 이유는 무엇보다도 다원성 · 상대성 · 비결정성을 기본 원칙으로 받아들이는 탈근대주의가 고정된 어느 한 개념으로 정의되기를 거부하기 때문이다.[100]

탈근대주의를 이해하기 위해서는 먼저 근대주의가 무엇인지에 대해 이해할 필요가 있다.

100) 김욱동, 『포스트모더니즘의 이론』 (서울: 민음사, 1992), 62.

근대주의

근대주의modernism는 낭만주의에 대한 대치물이었다. 낭만주의 사상에 의하면, 세계는 볼 수 없고 또 알 수도 없는 어떤 힘이 지배하고 있다. 그러나 20세기 초반에 나타난 과학 분야의 발전으로 진리는 알 수 없는 그 무엇이 아니라 객관적이고 과학적인 관찰과 측정을 통하여 발견될수 있다고 생각하기에 이르렀다.101)

대부분의 학자들은 이성의 시대라고 불리는 르네상스 운동을 빼고는 근대주의를 말할 수 없다고 주장한다. 르네상스는 이성의 가치를 높이 평가하였으며, 흑암의 시대라고 정의되던 중세 시대를 벗어나면서 고대 헬레니즘 문화와 로마의 시민 문화를 다시 끌어들인 시기라고 말할 수 있다.102)

르네상스 시대의 철학은 중세 시대의 신God 중심과 신에게 의존적인 자세를 뛰어넘어 인간의 이성과 자율성 그리고 우월성을 강조했다. 이 시대에는 사람이 자연의 의존성에서 벗어나 창조물들의 유형과 구조를 분석하여 이것들을 지배할 수 있다고 믿었다.103) 사람이 갖고 있는 지식이 힘으로 인식되었으며, 이러한 지식으로 세계를 분석하고 변화시킬 수 있다고 생각했다. 이러한 사고가 근대주의의 과학적인 사고에 초석이 되었다.104)

이와 같이 르네상스의 휴머니즘은 인간 이성의 시대를 열었다. 이성의 발견은 근대주의의 과학적 기초가 되었으며, 이성이 곧 세계를 이해

---

101) Michael P. Nichols and Richard C. Schwartz, *Family Therapy: Concepts of Methods*, 375.
102) 김번영, op. cit., 267.
103) Ibid., 267–268.
104) Ibid., 268.

하고 문제를 해결하는 열쇠라고 믿게 된다.105)

이러한 신념을 기초로 근대주의자들은 우주를 어떤 규칙을 갖고 있는 기계로서 인식하게 되었다. 그래서 근대주의에서는 사람의 행동을 보편적으로 설명할 수 있는 거대 이론에 관심을 갖게 되었다. 일단 우주를 지배하는 보편적인 규칙이 발견되기만 하면 사람은 그 환경을 지배할 수 있을 것이라고 생각했다.106)

이러한 이성과 과학의 발전으로 인해 진리는 찾아서 발견하는 것이 아니라 만들어 가는 것이라고 생각하게 되었다. 근대주의 사상은 사람들의 노력 여하에 따라 진리는 충분히 알 수 있다고 본다.

중세 시대의 종교적 억압으로부터 해방되어 자유로운 개인으로서의 가치를 만끽하게 된 사람들은 사회와 자연 세계에 대한 강한 자신감을 가지게 되었다. 이성의 힘에 대한 무한한 신뢰는 자연과학 분야와 함께 여러 학문의 분야들을 크게 발전시켰다.107) 이러한 이성에 대한 신뢰는 문제에 대해 모든 것이 분명해지면서 그 문제가 해결될 수 있을 것이라고 생각하기에 이르게 되었다.

이성을 중시하는 근대주의적 사고는 가족상담 선구자들이 내담자에게 접근하는 방식에도 영향을 끼쳤다. 이들은 가족들을 해독하고 다시 프로그램화해야 하는 사이버네틱 기계로 생각하였던 것이다. 근대주의 사상을 기초로 한 가족 상담자들은 역기능적인 가족체계에서 기능적인 사항을 도해하고 평가할 수 있는 능력을 갖춘 전문가였다.108) 이처럼 구조적이고 전략적인 입장에서 제시된 청사진은 가족 내에서 치료가

105) Ibid.
106) Michael P. Nichols and Richard C. Schwartz, *Family Therapy: Concepts of Methods*, 375.
107) 양유성, op. cit., 115–116.
108) Michael P. Nichols and Richard C. Schwartz, *Family Therapy: Concepts of Methods*, 375.

필요한 문제점을 찾는 데 이용되었다. 그러나 이 입장은 '가족들이 그 문제를 상담자와 같은 방식으로 보는가?'하는 질문과는 아무런 상관없이 이루어졌다.[109]

근대주의 사상에는 이성과 과학을 중심으로 형성된 철학적 틀이며, 세상에 존재하는 모든 것들이 하나의 거대한 틀로 구성되어 있다고 주장한다. 이 사상에서는 인간이 충분히 그 거대한 틀을 분석하고 해석할 수 있는 능력을 갖고 있다고 본다. 이러한 근대주의 사고는 심리상담 분야에까지 영향을 미쳤다. 사람들의 심리적인 문제를 다룰 때, 그 문제는 분석하고 해석할 수 있다고 생각하였다. 이에 따라 전문가인 상담자는 사람의 문제를 분석할 수 있는 하나의 틀system을 갖추고 있다고 생각한 것이다.

탈근대주의

탈근대주의 시대는 근대주의 시대와는 다른 사회적·역사적 맥락을 갖고 있다.[110] 탈근대주의는 시민혁명과 산업화로 인해 물질적 발전과 정치적 진보는 미래에 대한 희망을 불러일으켰으나, 제1·2차 세계대전과 사회경제적 변화로 인한 사회적·환경적 혼란 등으로 인해 근대주의에 대한 회의론이 일어나면서 발생하게 되었다. 이러한 회의론으로 인해 더 이상 이성의 힘을 믿을 수 없게 된 서구인들은 세계를 설명할 수 있는 새로운 방법을 찾게 되었다. 절대적 가치보다는 다양한 가치의 공존을 중시하는 다원주의적 방향과 다문화주의로 나아감에 따라 동일성보다는 차이점이 더욱 보편적 요소가 되었다.

---

109) Michael P. Nichols and Richard C. Schwartz, *The Essentials of Family Therapy*, 213.
110) 정정호·강내희, 『포스트모더니즘의쟁점』(서울: 문학과학사, 1989), 14.

따라서 탈근대주의는 근대주의의 자기 과신에서 오는 오만에 대한 반항이었다. 사람들은 근대주의에서 중요시하였던 과학적, 정치적, 종교적 진리의 타당성에 대한 믿음을 잃어버렸을 뿐 아니라 절대적인 진리에 대한 의구심도 갖기 시작하였다.[111] 이러한 회의적 경향은 1980년 대의 주류가 되었고, 사람들이 이룬 성과의 모든 부분들을 흔들기에 이르렀다. 즉 문학, 교육, 종교, 정치, 과학, 심리학, 법 등 기존에 받아들여졌던 관습이나 지식들은 해체되어 갔다.

특히 탈근대주의는 지식을 상대적이고 맥락에 의존하는 것으로 보는 근대의 반 실증주의로서 근대과학의 객관성이라는 가설에 회의를 표명했다. 탈근대주의 사상가들은 지식이란 사회화 과정을 거치면서 사회구성원 간에 서로 합일해 가면서 구성된 것이라 믿는다. 이로 인해 유한한 인간의 지식은 영구불변하지 않으며, 시대적이고 역사적이고 상황적이며 특수적일 수밖에 없다고 주장한다.[112] 그래서 탈근대주의에서는 지식은 특수성, 지역성, 구체적인 상황과 시공간적인 한계 안에서만 논의될 수 있다고 본다.

탈근대주의의 이러한 특징은 다음과 같이 요약할 수 있다. 첫째, 전통과의 단절이다. 전통의 목소리가 더 이상 일상생활에서 영향력을 발휘하지 못한다는 것이다. 둘째, 불확정성이다. 다양한 목소리를 지닌 사회에서 '아무도 해답이 아니다'는 것이 명제이다. 특정한 지배층의 목소리도 다양한 삶에 대한 해답으로서의 역할은 하지 못한다는 것이다. 셋째, 파편화된 현상과 주변성에 대한 새로운 인식이다. 주변의 가치에 대한 새로운 인식으로 말미암아 무시되었던 이야기가 새롭게 들

111) Michael P. Nichols and Richard C. Schwartz, *The Essentials of Family Therapy*, 213.
112) 김번영, op. cit., 274.

리고, 그로 인해 사회의 모습이 불안정하고 파편화된 듯이 보인다는 점이다. 넷째, 자아의 주관성에 대한 새로운 입장이다. 자신의 삶 안에서 자신의 해석 틀을 가지고 진리 체계를 구축해 가는 것이다. 다섯째, 행위와 참여에 대한 강조이다. 객관적 관찰자로서의 인간이 아니라 자신이 텍스트를 스스로 쓰고 구성하는 적극적 행위자이며 참여자로서의 인간을 강조한다. 여섯째, 자기 반영성reflection이다. 스스로 자신을 해방시키려는 의지로 자신을 규정해 놓은 낡은 구습의 껍질을 깨고 새로운 정보와 선택으로 자신을 만들어 간다는 것이다.[113]

탈근대주의에서 진리의 문제는 사람에 대한 이해가 선행되어야 한다고 본다. 진리는 고정되거나 보편화된 것이 아니라, 사람들이 존재하는 그 영역에서 이야기되는 것이다. 즉, 진리는 개인적이며, 공동체적이고, 사회·문화적이며, 상하 관계적이고, 상황적이며, 아직 완성되지 않은 것으로 여겨진다.[114] 따라서 진리는 발견되거나 객관적인 지식이 아니라 사회적 담론에 의해 구성되는 것으로 본다. 이러한 사상은 상담에도 영향을 주어 내담자의 어떤 문제를 분석하고 해석할 때 과학적 확실성의 기초에서 시작하였던 기존의 상담의 이론과 접근에 도전하게 되었다.

기존의 심리상담은 사람들에게 문제가 있을 때 그 문제에 대한 '본질'적인 원인이 있을 것이며, 그 '본질'을 발견하기만 하면 치료될 수 있다고 생각하였다. 따라서 상담자가 그 문제를 치료하기 위해서는 그 문제의 '본질'이 무엇인지에 대한 지식을 가지고 있어야 한다. 그러나 탈근대주의의 사상에 기초한 심리상담은 기존의 틀에 도전하고, 본질은 이미 존재하는 것이 아니라 사회적 담론에 의해 만들어 가는 것이

113) 정석환, 『목회상담학연구』 (서울: 한국학술정보, 2002), 305-306.
114) 김번영, op. cit., 278.

라고 강조하였다. 이로 인해 상담자는 내담자와 대화를 통해 문제에 대해 정의를 내릴 수 있으며, 상담의 본질과 방법은 고정된 것이 아니라 사회적, 문화적, 상황적 맥락에 따라 변형되고 재구성될 수 있음을 강조한다. 즉, 상담자는 내담자와 대화하는 동안 문제에 대한 새로운 정의를 내릴 수 있으며, 새로운 이야기를 만들어 갈 수 있다. 중요한 점은 이 새로운 이야기가 이미 기존에 만들어진 것을 적용하는 것이 아니라 내담자가 이야기를 하면서 자연스럽게 만들어 가는 것이라는 것이다.

이러한 변화는 상담자의 자세에도 영향을 미쳤다. 이제 상담자의 자세는 문제의 '본질'에 대해 '나는 모른다. 그래서 나는 알고 싶다.'는 태도를 가져야 한다.

니콜스와 슈워츠가 정의하고 있는 탈근대주의의 영향과 관련된 글을 읽으면, 상담자가 상담에서 지녀야 할 태도와 자세에 대해 배울 수 있다.

> 탈근대주의의 영향을 잘 이해하기 위해서는 우리가 부모님이 모든 것을 알고 있다고 믿었던 시절, 그것이 잘못된 것임을 최초로 깨달았던 순간을 되새겨 볼 필요가 있다. 그들은 각종 의견을 마치 객관적인 사실로 제시하기도 했고, 또한 어떤 경우에는 그것을 꾸며 내기도 하였다는 사실이 갑작스럽게 드러났던 것을 기억할 것이다. 많은 경우 이러한 사항을 깨달음은 혼란과 해방감을 동시에 느꼈을 것이다. 우리는 언제나 진리가 존재하고 부모님이 모든 것을 알고 있는 안전한 세계를 포기하고, 절대적인 진리가 존재하지 않는 세계로 나아가게 되었으며, 우리만의 진리가 부모님이 가지고 있던 진리만큼이나 타당한 세계로 발돋움하게 된 것이다.[115]

필자는 이 글을 읽으면서 상담자들이 상담 이론과 접근 방법에서 벗어날 때 그들이 경험할 수 있는 자유가 얼마나 중요한지 알게 되었다. 또한

115) Michael P. Nichols and Richard C. Schwartz, *Family therapy: Concepts of Methods*, 376.

상담자가 상담실에서 상담의 이론과 방법에 얽매이지 않을 때 그 자유의 중요성을 깨닫게 되었다. 이형득 교수는 강의 시간에 "상담은 기술skill이 아니라 예술art이어야 한다."고 하였다. 상담이 예술이 되어야 한다는 의미는 상담자는 상담의 이론과 방법에서 벗어나 상담실에서 오직 내담자와의 관계에 집중해야 한다는 의미이다. 이렇게 되기 위해서는 상담자가 지속적인 훈련과 연습을 통해 발전해 나가야 한다.

따라서 탈근대주의의 사상에서 상담자가 받는 중요한 영향은 상담자가 기존의 이론과 기법에 얽매이지 않고 자유로워지는 것이다. 상담자는 지식의 본질이나 틀을 가지고 상담에 임하는 것이 아니라 내담자와 함께 새로운 이야기를 공동으로 창조하고, 이를 형성해 간다는 생각을 가져야 한다. 상담자가 상담 시간에 자유로워질 수 있는 방법은 탈근대주의 연구자인 미슐러E. Mishler의 글에서 구체적으로 제시되고 있으므로, 이를 소개하고자 한다.

> 그녀의 질문 형식이나 내용은 처음부터 표준화된 인터뷰 계획서에 의해 정해진 것이 아니라, 마치 알고자 하는 내용을 자연스럽게 끌어내는 방법을 찾아가는 과정에서 주저하는 경향이 있음을 확인할 수 있다. 인터뷰 과정에서 같은 질문을 몇 번이나 되풀이하며 그 장면에 적응하려는 태도를 보이고 있다. 이러한 질문 방식은 같은 형태의 대답, 즉 탐색적이며 주저하면서도 서서히 명료해지는 대답을 이끌어 낸다. 즉, 그녀는 이해를 끌어내는 작업에 상대방도 합세할 수 있도록 상황을 만들어 간 것이다.
> 또한 파제M. Paget는 상대방이 자신의 스타일이나 방법으로 인생의 스토리를 이야기할 때, 침묵이 중요한 역할을 한다고 말했다. 예를 들어, 상대방이 잠자코 있으면, 자신이 상대방의 이야기에 침입했을지도 모른다는 생각을 하며, 그녀 역시 침묵을 유지했다고 말했다.[116]

116) E. Mishler, *Research Interviewing: Context and Narrative* (Cambridge, MA: Harvard

이와 같이 상담자는 자신의 이론과 틀에 얽매이지 않고, 내담자를 알고 싶어 하는 자세로 질문한다. 그 질문 방법에는 어떤 고정된 형태가 없으며, 내담자가 자신의 이야기를 편안하게 풀어낼 수 있도록 돕는 데 중점을 둔다.

사회구성주의와 이야기 상담

사회구성주의social constructionism는 원래 러시아 혁명을 전후하여 모스크바를 중심으로 일어나서 유럽에서 발전한 전위적인 추상예술이다. 이들은 재현과 묘사적 요소를 일절 거부하며, 순수 형태의 감수성을 최우선으로 삼았다. 심리학에서 구성주의 관점은 우리가 경험을 지각하고 서술하는 과정에서 현실에 대한 개인적 지식이 개입하며, 이것이 현실 자체를 구성한다고 가정한다. 그러므로 사물이 존재하는 방식에 대한 판단은 신념에 따라 달라진다. 이러한 견해를 상담과정에 적용하면 내담자의 주관적 경험을 소중히 여겨야함을 의미한다.[117)]

사회구성주의는 구조주의constructivism와 마찬가지로, 지식의 객관적 기초에 대한 개념에 도전한다. 따라서 구조주의에서 인식은 사람과 환경이 충돌할 때 형성된다는 개념인 반면, 사회구성주의에서 인식은 생각, 관념 또는 기억이 사람들의 사회적 교류에서 생기며 언어를 매개로

University Press, 1986), 96−97. In Lynn Hoffman,"가족치료를 위한 재귀적 관점," in Sheila McNamee and Kenneth J. Gergen, eds., *Therapy as Social Construction*, 김유숙 역, 『심리치료와 사회구성주의』 (서울: 학지사, 2004), 44−45.

117) Ibid., 52.

형성된다는 개념이다.[118]

사회구성주의의 개념

사회구성주의는 1960년대에 프랑스 사상계의 전면에 등장하여, 데카르트의 코기토cogito에서 출발하는 전통적 철학과 결별하고 사회를 객관적으로 탐구하려는 인식 방법이었다. 이것의 가장 큰 함의는 바로 주체가 구성의 결과일 뿐이라는 주장이다. 결국 그들에게 인간적 주체란 재구성 작용의 총체를 일컫는 것이다. 따라서 인간을 이해한다는 것은 주체의 총체를 파악하는 것이 아니라 구조 내지는 관계의 총체를 안다는 것을 의미한다.[119]

이 사회구성주의는 매우 포괄적인 개념이다. 소쉬르Ferdinand de Saussure, 라캉Jacque Lacan, 푸코Michel Foucault, 료타르Jean Francois Lyotard, 데리다Jacques Derrida[120] 등과 같은 이들의 사상이나 사유 역시 상호 이질적인 측면이 많지만, 근대주의 철학에 반대한다는 점에서 하나의 지적 흐름으로 묶을 수 있다. 사회구성주의자들의 저술이 직접적으로 심리상담을 다루는 경우는 드물지만, 심리상담학에서는 전통적 심리상담학의 근대주의적인 특성을 비판하기 위해 이들의 사상적 내용과 방법을 차용하고 있다. 따라서 여기에서는 심리상담 측면에 중심을 두어 사회구성주의자들의 사상을 소개하려고 한다.

---

118) Michael P. Nichols and Richard C. Schwartz, *The Essentials of Family Therapy*, 59–64.

119) 김혁기, "포스터모던 법리론 연구: 데리다의 해체론을 중심으로," 서울대학교 박사학위논문, 2000, 35.

120) 이들은 여러 학문을 넘나들며 이론을 전개하였기 때문에 이들을 고전적인 학문 체계에 따라 분류하기란 어렵다. 굳이 구분하여 본다면 라캉은 정신분석학에, 푸코는 역사학에, 료타르는 사회학에, 데리다는 철학이나 문학에 가깝다고 할 수 있다.

소쉬르 Ferdinand de Saussure, 1857~1913

페르디낭 드 소쉬르[121)]

소쉬르는 구조주의 언어학자로 구조주의의 확립에 큰 공헌을 하였다. 그의 언어학에서 근본적인 요소는 랑그lange와 파롤parole의 대립이다. 랑그는 언어체계로서 사람의 공통된 언어 능력을 의미하며, 파롤은 개개의 발화發話로서 그러한 능력의 산물을 뜻한다. 따라서 랑그는 개인이 변경할 수 없으며 개인에 선재先在하는 사회적 제도이다.[122)] 즉, 랑그는 한 언어가 갖는 추상적인 체계이며, 모든 구성원이 공유하는 사회적 약속이다. 이 랑그는 체계이기 때문에 유한하다. 랑그는 사회적으로 합의된 약속이자 언어규칙이다.

랑그에 비해 파롤은 개인적 발화행위이며 체계의 구체적 실현이다. 이 파롤은 랑그와는 달리 개인적 발화이기 때문에 무한하다. 우리가 사용하는 말은 그 이전에 존재하는 언어체계 없이는 의사소통이 불가능하다. 우리가 말할 때 그 발화행위가 상대방에게 이해되기 위해서는 구성원 모두가 공유하는 언어의 사회적 관습이나 약속이 있어야 한다. 즉, 사회적으로 합의된 어휘와 문법 체계 등이 있어야 의사소통이 가능하다.

따라서 우리는 언어의 단어체계나 음운체계, 문법체계 등에 관한 지식이 없다면 상대방과 의사소통을 할 수 없다. 말을 이해시키려면 상대방과 그 언어의 코드를 공유해야 하기 때문이다.[123)] 이에 소쉬르는 언

121) 웹 사이트 www.kalipedia.com. 2008. 10. 23. 검색.
122) 김혁기, op. cit., 34.

어학에서 랑그와 파롤의 연구를 각기 구별하고, 그중에서 랑그를 본질적이라고 주장하였다. 이 랑그에 대한 강조는 구조주의의 특징을 잘 나타내고 있다.[124)]

우리들이 느끼는 오감각 등은 언어가 있기 때문에 가능하다. 우리들 가운데 "오렌지"라고 말했을 때, '오렌지'라는 언어를 들은 사람들은 오렌지를 입안에 까서 놓은 것처럼 인후를 강타하는 오렌지의 맛과 향을 느끼게 된다. 그리고 '우울'이라는 언어가 없다면 현재 우리들이 느끼고 있는 '우울'이라는 감정을 경험할 수 없을 것이다. 그러므로 언어에 의해서 우리들의 사고, 감정, 삶 등이 구성된다.

소쉬르에 의하면, 언어에는 본질이 없고 오직 차이만 있을 뿐이다. 이런 차이 이론에 의하면 개별 언어기호는 독립적으로 존재하는 것이 아니라 전체 시스템 속에서 의미를 갖는다. 즉, 개별 언어는 체계적인 관계 속에서 그 의미가 구체화된다.[125)]

예를 들어, 박달곤은 누구인가? 사실 박달곤은 계명대학교 인문대학 기독교학과 학회장이다. 그래서 우리는 "박달곤이 누구인가?"라고 하였을 때 그를 기독교학과 학회장이라고 말한다. 그러나 박달곤에 대해서 이것만으로는 온전히 알 수 없다. 우리는 박달곤을 기독교학과 학회장이라고 말했을 때, 학과 학생들과의 관계 속에서 이해한다. 그러나 그는 현재 학교에서 눈에 보이는 구조뿐만 아니라 눈에 보이지 않는 여러 관계들 속에서도 의미를 갖는다. 예를 들어, 달곤이는 박씨 가문의 족보에서 그의 위치를 파악할 수 있고, 현재 가족 구조 내에서 차지하는 위치

---

123) 유재천, "소쉬르의 언어이론," 웹 사이트nongae.gnu.ac.kr. 2008. 12. 10. 검색.
124) 김혁기, op. cit., 34.
125) 고영복, 『사상사개설』 (서울: 사회문화연구소, 1992), 399.

에 의해서도 이해할 수 있다. 여기서 우리는 달곤이의 의미가 눈에 보이고 가까이 있는 사람들 사이의 관계뿐만이 아니라 그가 속한 가족관계와 같은 보이지 않는 관계에 의해서도 형성된다는 것을 알 수 있다.

이는 우리가 눈에 보이는 관계만을 고려하는 것은 부분적인 의미만을 아는 것이라고 말할 수 있다. 전체적으로 볼 때, 달곤이는 눈에 보이는 사람들 사이의 관계뿐만 아니라, 현재 눈에 보이지 않는 다른 부재하는 사람들과의 관계도 함께 고려해야만 그 의미를 온전히 이해할 수 있다.

이와 같이 소쉬르가 말한 계열적 관계와 결합적 관계는 문구나 문장 등 언어 사슬의 의미를 구조적으로 이해하는 데 필수적이다. 우리는 문장을 이해할 때 문장 속에 존재하는 단어들 사이의 관계, 즉 결합적 질서만 생각하기 쉽다. 그러나 문장의 의미는 그것만으로 이루어지는 것이 아니다. 우리는 문장을 만들 때 무의식적으로 거치는 과정인 계열적 관계를 생각하지 않으면 전체적인 의미를 파악할 수 없다. 계열적 관계란 선택된 단어와 선택되지 않은, 즉 현재 문장 속에 존재하지 않지만 선택된 단어에 의미를 부여하는 부재하는 것과의 관계를 의미한다. 따라서 단어의 의미는 문장 속에 존재하는 요소들 사이의 관계뿐만 아니라, 부재하는 것들과의 관계를 고려할 때도 형성된다는 것을 알 수 있다.[126)]

따라서 상담자는 내담자의 이야기를 들으면서 내담자가 표현하지 않은 관계성을 고려하고, 그의 이야기에 담긴 의미를 파악하는 노력을 기울여야 한다. 또한 상담자는 내담자가 처해 있는 사회 가치 체계를 명확히 이해해야 된다.

---

126) 유재천, "소쉬르의언어이론," op. cit.

자크 라캉 Jacque Lacan, 1901~1981

자크 라캉[127)]

무의식과 언어의 관계성에 대해 "언어가 무의식의 전제조건이다."[128)] 라는 명제로 유명한 라캉은 언어학을 모형으로 하여 정신분석이론을 발전시켰다. 특히 그는 "무의식은 언어처럼 짜여져 있다."라고 하였다. 그에 의하면 무의식이라 할지라도 고정된 언어 형식을 빌리지 않으면 이해할 수 없다.[129)] 따라서 언어 없이는 무의식이 존재할 수 없는 것이다. 언어가 존재하기에 무의식이 있게 되고 형성되는 것이다. 이러한 라캉의 정신분석적 언어 이론은 결국 무의식의 주체인 인간의 욕망 구조를 설명하기 위한 것이다.

인간의 주체성은 크게 상상계와 상징계를 거쳐 형성된다. 이 두 단계의 공통점은 주체가 자기 자신이 아닌 타자와의 동일시를 통해 성립한다는 점이다. 상상계는 거울 단계를 형성하며, 이 단계는 어린아이가 거울에 비친 자기를 바라보며 자기 동일시를 획득하는 과정을 의미한다. 여기서 아이가 확인한 자아는 내재적 자아가 거울에 비친 것이 아니라, 거울이라는 타자를 통해 구성된 것이다. 그러므로 자아는 선험적 실체先驗的 實體가 아니라 동일시 과정을 통해 형성된 존재이다. 이후 자아는 상징계로 이행한다. 이 상징계는 상징체계인 언어를 습득하는 단

---

127) 웹 사이트 www.richardwebster.net. 2008. 10. 23. 검색.
128) 박찬부, 『현대정신분석비평』 (서울: 민음사, 1996), 72.
129) 김혁기, op. cit., 37.

계이다. 그런데 언어 질서는 출생 이전에 이미 존재하므로, 아이는 출생과 더불어 타인들의 말 속에 놓이게 된다. 이는 언어를 통해 타자가 짜 놓은 금지와 욕망 그리고 가치판단의 체제 속에 들어가게 된다는 것을 의미한다.[130] 결국 우리가 이해하는 주체는 그 자체로 타자성을 내재하고 있다는 것이다.

미셸 푸코 Michel Foucault, 1926~1984

푸코는 지배와 복종의 관계가 사회적 담론social discourse의 구조와 일치한다는 점을 발견하여, 권력이란 개념을 중요한 것으로 복원하였다.[131] 다시 말해, 푸코의 사상은 사람들이 보편적인 진리라고 받아들이는 것에 대한 '전복'이다. 지금까지는 인간이 역사의 창조자이며, 의미 창출의 근원이라고 생각한 실존주의와 현상학에 대해 의문을 제기하였다. 그에 따라 그는 인간이 의미의 창출자가 아니라 오히려 인간이 사회적 담론과 구조에 의해 구성된 존재라고 보았다.

미셸 푸코[132]

또한 어떤 일부 사람들에 의해 만들어진 사회적 담론 그 자체에 의해 사람들의 관계가 감시되고 통제되면서 변화한다고 보았다.[133] 즉 보편적이고 지배적인 진리는 없으며, 사람들이 받아들이고 있는

130) Ibid.
131) Sheila McNamee and Kenneth J. Gergen, *Therapy as Social Construction*, 25.
132) 웹 사이트 www.britannica.com. 2008. 10. 23. 검색.
133) Ibid., 35.

진리는 선택과 배제라는 과정을 통해 권력으로 작용한다. 따라서 사람들이 보편적인 진리로 받아들이고 있는 것은 선택과 배제라는 과정으로 발생한 권력의 효과라는 것이다. 결국, 상담자는 내담자의 자기 인식과 가치가 절대적인 것이 아님을 이해하고 부정적인 관점을 해체하여 긍정적인 관점을 형성할 수 있다.

사회구성주의와 상담

사회구성주의자들은 인간의 자율성에 대해 의문을 제기하고 이성의 한계를 인정한다. 그들에 의하면, 인간은 사회적 의미의 구조에 의해 구성된다. 또한, 그들은 보편적이고 고정된 의미의 구조가 존재하지 않으며, 사회적 의미는 비결정적이고 불안정한 것이라고 주장한다.

객관적인 실재는 없으며 오직 관점이 존재한다는 탈근대주의적인 가정이 형성되면서, '인간의 삶을 조직하고 있는 이야기가 어떻게 만들어지는가?'라는 질문에 관심을 갖게 되었다. 탈근대주의 심리학은 '사람은 어떻게 자신의 삶에서 의미를 만들어 가며, 사실을 구성하는가?'라는 부분에 관심을 갖고 있다.

이러한 심리학적 성향 중의 하나가 사회구성주의를 기초로 한 이야기 상담이다. 이것은 1990년대 초반에 가족상담 분야를 사로잡았으며 현재까지 영향을 끼치고 있다.[134] 어떤 이야기든 관점이 있다. 그래서 이 관점을 파악하는 것이 매우 중요하다. 그러나 이 관점을 파악한다는 것은 결코 쉬운 일이 아니다.

사회구성주의는 가족 내에서 우리가 경험하는 것은 사실에 입각해

134) Michael P. Nichols and Richard C. Schwartz, *Family Therapy: Concepts of Methods*, 377.

서라기보다 우리의 관점에 영향을 많이 받는다는 입장이다. 사람의 행동을 이해하는 것은 결코 그것을 보고 파악하고, 해석하는 단순한 방식만으로 이루어지지 않는다. 왜냐하면 사람의 경험은 근본적으로 모호하기 때문이다. 따라서 경험의 단편들은 그것을 조직하여 선택하고, 의미와 중요성을 부여하는 과정을 통해서만 이해될 수 있다.[135]

사회구성주의에서는 특히 개인이 어떻게 자신의 현실을 만들어 가느냐에 관심을 가졌다. 사회심리학자인 거겐K. Gergen은 사람들이 의미를 만들어 내는 과정에 사회적 상호작용이 강력한 영향을 끼친다는 점을 강조하였다.[136] 즉, 사람들의 인식은 필연적으로 세계에 대한 인식을 토대로 형성된다. 왜냐하면 경험된 현실은 사회가 이미 가지고 있는 담론이나 이해의 사전 구조와 분리될 수 없기 때문이다. 이러한 사회화 과정을 통해 사실로 명명된 실체는 의미를 부여받게 되고, 그 의미에 의해 그 실체의 존재 가치가 의미 있는 실체가 된다. 사회구성주의에서는 사실 그 자체보다는 그 사실에 부여된 의미에 더 큰 비중을 둔다.

따라서 사회구성주의자들은 진리나 사실이 특정한 장소에 존재한다고 보지 않고, 사회화 과정을 통해 사회적으로 구성되는 것이라고 본다. 또한 사람들이 어떤 사물이나 세계를 경험할 때 자신들이 해석한 것, 즉 자신들이 의미를 부여한 것이 곧 사실이라고 한다. 그러므로 사회구성주의에서는 사실이 아니라 의미 그 자체가 주요한 연구 대상이 된다. 이 의미는 사회적으로 구축된 것이며, 그 구축된 의미는 그 사회·문화 속에서 바람직하고 올바른 이미지를 창출한다고 한다. 구축된 의미는 고정되고 정착되어 있는 것이 아니라, 새롭게 형성되거나 재해석되면서 소멸

---

135) Michael P. Nichols and Richard C. Schwartz, *The Essentials of Family Therapy*, 241.
136) Ibid., 293.

과 생성의 과정 속에 있는 것이라고 주장한다. 또한 사회구성주의자들은 개방적이고 창조적인 의미를 찾기 위해 해체deconstruction라는 방법을 사용한다.[137]

이와 같이 사회구성주의는 가족의 상호작용에 초점을 맞추기 보다는 대신에 제시된 문제와 연관된 사람들이 가지고 있는 가설을 탐색하고 재평가하는 방향으로 전환시켰다.[138] 사회구성주의의 결과로 나타난 현상 중에 하나는 상담자들이 내담자와 만날 때 좀 더 겸손한 태도를 취하게 되었다는 것이다.[139] 니콜스와 슈워츠는 상담자들이 가지고 있는 생각이 상담에 미치는 영향에 대해 다음과 같이 언급하였다.

> 사회구성주의에서의 현실은 '저기 밖에 있는 것'으로 존재하는 것이 아니라 그것을 바라보는 사람의 내적 구성물이다. 이러한 관점으로 인해 상담자들은 자신이 가족에게서 보는 것을 가족 내에서 실제로 존재하는 것으로 보아서는 안된다는 입장이 나타나게 되었다. 대신에 사회구성주의자들은 상담자들이 보는 것은 인간, 가족 그리고 문제에 대한 상담자 자신의 일련의 가정과 그 가족과의 상호작용의 산물이라고 본다. 다시 말해, 우리는 우리가 관찰한 것의 진실성에 대해 지나친 확신을 가져서는 안 되며, 우리가 만나는 사람들에 대해 우리 자신이 가지고 있는 가정을 신중하게 검토해야 한다.[140]

따라서 사회구성주의 사상을 기초로 한 상담에서는 의미 변화가 주요한 목표가 된다. 의미 변화는 상담에서 중요한 도구가 될 뿐 아니라 상담의 목표로 자리잡게 되었다. 특히 사회구성주의에서 영향을 받은 이야기 상담은 행동 변화에서 의미 변화로 상담의 목표가 전환되었다.

---

137) 김번영, op. cit., 281.
138) Michael P. Nichols and Richard C. Schwartz, *The Essentials of Family Therapy*, 241.
139) Michael P. Nichols and Richard C. Schwartz, *Family Therapy: Concepts of Methods*, 378.
140) Ibid., 377.

사회구성주의 사상을 바탕으로 한 상담자는 맥락, 개인과 문제에 대한 사회적 구성, 이야기를 통한 창조를 강조하기 때문에 내담자와 상담자 간에 존재하는 언어체계를 중요하게 여긴다. 이들은 개인이 언어를 통해 자신의 세계를 이해하고, 그 과정에서 언어가 세계를 구성하는 수단임을 인식한다.[141] 이러한 관점은 몇 가지 임상적인 의미를 내포하고 있다.

첫째, 현실은 사회적으로 구성된다

어떤 사람도 진리로 가는 길모퉁이에 있지 않다. 사람들의 현실은 그들이 하는 이야기에 의해 구성되고 그들의 행동을 결정한다. 사람들의 이야기에는 관점이 있다. 이러한 관점이 내담자의 현실을 구성하게 된다.

이러한 사고는 상담자로 하여금 내담자가 지니고 있는 가치관을 이해하는 데 도움을 준다. 내담자가 지니고 있는 가치관은 사회적으로 구성된 것이다.

둘째, 상담은 언어적 활동이다

사람들은 언어에 의해 현실을 구성하기도 하고, 때로는 삭제하기도 한다. 이야기는 언어에 의해 구성되며, 이야기에 의해 내담자의 관점이 만들어지며, 내담자의 관점에 의해 현실이 구성된다. 즉, 이야기에 의해 내담자의 삶과 현실이 구성된 것이다. 따라서 상담자가 상담을 통해 내담자의 빈약한 이야기를 풍부한 이야기로 바꾸기를 원하다면, 이야기에서 새로운 언어를 사용하도록 유도해야 한다. 새로운 언어를 통해

---

141) Sheila McNamee and Kenneth J. Gergen, *Therapy as Social Construction*, 53.

새로운 이야기를 하기 시작할 때, 내담자는 새로운 자기를 구성하게 될 것이다. 그러므로 상담은 내담자의 언어를 통해 새로운 것을 창조한다는 맥락에서 이해되어야 한다.

셋째, 상담은 상호 협력적이어야 한다

탈근대주의와 사회구성주의에서는 절대적 진리를 인정하지 않는다. 진리는 사회 구성원들에 의해 구성되고 만들어지는 것이다. 따라서 어느 한 집단이 지닌 지식이 우월함을 주장하는 것을 용납하지 않는다. 상담자와 내담자의 관계서도 상담자가 자신의 전문성을 이용해 권위나 우월성을 내세우는 것을 허용되지 않는다. 상담자와 내담자는 동등한 입장에서 관계를 형성하며, 오히려 내담자가 자신의 삶의 이야기에 있어서 더 전문가로 여겨진다. 그러므로 상담은 상담자와 내담자 간의 상호 협력적 작업이라고 할 수 있다. 따라서 상담자와 내담자는 서로의 관점을 인정하고 수용하는 자세가 필요하다. 상담자는 내담자와 상담하면서 '알지 못한다'는 자세와 함께 '알고자 하는' 자세를 가져야 한다.

넷째, 단기 상담이 가능하다

상담자가 내담자에게 중요한 인물로 인식되고, 내담자가 문제에 대해 새로운 관점을 부여받으며, 그 문제를 재구성하게 되면 상담은 본질적으로 종결된다고 할 수 있다.[142] 왜냐하면 탈근대주의를 사상적 배경으로 하는 상담의 목표는 내담자의 행동 변화가 아니라 관점 변화에 초점을 두기 때문이다. 따라서 탈근대주의를 기초로 한 상담은 단기 상담이 가능하다.

---

142) Michael P. Nichols and Richard C. Schwartz, *Family Therapy: Concepts of Methods*, 385.

해체주의와 이야기 상담

데리다J. Derrida의 철학은 보통 '해체deconstruction'라는 용어로 대표된다.[144] 그가 해체하고자 한 것은 바로 플라톤 이후 서양 철학사와 지성사의 모든 이론과 사상 그리고 진리에 관한 학설이다. 한마디로 말해, 데리다의 철학은 전통적 형이상학을 강력하게 비판한다. 데리다는 플라톤Platon 이후 서양의 지배적인 전통을 철저하게 현전의 형이상학적 사고로 본다. 지금까지의 서양적인 사유 전통은 존재의 의미를 현전現前[145]으로 이해한다. 이런 전통에서는 사물을 반영하는 정신적 존재를 가정한다. 즉, 의미작용의 관계가 존재와 정신 사이에 있다고 가정하는 것이다. 따라서 정신 안에 이성과 사유가 있으며, 그것을 통해 사물에 대한 의미와 진리가 나타나거나 생산된다고 믿었다. 그러므로 서양의 전통적인 사유에서는 최소한의 본체, 개념, 원리 등을 발견하려고 노력해

자크 데리다[143]

143) 웹 사이트 www.pyke-eye.com. 2008. 10. 23. 검색. 파리에서 1990년 9월 12일 촬영.
144) 김혁기, op. cit., 41.
145) '현전'의 개념은 존재의 의미를 현재의 상태에만 초점을 맞춰서 해석하고자 하는 것이다. 희랍철학자 제논Zenon에 의하면 화살의 운동을 설명할 때 현전하는 상태에만 집중한다면, 그 화살은 언제나 멈춰있다. 현재의 상태에만 초점을 맞춘다면 화살은 움직이지 않는 모습으로 현전하는 것이다. 이것이 현전의 형이상학이다. 그러나 우리는 화살이 움직이고 있다는 것을 설명해야 한다. 움직이는 화살을 설명하기 위해서는 현전하지 않는 다른 순간, 즉 현재와 함께 과거와 미래에 대한 언급이 있어야 한다. 따라서 현전하는 것처럼 보이는 모든 대상은 현전하지 않는 비현전의 요소들과 필연적인 의존관계를 가지게 되는 것이다.

왔으며, 이들이 모든 사유 작용과 활동의 기초가 될 것이라고 믿어 왔다.[146] 이러한 현전의 사유에 대해 이광래는 다음과 같이 설명하고 있다.

> 첫째, 데카르트R. Descartes는 '나는 생각한다. 그러므로 나는 존재한다'라고 하였다. '나는 생각한다'에서 '나'는 사유 행위를 통해 자신에 현전한다. 데카르트에 의하면, '나는 존재한다'는 명제는 내가 그것을 발음하거나 마음에 생각하는 순간마다 반드시 참이라는 것이다. 둘째, 시간 개념에 있어서는 현재만이 현전하므로 미래와 과거의 실재성은 현재와의 관계에 의존한다. 따라서 미래란 기대하는 현전이고 과거는 이전의 현전이다. 셋째, 의사소통에서 화자話者가 전하려는 의미는 바로 화자의 마음에 현전하는 어떤 것이다.[147]

이러한 형이상학적 유산은 로고스logos가 모든 존재와 사유의 근원이며, 그 외의 모든 것은 로고스에서 파생된 것이라는 의미의 로고스 중심주의에 빠지게 했다. 데리다는 로고스 중심주의로 대표되는 모든 중심주의를 반대하기 위한 전략으로 해체를 제안한다.

해체는 근대 서구의 철학, 과학, 기술 출현을 가능하게 했던 이성의 원칙이 가진 한계를 성찰하려는 노력이다. 따라서 형이상학을 비판 한다고 해서 해체가 계몽적 이성 비판의 전통 밖에 있는 것은 아니다.[148] 해체는 기존에 사실로 간주되었던 범주와 가정을 분석하고 조사하므로 의미를 탐구하고 보다 새롭게고 견실한 의미를 구축하려는 탈근대주의적 접근이다.[149]

해체주의 이론이 이야기 상담에 영향을 준 것은 새로운 관점을 제시한 것이다. 구조주의에서 텍스트 안에 의미가 구조화되어 있다는 점을

---

146) Ibid., 43.
147) 이광래, 『미셸푸코』 (서울: 민음사, 1989), 60.
148) Christopher D. Derrida, 이종인 역, 『데리다』 (서울: 시공사, 1999), 245.
149) Michael P. Nichols and Richard C. Schwartz, *The Essentials of Family Therapy*, 241.

강조했다면, 해체 이론은 그 구조 자체를 부정하고 완전히 텍스트 내에서 무제한으로 의미가 발견될 수 있다고 본다. 해체 이론에 따르면 사람들은 끊임없이 의미를 생산할 수 있다. 왜냐하면 텍스트 안에서는 의미가 무제한으로 해체될 수 있기 때문이다. 구조주의에서는 구조가 있다고 본다면, 해체주의는 사람들이 의미를 얼마든지 만들어 낼 수 있다고 본다. 이 의미는 사람들의 심리 상태에 따라 얼마든지 바뀔 수 있다. 즉, 사람들의 심리 상태에 따라 사건과 경험의 의미가 달라질 수 있다는 것이다.

기독교의 경전인 신약성경에는 마태복음, 마가복음, 누가복음, 요한복음이라는 사복음서가 포함되어 있다. 사복음서 안에 공통적으로 기록되어 있는 것이 오병이어 기적이다. 왜 오병이어 기적이 사복음서에 공통적으로 기록되어 있을까? 그 이유는 옛날 사람들이 항상 배고픈 상태에서 살았기 때문이다. 옛날에는 뚱뚱한 사람이 드물었고, 살이 찌기 어려웠다. 예수의 시대에도 사람들은 자주 배고팠을 것이다. 그 당시 일반적으로 로마 사람들은 세 끼를 먹고, 그리스 사람들은 두 끼를 먹고, 히브리 사람들은 한 끼 또는 두 끼를 먹고 살았다고 한다. 그러므로 그 당시 사람들은 항시 배고픈 상태에 있었다. 이러한 상황에 놓인 사람들에게 예수의 오병이어 기적은 매우 큰 영향을 미쳤다. 오병이어의 기적을 통해 예수의 열두 제자들이나 예수를 따르던 무리들의 사기는 최고조에 달했다. 이와 같이 그 당시 사람들의 심리 상태가 새로운 의미를 만들어 낸다는 것이다. 따라서 내담자가 지니고 있는 심리 상태에 따라 새로운 의미가 창출된다.

이야기를 통해 기존의 심리 상태가 해체될 수 있고, 새로운 심리 상태를 가질 수 있다. 따라서 상담자는 내담자가 말하지 않는 심리 상태에 대해서도 관심을 가져야 하며, 때로는 반영 기법을 통해 내담자에게 다른 관점을 보여 주기도 해야 한다. 다른 관점은 상담 장면에서 상담자와 내담자의 은유와 어법 간의 상호작용에서 나타날 수 있다.150)

해체주의 이론이 이야기 상담에 영향을 준 것은 새로운 관점을 찾을 수 있는 이론적 근거를 제시한 것이다. 내담자들이 자신들이 가지고 있던 빈약한 이야기를 해체하고, 풍부한 이야기로 나아가기 위해 상담자와의 대화를 통해 새로운 심리 상태를 유지하는 것이며, 또한 상담자와 상담에 초청된 청중들의 반영reflection을 통해 자신에 대한 새로운 관점을 강화하게 된다. 내담자가 새로운 관점을 갖는다는 것은 삶에 대한 새로운 이야기를 갖게 된다는 것이다. 새로운 이야기는 내담자의 삶가운데 전혀 없었던 것이 아니라 그의 삶 속에 이미 있었지만 드러나지 않고 묻혀 있었던 이야기들이다.

해석학과 이야기 상담

해석학hermeneutics이 이야기 상담에 미친 영향에 대해 알아보기 전에 먼저 해석학이 무엇인지에 대한 이해가 필요하다. 해석학은 단어, 문장, 문서의 정확한 내용을 확인하는 것과 그 상징 속에 숨겨진 의미를 발견하는 것을 그 목적으로 하는 학문이다.151) 신학자 슐라이어마허F. Schleiermacher는 해석학은 말하는 기술이 아니라 말해진 바를 이해하는 기능에 관련된

150) Ibid.
151) 손봉호, 『오늘을 위한 철학』(서울: 지학사, 1986), 88.

다고 하였다.[152] 그런 면에서 해석학은 이해의 기술이자 듣기의 기술이다. 그래서 슐라이어마허는 오해를 피할 수 있는 기술로서 해석학이라고 정의했다.[153] 따라서 해석의 과정은 이해의 과정이며, 이해의 과정은 언어를 통해 탐색 된다. 그러므로 해석은 저자가 말한 것을 통해 저자를 이해하는 기술이자, 언어를 통한 다른 존재와의 만남이라고 할 수 있다.[155]

프리드리히 슐라이어마허[154]

해석이란 단순히 '텍스트가 가지는 원래의 의미what the text meant'를 결정하는 주석 작업에서 끝나지 않고, 더 나아가 재구성된 텍스트의 의미가 '오늘 우리에게 무엇을 의미하는지what the text means'를 추구하기 때문에, '본문의 세계와 해석자의 세계'와의 연결이라고 할 수 있다. 하지만 해석자는 특정한 텍스트를 대할 때, 완전한 백지 상태로 나아가는 것이 아니고, 그 텍스트 앞에 자신의 관심과 의문 - 그것이 교리적이든, 사회적이든, 혹은 심리적이든지 간에 - 을 가지고 나아간다.

리쾨르P. Ricoeur는 이것을 선판단prejudice이라고 말한다. 텍스트를 대하는 사람은 자신이 처한 사회적 위치와 관심을 완전히 벗어나서 순수하게 텍스트가 말하는 것을 듣는다는 것이 거의 불가능하다. 해석은 오

152) Richard E. Palmer, *Hermeneutics: Interpretation Theory in Schleiermacher, Dilthey, Heidegger and Gadam*, 이한우 역, 『해석학이란 무엇인가』 (서울: 문예출판사, 1990), 132.
153) Josef Bleicher, *Contemporary Hermeneutics: Hermeneutics as Method, Philosophy and Critique*, 권순홍 역, 『현대해석학』 (서울: 한마당, 1990), 150.
154) 웹 사이트 www.portrait.kaar.at. 2008. 10. 27. 검색.
155) 백승균 등, 『해석학과 현대철학』 (서울: 철학과현실사, 1996), 161.

폴 리쾨르[156)]

히려 편견을 포함한다고 말하는 것이 정직하고 정확한 고백이라고 말할 수 있다. 독자 각각의 변화된 상황이 본문을 해석하고, 거기에 부여된 의미를 찾는 데 영향을 준다는 것이다.

해석에 대한 리쾨르의 이러한 관점은 상담에 이야기가 가장 중요한 요소로 등장할 수 있도록 이론적 배경을 만들어 주었다.[157)] 리쾨르 P.Ricoeur는 이야기 텍스트의 세계는 곧 언어의 세계라고 한다. 이처럼 그는 언어를 통한 이해의 작업을 중시한다.

이야기에 대한 해석학적 고찰은 과거를 직접 이해한다고 하는 사실을 부인한다. 과거를 직접적으로 이해할 수 없다는 사실 때문에 우리는 이야기를 통해 역사적 시간 경험들이 언표화되고, 언표화된 과거 시간 경험들이 이해된다고 주장한다.[158)] 이렇게 언표화된 과거란 우리의 해석 작업을 요구하는 쓰여진 텍스트이다. 그러므로 우리가 우리의 과거를 이해하기 위해서는 과거의 실재가 이야기되어야 한다. 과거의 경험이나 사건에 대한 의미 부여는 언어의 질서에 따라 그 형태를 갖추게 된다. 과거의 실재에 대한 해석학적 단초는 우리에게 이야기를 통한 과거의 재진술뿐만

---

156) 웹 사이트 www.phillwebb.net. 2008. 10. 27. 검색.

157) 안석모, "해석학적 전환으로서의 치유," 한국기독교상담심리치료학회, 제5회 학술대회, 2001. 11. 10.

158) 정기철, "역사이야기 이론을 위한 해석학적 고찰," 『철학과현상학연구』 (1993): 237.

아니라, 이야기를 통한 과거의 이해 가능성의 길을 열어주었다.

상담자와 내담자 간의 관계에서 협력적collaborative 접근이라는 새로운 관점이 나타나게 된 배경에는 성서 연구의 한 분야인 해석학이 있었다.[159] 이 해석학에서는 상담자가 내담자의 정신 상태를 객관적으로 분석할 수 있다는 기존의 생각이 잘못되었을 뿐만 아니라, 내담자를 잘못 인도하거나 혼란에 빠지게 한다고 주장한다. 상담자 자신이 가지고 있는 가설이 임상적 해석을 거의 덮어씌운 것이다.[160]

따라서 이야기 상담에서는 내담자를 해석학적 입장에서 이해해야 함을 강조한다. 해석학적 입장이란 해석이나 설명이라는 작업에 관한 이론과 실천이다. 바하터하우저B. R. Wachterhauser에 의하면 "그것은 본래 하나의 철학적 입장으로, 이해란 항상 해석이며, 이해를 위한 특권적 관점이라는 것은 존재하지 않는다."[161]

해석학의 영향을 받은 할린 앤더슨H. Anderson과 굴리시안H. Goolishian은 이야기 상담에서 중요한 기법 가운데 하나인 상담자의 '알지 못한다'는 자세를 만들어 내었다. 이 '알지 못한다'는 자세에 의해 상담자와 내담자 간의 협력적인 자세를 유지하게 된다.

이야기 상담의 사상적 배경이 된 탈근대주의에 관련된 저서의 대부분은 대화적·다중적 관점, 자기노출, 위계적 구성보다는 관계와 이면의 중요성에 많은 관심을 가졌다. 그리고 목표보다는 과정에 관심을 두며, 주로 주제와 이야기에 관련된 생각에 초점을 맞추고 있다.[162]

---

159) Michael P. Nichols and Richard C. Schwartz, *Family Therapy: Concepts of Methods*, 382.
160) S. McNamee and K. J. Gergen, op. cit., 10.
161) Brice R. Wachterhauser, *Hermeneutics and Modern Philosophy* (New York: State University of New York Press, 1986), 339.
162) William D. Lax, op. cit., 113.

이상의 관찰을 근거로 해서 볼 때 이야기 상담의 사상적 배경이 되는 탈근대주의를 다음과 같이 정의할 수 있다.

자아는 구체화된 실체가 아니라 이야기에 의해 만들어진다. 주제는 해석되는 것이 아니며 오히려 과정을 전개하는 것이다. 개인은 심리적·내적인 실체라기보다는 사회적 의미라는 맥락에서 이해되어야 한다. 과학적 지식이나 세상에 대한 부인할 수 없는 '사실'은 세상이 어떻게 구성되어야 하는가에 관한 공동의 믿음을 강조한 이야기를 통해 형성된 지식이 우선된 것이다.[163]

이 글에서 추구한 탈근대주의와 이야기 상담과의 관계에 대한 연구는 무엇보다 탈근대주의의 철학이 이야기 상담에 끼친 영향을 밝히고자 하였다. 그러나 이 장은 이야기 상담의 철학적 배경을 다룬 것이 아니라, 이야기 상담과 탈근대주의와의 관계 규명, 특히 각각의 탈근대주의 사상들이 이야기 상담의 심리 이론들과 기법들에 끼친 영향들을 중심으로 살펴보았다. 이러한 연구는 그 사상들에 대해 보편적으로 규명하기는 어려워도 이야기 상담이 태동하게 된 여러 이론들과 기법들의 배경을 규명하는 데 도움을 준다.

이야기 상담이 탈근대주의의 철학에 따른다고 함은 내담자 자신이 삶의 주인공이 되어 자신의 삶의 이야기를 다시 쓰게 하는 것을 의미한다. 이야기 상담에서는 상담의 텍스트가 내담자의 삶의 이야기가 되며, 해석학적 관점에서 이 텍스트를 새롭게 해석하는 작업이 필요하다는 것이다. 즉, 이제 내담자는 '지금-여기'에서 자기 삶의 이야기를 스스로 새롭게 해석하고, 그 이야기에 새로운 의미를 부여하면서 새로운

163) Ibid.

이야기를 만들어 가는 것이다. 이렇게 하여 내담자가 새로운 이야기를 구성할 때, 내담자에게는 새로운 자아정체성이 확립되는 것이다.

제 3 장
이야기 상담의 기본 전제와 원리

이야기 상담의 기본 전제

사람의 경험은 근본적으로 불확실하다

이야기 상담의 중심적 가정은 인간의 경험은 고정된 것이 아니라 근본적으로 불확실하다는 것이다. 그것은 인간의 경험이 실제가 아니거나 분명하지 않다는 것이 아니라, 단순히 볼 수 있거나 분석할 수 있는 과정이 결코 아니라는 것이다. 오히려 인간의 경험은 그 경험의 요소들을 조직하고, 묶어 주고, 그것들에 의미를 부여하고, 우선순위를 매기는 과정을 통해서만 이해할 수 있다. 그러므로 인간의 경험이 근본적으로 불확실하다는 것은 그 의미가 분명하지 않다는 것이 아니라, 다양한 이해와 해석이 가능하다는 것이다.[164] 따라서 많은 사람들이 똑같은 경험을 한다고 하더라도 그 경험에 대한 반응은 사람마다 다르다. 왜냐

164) Michael P. Nichols and Richard C. Schwartz, *The Essentials of Family Therapy*, 263.

하면 사람은 자신의 경험에 지속적으로 의미를 부여하면서 해석하는 존재이기 때문이다.

사람의 경험은 어떻게 해석하느냐에 달려 있다

전략적 가족상담에서는 상담자가 내담자의 경험에 대해 재명명 - 새로운 해석 - 을 한다. 손을 떠는 내담자가 있다고 가정해 보자. 이때 전략적 가족상담자는 그 내담자에게 "다음번에 당신이 말할 때는 신경과민이 아니라 단지 자신이 흥분한 것이라고 생각해 보세요."라고 내담자의 문제에 대해 은유적으로 새로운 해석을 내린다. 그러나 이야기 상담자들은 상담자의 그러한 재명명은 내담자들이 스스로 자기 자신에 대해 구성하는 이야기에 맞지 않으면 취하지 않는다는 것을 인식하였다.

자신의 삶이 따분한 삶이라는 이야기를 가진 사람은, 누군가 아무리 삶은 따분한 것이 아니라는 것을 확신시키려 해도, 그렇게 보기 어려울 것이다. 이 사람이 자신에 관한 보다 새로운 긍정적인 이야기를 구성하도록 도움을 받는다면 재명명은 필요 없을 것이다. 자기 스스로 자신에 대해 긍정적으로 생각하기 시작하면, 그는 다른 사람들이 자신에 대해 말하는 것을 듣고자 할 것이다.[165)]

이처럼 행동 유형에 초점을 두는 가족상담의 사이버네틱스 은유와는 달리 이야기 상담에서의 은유는 인지, 즉 자기 문제에 대해 자신에게 말하는 사람들의 이야기에 초점을 맞춘다. 사이버네틱스 은유에서의 치료는 부적응적 상호작용 패턴을 차단하는 것을 의미하는 반면, 이야기 상담에서의 은유는 내담자 자신과 자기 문제를 바라보는 대안적 방

---

165) Ibid.

법을 고려하도록 내담자의 사고를 확장시키는 데 초점을 두고 있다. 그것이 사람들이 자신의 경험에 대해 말하는 이야기에 흥미로운 습관을 가지게 되는 이유이다.[166]

이와 같이 이야기 상담에서는 상담자가 내담자에게 자신의 관점을 부과하는 것이 아니라, 내담자가 자신의 삶의 이야기를 통해 객관적으로 자신의 문제를 바라보고, 그 문제에 대한 대안적 이야기를 형성해 가도록 도와준다. 즉, 이야기 상담은 내담자가 자신의 경험을 삶의 이야기를 통해 재해석하도록 도와주는 것이다.

이야기는 삶을 단순히 조명하는 것이 아니라 언어를 통해 삶에 대한 의미를 재구성한다

이야기하는 것은 새로운 것을 구성하는 과정이다. 내담자가 자신의 이야기를 서술한다는 것은 경험을 재진술하는 것이며, 현재라는 종이 위에 역사를 써넣는 것이다. 재진술은 상담자가 알지 못했던 것에 반응하고 난 뒤 내담자가 다시 서술하거나 설명하는 것이다. 이때 두 사람은 영향을 주고받으면서 함께 진화하는데, 동시에 경험과 경험의 재진술도 발전하게 된다.

이야기를 다시 한다는 것은 상담자가 지금까지 보았던 것을 있는 그대로 말하는 것이 아니다. 상담자는 이전과 동일한 이야기를 끌어내는 것이 아니라, '지금까지 말하지 않았던 광맥'을 찾는 것이다. 사람의 기억에는 상상력이 감추어져 있다. 과거의 사건은 많은 새로운 가능성을 불러일으킬 수 있는 상상력을 환기시키며, 거기서 새로운 이야기와 역

166) Ibid., 263–264.

사가 만들어진다. 상상력은 활발한 대화 속에 있는 언어의 창조성에 의해, 또한 '지금까지 말하지 않은 것'의 탐구를 통해 발휘된다.167) 사람들은 그들의 문제와 내재화된 담론으로부터 일단 자신을 분리시키면 대안적 능력을 주는 이야기를 발달시킬 수 있다.

이야기하는 것은 내담자에게는 새로운 것을 탐색하는 과정이며, 이렇게 새로운 언어와 만나고 새로운 의미를 발견하는 것은 새로운 삶을 구성하는 것이다. 이야기를 통한 새로운 삶의 구성은 진정 내담자가 원하는 자아상self image 자체와 관련되어 있다.

상징적 언어에 의해 심리적 실재가 만들어진다

교통 신호는 형상과 색채를 사용하는 하나의 언어로서 아무런 물질적인 지시 대상을 지칭하지 않는 기호, 색깔, 형상으로 구성된다. 그럼에도 불구하고 교통 신호는 이해 가능한 의미를 전달한다. 상징으로서 그러한 기호들은 교통을 통제하고 도로 상태 등을 나타낸다. 예를 들면, 교통 신호등의 빨간색은 명백히 '서시오'를 의미하고, 초록색은 '가시오'를 의미한다. 이와 같이 각 색깔은 언어 체계의 맥락에서 이 같은 상징적 가치를 가진다. 빨간색과 초록색은 관습으로 인해 이 같은 의미를 교통 신호등에 나타낸다.

교통 체계 내의 색깔에 의해 의미를 구조화하는 것에 너무도 익숙해 있기 때문에 우리는 빨간색이 '서시오'라는 개념을 의미하기는 하지만 그 개념과 동일한 것이 아니라는 사실을 흔히 잊고 있다. 즉, 빨간색은 '서시오'라는 개념의 대체 대상에 불과한 것이다. 빨간색과 초록색 등은 그 어

---

167) H. Anderson and H. Goolishan, "전문가 인내담자:치료에서 알지 못한다는 자세," in Sheila McNamee and Kenneth J. Gergen, ed., *Therapy as Social Construction*, 78.

떤 언어의 낱말들과 마찬가지로, 교통 체계에 관한 의미 있는 기호로 작용한다. 마찬가지로 우리의 언어 또한 해석을 요하는 기호들로 구성된다.

우리 언어는 낱말들을 사용하며, 그 낱말들은 교통 체계의 색깔과 같이 일관되게 기능하지 않기 때문에 보다 복잡한 해석 행위를 요구한다. 그러나 색채와 마찬가지로 낱말들은 관습을 통해서 그리고 공적인 체계의 일부로서 그 어떤 것을 의미한다. 더 나아가 '서시오'의 한 상징으로서의 빨간색은 자의적인 것이다.

이것은 미국에서는 관습상 도로 오른편으로 주행하는 반면에 영국에서는 반대편 도로인 왼편으로 주행하는 것과 마찬가지이다. 만일 교통신호에 대한 우리의 문화적 관습이 달라진다면, 빨간색은 현재 '서시오'를 의미하는 것처럼 쉽게 '가시오'를 의미할 수 있다는 것이다.[168]

이와 같이 언어의 상징적 작용은 이야기의 핵심을 구성하며, 이 언어의 상징은 사회의 문화적 관습에 의해 형성된 것이다. 그러므로 이야기 상담은 언어라는 재료를 가지고 자기 자신이 화가가 되어 새로운 자화상을 그리는 것이다. 지금까지는 화가가 나의 얼굴을 보고 자신의 관점으로 자화상을 그려 주었다면, 이제부터는 자기 자신이 화가가 되어 자화상을 그리는 것이다.

사람은 이야기를 통해 자신의 삶을 구성할 수 있다

사람의 자아는 구체화된 실체가 아니라 이야기에 의해 만들어진 것이다.[169] 즉 사람은 이야기를 하면서 살아가는 존재이다. 사람은 이야기를 구성하면서 살아가는 존재이며, 자신의 이야기 속에서 의미를 찾

168) 임병권 등, 『이야기하기의 이론: 소설과 영화의 문화』(서울: 한나래, 1997), 16-17.
169) William D. Lax, op. cit., 113.

는 존재이다.[170] 사람은 자신의 이야기의 주체가 되고, 그 이야기는 주제가 있는 삶의 역사적 기록이다. 그러므로 사람이 자신의 삶을 이야기하는 것은 단지 자신의 삶을 설명하는 데 그치는 것이 아니라 이야기를 하면서 자신의 삶을 구성해 간다.

상담은 상담자와 내담자 간의 의사소통을 통해 이루어지는 언어적 사건이다. 상담자와 내담자 간의 협력적 대화는 의사소통을 통해 서로를 탐색하는 것이며, 서로가 교류하면서 아이디어를 교환하여 지금과는 다른 새로운 의미를 발전시켜 나가는 것이다. 이렇게 함으로써 이 대화는 문제를 정면으로 '해결하는 것이 아닌 해소하는' 방향으로 향하게 한다.[171]

문제가 문제이지 사람이 문제가 아니다

이야기 상담에서는 문제가 문제이지 사람이 문제가 아니라고 본다.[172] 그래서 이야기 상담에서는 문제와 사람을 분리한다. 단지 '문제'는 우리의 주체성이나 개인적인 자유로움이 손상되었다고 표현되는 이야기일 뿐이다. 문제란 자신이 적절한 행위를 할 수 없다고 생각하는 상태에 대해 이의를 제기하는 것에서 비롯된다. 이런 의미에서 문제는 언어 속에 있는 것이며, 그 의미를 이끌어 낸 이야기 맥락은 고유한 것이다.[173]

---

170) 안석모, "세개의 귀를 가진 상담자," 『세계의 신학』 15호(1992): 17.
171) Harlence Anderson and Harold Goolishian, "전문가인 내담자: 치료에서 알지 못한다는 자세," 61.
172) M. White and D. Epston, *Narrative Means to Therapeutic Ends* (New York: W. W.Norton and Company, 1990), 38.
173) Harlence Anderson and Harold Goolishian, "전문가인 내담자: 치료에서 알지 못한다는 자세," 62.

사람은 사회적 맥락에서 이해되어야 한다

사람이 의미를 가지거나 이해하는 것은 사회적으로 구성된 것이다. 우리는 의사소통함으로써 비로소 의미나 이해에 도달하며 그것을 손에 넣을 수 있다. 즉 의사소통은 자신에게 어떤 의미를 가지는 체계 내부에 도달하게 하며, 의미를 이끌어 내는 토론이나 대화에 참여하게 한다. 치료적 체계란 대화의 교류라는 의사소통이 중요한 의미를 가진 체계이다.[174]

사람들은 그를 둘러싼 여러 이야기들에 깊은 영향을 받는다. 그러므로 이야기 상담은 문제를 내담자나 그 가족 안에서 찾는 것을 넘어서 가족을 둘러싼 사회 문화적 맥락 가운데서 찾으려고 한다. 개인은 심리적·내적인 실체라기보다는 사회적 의미라는 맥락에서 이해되어야 한다. 한 개인의 이야기는 가치중립적인 상태에서 주어진 것이 아니라 사회적·문화적 상황 안에서 흘러나오는 것이다. 그러므로 상담자가 내담자의 이야기를 들을 때, 상담자는 내담자 자신이 만든 이야기를 듣는 것이 아니라 내담자를 만든 이야기를 듣는 것이다.

이야기 상담의 원리

'변화'란 대화를 통해 새로운 이야기를 창조하는 것이다

이야기 상담에서 변화란 대화에 의해 새로운 이야기를 만들어 내는 것이며, 내담자가 자신의 삶에서 새로운 주체가 될 수 있는 기회를 확

174) Ibid., 60-61.

장하는 것이다. 이야기가 변화를 초래하는 힘을 갖게 되는 것은 인생 사건을 지금과는 다른 새로운 의미의 맥락과 연관 짓기 때문이다. 사람은 다른 사람과의 대화에 의해 만들어진 이야기적 정체성 속에서 살고 있다. '자기'는 언제나 변화를 계속하고 있기 때문에 상담자의 기능이란 그러한 과정에 참여하는 능력을 의미한다.[175] 그러므로 삶에 대한 새로운 의미는 상담자와 내담자 간의 협력적 대화의 산물로서 생겨난다. 이야기가 내담자와 협력적 관계를 맺는 유일한 방법이다.

상담자가 내담자를 이해하려는 노력은 어디까지나 상담자와 내담자 간의 대화 안에서 이루어진다. 상담자가 내담자를 이해하려는 노력은 상담자 자신이 가지고 있는 이론적 체계에서 이루어지는 것이 아니다. 내담자는 무언가 서술해야 하는 것이 있으며, 이러한 무언가는 이야기로서의 통합성을 가지고 서술되는 이야기의 맥락 속에서 진실을 주장하고 있다는 것이다.

예외 상황은 새로운 이야기의 출발점이다

예외 상황을 찾기 위해서는 특정 사건에 초점을 맞추는 것이 도움이 된다. 특히 문제의 원인보다는 그 효과에 대해 질문하는 것이 유용하다. 이러한 질문들은 문제를 해체시키고 새로운 의미를 발견하는 데 도움이 될 것이다.[176] 이렇게 발견된 작은 의미는 생성적generative이다. 이러한 예외 상황은 풍부한 이야기를 구성할 수 있게 한다.

---

175) Ibid., 62.

176) Jill Freedman and Gene Combs, *Narrative Therapy with Couples...and a Whole Lot More! A Collection of Papers, Essays, and Exercises*, 허남순 등 역, 『이야기치료의 이론과 실제』 (서울: 학지사, 2006), 43-46.

내담자가 전문가이다

내담자는 문제 해결에 필요한 이야기를 가지고 있다. 상담자는 내담자가 상담을 받기 위해 상담실에 들어올 때 문제를 해결할 수 있는 이야기도 함께 가지고 온다는 사실을 기억해야 한다. 상담 과정은 내담자를 전문가로 모시고 새로운 이야기를 만들어 나가는 하나의 노력이다. 이때 상담자의 역할은 자유로운 대화의 영역을 개척하여 상담 과정에서 '새로운 이야기'가 생겨날 수 있도록 촉진하는 것이다. 여기서 중요한 것은 변화를 일으키는 것이 아니라, 대화를 위한 공간을 확장하는 것이다.

상담에서 변화란 대화를 통해 새로운 이야기를 창조하는 것을 의미한다. 대화가 진행됨에 따라 상담자와 내담자 간의 협력으로 전혀 새로운 이야기, 즉 지금까지 말한 적이 없었던 이야기가 창조된다. 이렇게 자기 이야기의 변화가 대화에서 필연적인 산물로서 나타나는 것이다.[177] 따라서 상담자는 심리학의 전문 지식으로 내담자보다 우위에 서 있는 것이 아니라, 내담자가 가진 전문 지식에 인도되어 거기에서 배우게 된다. 이야기 상담에서 상담자에게 부여된 것은 분석하는 것이 아니라 내담자를 이해하려는 것, 즉 끊임없이 변화해 가는 내담자 경험의 관점에서 이해하려는 것이다. 해석학적 이해의 목표는 현상들을 이야기하게 하는 것이다.[178]

---

177) Harlence Anderson and Harold Goolishian, "Human Systems as Linguistic Systems: Preliminary and Evolving Ideas about the Implications for Clinical Theory," *Family Process* 27(2004): 371–393. in Sheila McNamee and Kenneth J. Gergen, eds., *Therapy as Social Construction* (Thousand Oaks, CA: SAGE Publication, 1992), 64.

178) Ibid., 69–70.

긍정적인 측면에 초점을 둘 때 협력적 관계가 형성된다

어떤 일이든 그 자체가 존재할 뿐이며, 그것이 '나쁘다'라든지 '불완전'하다고 단언할 수 있는 것은 없다. 사람이 어떤 것을 부정적인 것으로 받아들일 때 그것은 '부정적'인 것이 된다. 그래서 상담자는 상담을 할 때 이 점을 염두에 두고 말하도록 노력해야 한다. 특히 상담 마무리 단계에서 반영을 할 때, 반영팀의 누군가가 "난 가족들이 이렇지 않은 것을 이해할 수가 없어요."라고 말한다면 그것은 비판에 둘러싸여 있는 것이다. 그와 같은 말을 하고 싶다면 보다 바람직한 표현인 "만약 가족이 이런 것을 한다면 어떻게 될까요?"로 바꾸도록 노력해야 한다.[179] 상담을 할 때 판단적이고 비판적인 면보다는 오히려 긍정적인 측면에 초점을 두어야 한다.

긍정적인 측면에 초점을 두는 방법은 내담자와 함께 이야기하는 것이다. 이야기 상담 과정은 '내담자와 함께' 말하는 것이다. 상담에서의 대화는 문제에 대해 이야기하는 것을 통해 상담자와 내담자가 함께 이해와 발견을 모색해 가는 노력을 의미한다. 상담, 즉 치료적 대화는 필연적으로 '그 장소에서 그 사람과 함께' 진행하는 과정을 통해 이루어진다. 그것은 '상대에 대해' 말하는 것이 아니라 '상대와 함께' 말하는 것이다. 이러한 원리를 통해 상담자와 내담자는 새로운 의미, 새로운 현실 그리고 새로운 이야기를 개발한다.[180]

---

179) Tom Andersen, "가족이미지에 대한 반영," 95.
180) Harlence Anderson and Harold Goolishian, "전문가인 내담자: 치료에서 알지 못한다는 자세," 64.

상호 존중하면서 방향을 함께 찾아가라

이야기 상담은 상호 존중하면서 방향을 함께 찾아가는 원리에 충실하면 된다.[181] 우리가 상담을 하다 보면 내담자와 동반자적인 관계가 말처럼 쉬운 것 같지만 상당히 어렵다는 것을 느끼게 된다. 우리는 상담을 하면서 우리 자신도 모르는 사이에 위계질서와 이분법적인 사고에 젖어 있는 것을 알게 된다. 이러한 사실과 담론에서 벗어나기 위해서는 상담자가 끊임없는 해체적 질문을 통해 자기 점검을 해야 한다.

다음 질문은 이야기 상담의 핵심적 질문의 일부이다. 상담자는 이러한 유형의 질문을 끊임없이 스스로에게 던지는 것이 많은 도움이 된다.[182]

- 나는 여기에서 무엇을 가정하려 하는가?
- 내가 주의하는 것과 그렇지 않은 것에 내 성별gender이 어떻게 영향을 미치는가?
- 이성애적인 일부일처 관계에 있는 나의 경험이 내가 듣고 말하는 것에 어떤 영향을 주는가?
- 나는 친밀한 관계는 어떻다는 나의 신조를 어떤 식으로 강제하고 있는가?
- 나에게 상담하러 온 사람이 자신의 관계에 대해 가지고 있는 선호와 신념, 가치를 나는 어떻게 명료화할 수 있는가?
- 나에게 상담하러 온 사람이 관계에 대해 가지고 있는 가정을 풀어헤칠 수 있는 기회를 어떻게 제공할 수 있는가?

181) Jill Freedman and Gene Combs, op. cit., 5.
182) Ibid., 7.

상담자의 역할

상담자의 역할은 내담자가 들려주는 문제 이야기를 들으면서, 문제 이야기의 이면에 있는 이야기를 찾아내어 새로운 이야기를 구성하도록 도와주는 것이다. 그리고 상담자는 대화의 예술가 또는 건축가로서의 역할을 하게 된다. 이렇게 되기 위해서는 상담자와 내담자의 협력적인 관계가 매우 중요하다.

따라서 상담자는 전문적 지식의 대변자나 정상적이거나 건강한 관계를 규정하는 권위의 대변자로서 참여하는 것이 아니라 협력 관계를 쉽게 하는 기술을 가진 사람으로 참여하는 것이다. 상담자의 역할이 중심에서 벗어나 있는 것 같지만 실제 그 영향력은 크다.183)

상담자는 대화나 협력적 질문을 사용하여 치료라는 예술을 실천한다. 협력적 질문은 대화가 전개되는 공간과 대화과정을 발전시키는 중요한 수단이 된다. 이것을 달성하기 위해서 상담자는 정형화된 질문이나 특정 대답을 추구하는 질문을 하는 것이 아니라, '알지 못한다'는 자세에서 질문하는 전문성을 발휘해야 한다.184) 이러한 질문은 내담자가 가져온 문제 이야기 속에서 갈등이나 불일치를 드러내고, 대안을 위한 여지를 만들어 내고, 그것을 풍부하게 서술하도록 한다.185)

따라서 상담자의 전문성이란 대화의 공간을 넓히고 대화를 촉진시키는 점에 있다. 상담자는 협력적 대화의 참여 관찰자이며, 참여 촉진자이다.186) 앤더슨과 굴리시안은 상담자가 상담에 임할 때 '알지 못한다'

---

183) Ibid., 41.

184) Harlence Anderson and Harold Goolishian, "전문가인 내담자: 치료에서 알지 못한다는 자세," 61.

185) Jill Freedman and Gene Combs., op. cit., 41.

는 자세를 가져야 한다고 말하였다. 상담자의 '알지 못한다'는 것은 내담자를 바라보는 입장이 선입견으로 시작해서는 안 된다는 것이다. 이러한 상담자의 자세는 내담자에 대한 선입견과 왜곡을 피하고, 내담자의 문화적 다양성을 고려해야 한다. 이러한 상담자의 태도는 대안적 이야기로 전환하는 데 도움을 준다.

치료적인 자세

상담에서 상담자의 치료적인 자세는 상담자가 자신의 이론적인 틀을 중심으로 상담을 할 것인가, 아니면 자신의 이론적인 틀에서 벗어나 내담자의 중심이 될 것인가에 달려 있다. 또한 상담자의 치료적인 자세가 내담자에게 영향적인가 아니면 영향적인지 못한가에 대해서는 네 가지 치료적인 자세가 있다. 상담에서 상담자의 치료적인 자세를 '밭전(田)' 자처럼 네 개의 창틀로 설명할 수 있다.

- Ⅰ자세 - 탈중심화이면서 영향적

  상담자의 탈중심적이면서 영향력이 있는 자세는 상담자에게 치료적인 활력을 줄 수 있다.

- Ⅱ자세 - 중심화이면서 영향적

  상담자의 중심적이면서 영향력이 있는 치료적인 자세는 상담자에게 부담이 될 수 있다.

186) Harlence Anderson and Harold Goolishian, "전문가인 내담자 : 치료에서 알지 못한다는 자세," 61.

그림 3-1 치료적인 자세[187]

		중심화	
		탈중심화 De-centred	중심화 Centred
영향	영향적 Influential	I 자세 탈중심화이면서 영향적	II 자세 중심화이면서 영향적
	비영향적 Non-Influential	III 자세 탈중심화이면서 비영향적	IV 자세 중심화이면서 비영향적

- Ⅲ자세 - 탈중심화이면서 비영향적

  상담자의 탈중심적이면서 영향력이 없는 자세는 상담자를 무의미하게 만들 수 있다.

- Ⅳ자세 - 중심화이면서 비영향적

  상담자의 중심적이면서 영향력이 없는 치료적인 자세는 상담자를 지치게 만들 수 있다.

상담자의 치료적인 자세는 내담자와의 이야기에서 탈중심화하면서 영향력이 있는 자세이다. 탈중심화의 개념은 상담자가 내담자에게 감정적 또는 기타의 형태로 개입하는 정도가 상담자의 지식과 기술이 아니라 먼저 내담자의 이야기에 우선순위를 부여하는 것을 의미한다. 이 과정에서 내담자는 자신의 삶의 이야기와 관련하여 '원 저자primary authorship'의 위

187) M. White,"Workshop Notes, 9" 2005. 9. 21. Published on Dulwich Centre, 웹 사이트 www.dulwichcentre.com.au/articles/mwworkshopnotes. 2008. 11. 19. 검색.

상을 갖게 되며, 과거의 삶에서 얻은 지식과 기술이 주된 고려 사항이 된다.[188] 그리고 상담자의 역할은 상담에서 내담자가 다루어야 할 주요 과제를 제시하거나 개입하는 데 그치지 않고 질문과 반영을 통해 상담의 방향을 설정하고 기틀을 마련하는 것이다. 이러한 상담자의 탈중심되면서도 영향력이 있는 치료적인 자세는 내담자에게 다음과 같은 영향력을 미친다.

- 삶의 새로운 이야기를 더욱 풍성하게 이야기하도록 한다.
- 자신의 삶에서 소홀히 하고 잊어버렸던 영역에 대해 한 단계씩 탐구하게 한다.
- 현재 직면한 우려 사항, 곤경 및 문제를 해결하기 위해 삶의 기술과 지식에 좀 더 익숙해지도록 지원준다.[189]

이야기 상담의 목표와 윤리

이야기 상담의 일반적 목표는 내담자 자신이 선호하는 삶의 이야기를 지속적으로 선택함으로써 그들의 세계를 좀 더 만족스러운 것으로 만드는 것이다.[190] 이야기 상담은 각자 자신의 삶에 대해 이야기를 구성할 수 있다는 구성주의적 관점을 바탕으로 하여, 단순히 문제 해결에 그치지 않고 과거의 행동과 사건을 재조명하는 과정을 통해 자신의 정체성을 발견하고 새로운 이야기를 더욱 발전시켜 나가는 것을 목표로 한다.

188) Ibid.
189) Ibid.
190) Jill Freedman and Gene Combs, op. cit., 36.

이야기 상담의 실천 방식과 윤리는 서로를 지지해 주고 풍요롭게 해 준다. 기존의 상담 윤리는 전문가 조직의 지배적인 문화라는 규칙에 근거한 윤리였다면, 이야기 상담에서의 윤리는 규칙의 윤리가 아니라 관계의 윤리이다. 규칙에 근거한 윤리는 보편적이고 절대적인 반면에 관계의 윤리는 특정한 맥락 속에서 행동이 미치는 영향을 고려 한다.[191)]

뉴질랜드의 로워허트 가족센터The Family Centre of Lower Hutt에서는 '책임지는 실천'이라는 것을 개발하였다. 책임지는 실천이란 서로에게 책임을 지도록, 특히 좀 더 특권이 있는 사람이 주변화된 사람에게 책임을 질 수 있도록 돕기 위해 개발되었다. 이것은 사람들이 새로운 이야기의 가능성을 열어 주는 책임을 실천하는 윤리이다.[192)] 따라서 이야기 상담의 윤리는 보편적이고 절대적인 규칙 윤리가 아니라 행위 윤리이면서 관계 윤리이다.

프리드먼과 콤스는 2002년 4월 캔버라에서 열린 제4차 '오스트레일리아 이야기 치료와 공동체 작업 학술대회'에서 '관계와 윤리'에 대한 기조 연설을 통해 아래와 같이 이야기 상담의 윤리에 대해 제시하였다.[193)]

- 이야기 상담의 윤리는 관계의 윤리이다.
- 관계 윤리는 특정한 사람과 함께하는 특정한 맥락 속에서 우리의 행동 영향을 비판적으로 숙고하도록 한다.
- 새로운 이야기를 확장하기 위해서는 취지가 비슷한 사람들이 함께하는 공동체가 필요하다.

---

191) Ibid., 300.
192) Ibid., 301–314.
193) Ibid., 316.

- 관심 있는 공동체 안에서 우리의 행동 영향을 주의 깊게 반성하고 해체하는 경험은 '주시받는under the gaze'것과 매우 다른 것인데, 이것은 위계적이고 규칙에 근거한 윤리의 감독을 받을 때 쉽게 경험할 수 있는 것이다.
- 같은 취지를 가진 공동체에서는 다른 사람의 특별한 딜레마나 투쟁에 기꺼이 감응하고 마음을 열 수 있다.
- 공동체에서 이야기를 하고 또 함으로써 사람들은 의미를 찾고, 의미의 파문을 확대시킬 수 있다.
- 의미가 퍼져 나가면 그것의 중요성도 커진다.

내담자와 상담 관계 강화

상담을 통해 무엇을 이루게 될 것인가 하는 것의 대부분은 상담자와 내담자 간의 관계의 질에 달려 있다. 이야기 상담에서 제한된 담론을 극복하여 상담 관계를 지지하고 강화하도록 돕는 몇 가지 실천과 개념이 있다. 이러한 실천과 개념들은 이야기 상담이 시작된 1980년대부터 수년에 걸쳐 발전되었고, 대부분의 이야기 상담에서 상담 과정에 핵심적인 조건들로 받아들여지고 있다.

프리드먼과 콤스에 의해 제시된 상담 관계를 강화하는 실천과 개념들은 다음과 같다.194)

194) Ibid., 344–345.

- 가정하기보다는 질문하기
- 치료적 관계와 관련된 실천과 가치에 이름 붙이고 풀어헤치기
- 진심으로 팀과 함께 작업하기
- 불확실성과 딜레마에 대해 동료와 토론하기
- 구분 짓는 것에 대해 저항하기
- 상담자가 질문 받고 싶어 하는 것을 질문하기
- 외재화 대화하기
- 내담자를 전문가로 존중하기
- 협력하기
- 투명하고 공개적으로 하기
- 맥락 속에 두고 관련된 경험을 나누기
- 상담자의 실천 영향을 반영하고 해체하기
- 팀과 동료, 관심 있는 공동체를 이용하여 상담자 자신을 해체하기
- 증인 되기(외부 증인 집단/상담 중에 다른 사람의 이야기를 잘 듣도록 하기)
- 선호하는 삶의 방향에 대해 탐색하기
- 함께 작업하는 사람들에게 배우기
- 실천을 되돌려주기
- 참아야 한다고 생각하지 않고 감정을 누리기
- 사람들의 기술과 능동성을 믿기
- 과정에 대해 자문하기 : '지금 이렇게 하는 것이 어떤가요?', '제가 중요한 것을 빠뜨리지 않았나요?', '이것이 당신이 이야기하고 싶은 것인가요?'라고 물어보기

- 열린 마음을 갖기 : 상담자와 함께 작업하는 사람들을 사랑하기, 상담자가 관심을 가지고 있고 친절하다는 것을 보여 주기
- 인내하기
- 존중하기
- 규칙에 대해 질문하고 기꺼이 규칙을 깨뜨리기
- 사람들이 좀 더 권위와 권력을 갖는 위치가 되도록 하여 권위와 권력이 없는 사람들에게 책임지는 실천하기

이야기 상담 과정의 구조

상담 시간과 상담 횟수

이야기 상담에서는 매 회기마다 매번 상담 시간을 내담자와 함께 의논한다. 또한 상담 회기 종료 시 내담자에게 상담이 도움이 되었는지 묻고, 도움이 되었다면 어떻게 도움이 되었는지 구체적으로 물어본다. 그 후 다시 만날 것인지에 대해 질문하고, 만약 내담자가 긍정적으로 대답하면 언제 만날지를 확인한다.[195]

만약 상담에서 다뤄야 할 이야기가 많아 추가 시간을 필요로 한다면, 내담자와 의논을 한 후에 다음 회기부터 상담 시간을 늘리도록 한다.

상담 시간은 한 회기에 60분이 표준이며, 가족상담의 경우에는 한 회기 60~90분이 적당하다. 만약 이보다 시간이 짧으면 상담 내용을 충분히 다루기 어렵고, 이것보다 더 길면 집중력을 유지하기 어려울 수

195) Ibid., 38.

있다. 내담자가 급박하고 위험 상황에 처해 있다면, 상황을 벗어날 때까지 더 긴 시간이 필요할 수도 있다.

그러나 일반적으로 상담자들은 내담자가 딱하고 안타까운 상황에 처해 있을 경우, 더 많은 시간을 투자해야 한다고 생각한다. 그러나 이는 바람직하지 않다. 상담의 초점을 명확히 맞춘 60분의 상담이, 초점 없이 이루어지는 2시간의 상담보다 더 효과적일 수 있다.

상담 횟수는 상황에 따라 다르며, 내담자와 상담 내용에 따라 달라질 수 있다. 따라서 상담 횟수는 고정되어 있는 것이 아니라 상황에 따라 몇 년이 걸릴 수도 있고, 경우에 따라 2~3회기에 끝낼 수 있다.

상담 초기의 질문과 접근 방법

대부분의 상담자들은 내담자와 상담을 하기 전에 내담자의 인적 사항과 관련된 정보를 이미 알고 있다. 내담자가 상담을 받게된 경위라든지, 내담자의 인적 사항과 가족 사항, 그리고 내담자가 호소하는 주된 문제 등을 미리 파악하고 있다. 이러한 정보들을 어떻게 사용할 것인가 하는 것은 상담자마다 차이가 있을 수 있다. 그러나 이야기 상담자들은 정보를 통해 내담자를 존중하고 권한을 부여하여 편안하고 신뢰로운 상담 분위기를 형성하는 데 사용하는 것이 중요하다.

불리고 싶은 이름에 대한 질문

"당신의 이름은 ○○○인데, 제가 당신을 무엇이라고 불렀으면 좋겠는지 말해 주시겠어요? 이름? 아니면 다른 어떤 것?"

상담자는 자신을 내담자에게 소개할 때, 먼저 내담자 자신이 이 시간에 무엇으로 불리기를 원하는지에 대해 질문하는 것이 좋다. 이러한 질문을 통해 내담자가 편안한 마음으로 상담에 참여할 수 있도록 돕는다.

평소 생활에 관한 질문: 무엇

"평소 시간을 어떻게 보내기를 좋아하는지 이야기해 주시겠어요?"

"이곳에 상담을 받으러 오기까지 어떤 일들이 있었나요?"

내담자의 평소 생활에 관한 질문은 내담자와 상담자 간의 서먹서먹함을 없애는 데 도움이 될 뿐만 아니라, 이러한 질문을 통해 내담자에게 새로운 이야기를 구성하는 데 중요한 정보들을 얻을 수 있다. 내담자는 종종 이러한 질문에 대해 대답을 하면서 자신에게 무엇이 중요하며, 누가 중요한지 또한 자신에게 있는 숨은 이야기들을 드러내기 때문이다.

상담 시간 사용에 관한 질문: 어떻게

"이 시간을 어떻게 사용하고 싶으세요?"

이야기 상담에서는 상담자가 미리 무엇을 어떻게 이야기할 것인지를 계획하지 않는다. 상담자가 상담 시간 사용에 대해 미리 계획을 하지 않는 것은 상담자와 내담자가 동등한 입장에 있음을 전제로 한다.

이때 상담자는 내담자가 원하는 것에 주목해야 한다. 상담 시간 사용에 관한 질문은 내담자에게 내담자 자신이 원하는 것이 무엇인지 발견하도록 돕는 질문을 하는 것이다.

제2부

이야기 상담의 과정과 기술

과정1

문제 이야기 파악

이야기 상담의 과정 및 기술

과정1 문제 이야기 파악

문제 이야기 파악

과정 2 문제 이야기 분리

외재화 대화

과정 3 새로운 이야기 구성

독특한 자료 발견

재저작 대화

과정 4 새로운 이야기 강화

회원 재구성 대화

인정 의식

제 4 장

문제 이야기 파악

이야기 상담 과정

우리는 현재 이야기 상담 과정 중 '문제 이야기 파악 과정'에 와 있다. 이야기 상담의 첫 번째 과정은 내담자의 문제 이야기를 파악하는 것이다. 내담자의 문제 이야기를 파악하는 과정은 내담자가 자신의 삶을 문제 중심으로 말하는 빈약한 이야기를 듣는 것이다. 상담자는 빈약한 이야기를 들으면서 그 이야기에 있는 지배적인 문제 구상을 파악한다. 이때 중요한 것은 상담자의 자세이다. 상담자는 내담자의 이야기를 들을 때 '알지 못한다'의 자세를 가져야 한다.

내담자가 겪고 있는 문제는 주위 사람들이 그에게 들려준 부정적인 이야기에 의해 시작된다. 이러한 부정적인 이야기로 인해 내담자에게 부정적인 지배적 구상이 형성되고, 부정적인 지배적 구상이 빈약한 이야기를 갖게 한다. 내담자가 지니고 있는 빈약한 이야기가 현재 내담자가 문제로 진술하고 있는 주 호소 문제가 되는 것이다. 문제 이야기가 형성되는 과정을 도표로 나타내면 다음과 같다.

그림 4-1 문제 이야기 형성 과정

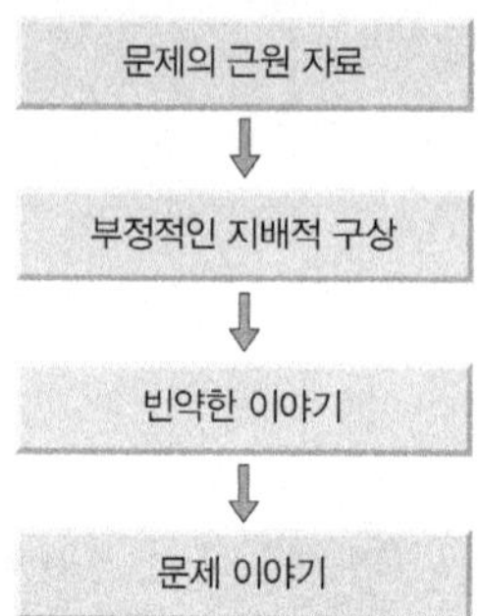

빈약한 이야기와 풍부한 이야기

내담자의 문제 이야기들은 대부분 다른 사람들이 들려주는 이야기에 의해 만들어진다. 내담자의 문제 이야기들을 이야기 상담에서는 '빈약한 이야기thin description' 또는 '결핍성 이야기the story of the need'라고 한다.

빈약한 이야기는 내담자가 삶의 경험과 행동을 문제 중심으로 의미를 부여하고 해석한 이야기이다. 빈약한 이야기는 내담자에게 부족하고 결함이 많은 것을 느끼게 함으로써 잠재적 지식, 기술과 자질을 사용하기 어렵게 한다. 이 이야기는 사회·문화의 영향으로 사람들이 당연하게 받아들이는 고정관념, 즉 사회 문화적 담론으로서 내담자가 자신의 문제를 해결하고자 하는 욕구가 들어 있는 이야기를 의미한다. 이러한 빈약한 이야기는 점점 더 커지면서 하나의 빈약한 결과를 만들어 결국 전반적인 삶의 이야기에 부정적인 영향을 미치게 된다.

다시 말해, 문제 이야기는 다른 사람들이 들려주는 이야기에 의해 만들어진 빈약한 이야기이며, 이 빈약한 이야기는 시간이 지나면서 빈약한 결과를 만들게 되며, 이 빈약한 결과는 결국 개인의 지배적인 이야기로 자리 잡게 된다. 이렇게 만들어진 지배적인 이야기는 빈약한 이야기와 관련된 문제들과 사건들을 모아 하나의 지배적인 문제 구상plot을 만들게 된다.

'풍부한 이야기thick description'는 빈약한 이야기의 반대말로서 내담자의 지배적 구상이 긍정적이며 개방적인 이야기를 의미한다. 빈약한 이야기는 예외적인 상황, 즉 독특한 자료를 이용해서 풍부한 이야기로 만들 수 있다. 따라서 빈약한 이야기를 풍부한 이야기로 구성하기 위해서는 내담자의 삶을 통해 예외 상황을 찾고, 이 예외 상황을 중심으로 미래에 자신이 할 수 있는 새로운 이야기를 구성해 나가야 한다.

지배적 문제 구상

지배적 구상dominant plot은 삶의 중심에 위치해 있는 이야기를 의미한다. 내담자가 어떤 지배적 구상을 가지고 있느냐에 따라 자신의 삶을 바라보는 관점이 달라진다. 지배적 구상이 부정적인 요소로 구성되어 있으면 내담자는 경험과 행동들에 대해 부정적인 의미를 부여하게 될 것이며, 그에 비해 지배적 구상이 긍정적 요소로 구성되어 있으면 내담자는 경험과 행동에 대해 긍정적인 의미를 부여할 것이다. 이야기에 의해 구성된 지배적 구상은 자석과 같다. 그 이유는 지배적 구상이 삶의 크고 작은 많은 경험과 행동 그리고 정서들을 그 속으로 끌어들여서 그 관점으로 의미를 부여하기 때문이다.

내담자는 이 지배적 구상으로 자신의 삶에서 일어나는 사건이나 다양한 경험들을 바라보고 해석하게 된다. 문제 이야기로 인해 만들어진 지배적 구상은 내담자에게 자신의 잠재력과 기술, 능력, 지식, 자질 등을 숨겨 바라보지 못하게 하고, 그 대신에 오히려 빈약한 이야기들만이 밖으로 드러나게 하면서, 그 문제들을 부정적으로 해석하게 한다. 이러한 과정을 거치면서 내담자는 점점 자신에 대한 희망과 의미를 상실하게 되고, 문제의 영향으로 빠져들게 된다. 이와 같이 지배적 문제 구상은 내담자의 정체성과 삶에 지속적인 영향을 주면서 역기능을 초래하게 된다.

풍부한 이야기로의 전환

이야기 상담에서의 통찰은 하나의 지배적인 문제 이야기가 풍부하고 다차원적인 삶을 전부 설명해 주지 못한다는 것이다. 이야기 상담에서는 어떤 사건과 경험에 대한 단 하나의 관점은 그 자체로 문제라고 본다. 이야기 상담은 빈약한 이야기를 풍부한 이야기로, 하나의 이야기를 다양한 이야기로 만드는 것이다. 이야기 상담은 내담자와 상담자가 서로 풍부한 이야기를 되찾음으로써 치유를 경험하게 하는 의미 치료이다.

풍부한 이야기를 더욱 강화하고 구체화시키는 것이 대안 이야기이다.

대안 이야기alternative story는 빈약한 이야기와는 다른 어떤 이야기가 아니라 내담자가 그 이야기에 의해 살아가고 싶어 하는 이야기이다. 상담자가 대화 중에 추구하고 만들어 내고자 하는 대안 이야기는 내담자에게 그들이 겪고 있는 문제들의 영향력에서 벗어나도록 도와주는 정체성에 관한 이야기이다.[196] 지배적인 문제 구상이 내담자 문제들을 더욱 강화하고 지지하였듯이, 대안 이야기가 내담자의 문제 이야기의 영향력을 감소시키고 삶을 위한 새로운 가능성을 창조해 낼 수 있다.[197] 그러므로 대안 이야기는 지배적인 이야기와는 다른 새로운 이야기로서 내담자의 삶을 바꿀 수 있는 이야기이다. 이 이야기는 과거의 삶에서 독특한 요소나 예외 상황을 발견하여 이것을 중심으로 미래에 자신이 살아갈 수 있는 이야기이다.

대안 이야기에 의해 풍부한 이야기가 점점 넓게 확장될수록 문제 이야기의 입지는 점점 좁아질 것이며, 힘을 잃게 될 것이다. 이 풍부한 이야기는 문제 이야기를 해결하는 그 이상으로 내담자의 새로운 이야기와 새로운 자아상self image, 그리고 다른 사람과 사물과의 관계를 위한 새로운 가능성들을 열어 준다. 더 나아가 풍부한 이야기는 내담자에게 미래에 대한 희망을 가지고 살 수 있도록 도와줄 것이다.[198] 이와 같이 풍부한 이야기는 상담자가 내담자와 함께 대안 이야기가 잘 구성될 수 있도록 수정 보완하면서 잘 짜인 이야기이다. 풍부한 이야기는 대안 이야기가 내용이나 구성 면에서 탄탄하게 잘 구성된 이야기이다.

---

196) Alice Morgan, *What Is Narrative Therapy?*, 고미영 역, 『이야기치료란 무엇인가?』 (서울: 청목출판사, 2004), 29.

197) Ibid.

198) Jill Freedman and Gene Combs. *Narrative Therapy: the Social Construction of Preferred Realities* (New York: W. W. Norton and Company, 1996), 16.

풍부한 이야기를 위한 상담자의 자세

이야기 상담은 먼저 내담자로 하여금 자기 삶의 이야기를 하도록 만든다. 우리 모두는 자기 삶의 이야기를 가지고 있다. 사람들은 자기 삶의 이야기를 하고 싶어 한다. 남자들은 군대 이야기, 여자들은 자녀 이야기 등을 하고 싶어 한다. 왜 사람들은 이야기를 하고 싶어 하는가? 그 이유는 사람들이 자기 이야기를 하게 되면 자신의 문제가 해소되기 때문이다. 삶의 이야기에는 건전하고 좋은 이야기도 있지만, 내담자들의 이야기 속에는 부정적이고, 어둡고, 힘든 이야기들이 많이 있다.

이처럼 이야기 상담은 내담자에게 자신의 삶을 이야기하도록 하는 것이다. 내담자가 자신의 삶을 이야기하는 동안 상담자는 내담자의 이야기 속으로 들어가, 그 이야기에 등장하는 사건과 인물 등을 파악해야 한다. 상담자가 이야기 속에 등장하는 사건과 인물 등을 파악하기 위해서는 이야기에 대한 통찰력이 있어야 한다. 상담자가 내담자의 이야기 속에 들어가서, 이야기를 분석 · 진단하고, 공감하는 과정을 빨리 하기 위해서는 이야기 상담의 특징들을 파악하는 것이 중요하다.

이야기 상담의 원리는 내담자가 상담하기 위해 왔을 때 내담자에게 자신의 삶을 이야기하도록 하는 것이다. 일반적으로 내담자가 자신의 삶에 대한 문제를 이야기할 때 그 이야기 속에는 하나의 핵심, 즉 지배적 구상이 있다. 그 지배적 구상이 불건전하고 슬프고 어두우면 삶 전체 이야기가 어둡고 병적인 이야기를 하게 된다. 따라서 내담자가 자기 이야기를 할 때, 상담자는 지배적 구상이 무엇인지 파악하는 것이 중요하다. 즉, 상담자는 내담자의 이야기 중에 가장 핵심적인 이야기가 무엇인가를 파악해야 한다. 이러한 이야기들은 내면적으로 숨겨져 있다.

일반적으로 내담자들은 상담실에 와서 자신의 문제를 이야기하지만

삶에는 항상 예외 상황이 존재한다.[199]

자신의 진실한 슬픔이나 불안 등을 잘 드러내지 않는다. 그래서 이야기 상담에서는 내담자가 지니고 있는 가장 핵심적인 문제와 내담자 자신을 분리시키는 외재화라는 용어가 등장한다.

내담자가 빈약한 이야기에서 풍부한 이야기로 나아가는 데는 상담자의 역할이 매우 중요하다. 이때 상담자의 자세에 대해 프리드먼J. Freedman과 콤스G. Combs는 "이야기 상담자는 내담자가 문제들을 지지하거나 지탱하지 않는 이야기를 찾아내어 그 이야기를 탄탄하게 해 나가도록 작업하는 데 관심을 가져야 한다"고 하였다.[200] 상담자는 내담자가 문제 이야기를 말하는 동안 대안 이야기를 찾는 데 관심을 가져야 한다. 이야기 상담에서 상담자의 역할은 내담자 자신이 선호하는 이야기에 초점을 맞추면서 문제 이야기에서 벗어나 있는 예외 상황을 발견하여 이것을 확대시키도록 하는 것이다.

위의 사진은 예외적인 상황을 잘 나타낸다. 사진에 나오는 모든 사

199) 웹 사이트 photo.net/gallery/photocritique. 2008. 6. 20. 검색.
200) Ibid., 105.

람들이 악보를 보고 노래를 하고 있는데, 한 사람만이 다른 곳을 응시하고 있다. 다른 곳을 응시하고 있는 이 사람이 예외이다. 이와 같이 내담자가 자기 삶의 문제 이야기를 할 때, 모든 삶이 문제에 가득한 것 같아도 그의 삶을 가만히 들여다보면 문제가 없는 예외적인 상황이 있다. 이야기 상담자는 내담자의 이야기 속에 있는 이러한 예외 상황을 발견하도록 도와주는 것이다.

이때 상담자가 이야기적 사고를 적용시키는데 가장 중요한 질문은, 내담자가 말하는 문제 이야기를 들으면서 상담자가 내담자의 문제 이야기에서 벗어나 내담자가 진정 살아가고 싶어 하는 이야기가 무엇인가, 즉 '내담자가 선호하는 이야기는 무엇인가, 내담자가 문제 이야기에서 벗어났던 예외 상황은 무엇인가, 예외 상황을 통한 그들의 독특한 자료는 무엇인가, 독특한 자료를 통해 어떻게 재저작 대화를 할 수 있도록 도울 것인가' 등이다.

상담자는 내담자가 문제 이야기를 하는 동안 내담자의 주 호소 문제를 파악해야 한다. 내담자의 주 호소 문제를 파악할 때에는 내담자의 언어로 파악하는 것이 효과적이다. 상담자는 파악된 주 호소 문제를 외재화시키는 작업을 해야 한다. 그리고 상담자는 내담자의 문제 이야 기를 들으면서 예외 상황을 발견하고, 이 예외 상황을 통해 독특한 자료들을 발견해야 한다. 이 독특한 자료를 통해 재저작하고, 이러한 과정을 통해 풍부한 이야기의 구성과 내용을 내담자 삶의 관계적인 면에서 더욱 탄탄하게 하기 위해 세심한 노력을 기울여야 한다.

알지 못한다는 자세

18세기와 19세기에 번성한 낭만주의는 개인 내부의 깊은 곳에 존재하는 무의식적인 힘을 강조하였다. 19세기 말부터 20세기의 근대주의는 보다 실용적인 관점으로, 진실은 체계적인 관찰과 엄격한 추론을 통해 밝혀진다는 입장이다. 이들에게 있어서 상담자는 전문가로서 외부에 있으면서 정확하게 설명할 수 있는 신뢰성이나 연구 자료를 통해 내담자를 이해시킬 수 있는 현실을 가지고 있다.[201] 이와 같이 18세기에서 20세기까지의 상담자는 자신이 알고 있는 것으로 내담자를 진단하고 치료하였다면, 탈근대주의를 기초로 한 이야기 상담은 내담자와 함께 이야기하는 방법을 찾는 것이다.

탈근대주의를 기초로 한 이야기 상담은 '내담자에 대해' 말하는 것이 아니라 '내담자와 함께' 말하는 것이다. 이러한 구조를 통해 상담자와 내담자는 새로운 의미, 새로운 현실 그리고 새로운 이야기를 함께 개발한다. 여기서 상담자의 역할, 전문성 그리고 역점은 자유로운 대화의 영역을 개척하여 대화 과정에서 '새로운 무엇인가'가 생겨날 수 있도록 촉진하는 것이다. 중요한 것은 변화를 일으키는 것이 아니라, 대화를 위한 공간을 열어 가는 것이다.[202] 해석학적으로 보면 상담에서의 변화는 대화를 통해 새로운 이야기를 창조하는 것이다. 상담이 진행됨에 따라 상담자와 내담자의 협력적인 관계에 의해 전혀 새로운 이야기, 즉

201) Lynn Hoffman, "가족치료를 위한 재귀적 관점," 51.

202) Harlence Anderson and Harold Goolishian, "Human Systems as Linguistic Systems: Preliminary and Evolving Ideas about the Implications for Clinical Theory. "*Family Process* 27 (1988): 371–393, in Shiela McNamee and Kenneth J. Gergen, eds., 『심리치료와 사회구성주의』 김유숙 역 (서울: 학지사, 2004), 64.

'지금까지 말한 적이 없었던' 이야기가 창조된다. 이야기의 변화와 자기 이야기의 변화가 대화의 필연적 산물로서 생겨나는 것이다.[203]

상담자의 '알지 못한다 자세'는 해석학, 사회 구성주의, 언어, 이야기 등의 개념이나 생각에서 영향을 받았다. 탈근대주의를 기초로 태동한 이야기 상담은 급속하게 해석학적인 입장으로 옮겨 갔다. 이야기 상담은 내담자와의 대화 속에서 생겨나는 경험에 대한 '의미'에 관심을 갖는다. 이야기 상담에서 치료에 대한 해석학적 접근이 상담자의 알지 못한다는 자세이다.

해석학에 의하면, 의미의 생성은 서로 대화하는 과정 속에서 이루어진다. 해석학적인 이해의 목표는 내담자에게 현상들을 있는 그대로 이야기하게 하는 것이다.[204] 상담 과정 중에 의미를 창조하는 대화가 지속적으로 이루어지기 위해서는 상담자의 '알지 못한다'는 자세가 매우 중요하다. 상담자가 알지 못한다는 자세와 태도를 가질 때 비로소 상담자는 해석학적인 자세를 가지게 된다. 상담자의 '알지 못한다'는 자세는 상담 장면에서 경험된 것을 끊임없이 이해하고 해석하는 과정에서 성립된다.

이와 같이 이야기 상담에서 빼놓을 수 없는 중요한 것이 '알지 못한다'는 상담자의 자세이다. 할린 앤더슨H. Anderson과 굴리시안H. A. Goolishian은 상담자의 '알지 못한다'는 자세에 대해 다음과 같이 정의하고 있다.

> 상담자의 '알지 못한다'는 자세는 내담자에 대한 상담자의 풍부하고 진지한 호기심을 전달하는 태도와 자세를 의미한다. 상담자의 행동과 태도는 내담자와 내담자의 문제, 그리고 내담자가 변화되어야 하는 것들에 대한 상담자의 선입관적인 생각과 의견을 나타내기보다는 오히려 이야기된 것들에 대해 더 알고자

---

203) Ibid.
204) Ibid., 70.

하는 상담자의 호기심을 표현한다. 따라서 상담자는 항상 내담자로부터 '설명을 듣고자 하는 자세'를 취해야 한다.[205]

이처럼 상담자는 내담자에 대해 호기심을 가지고 그의 이야기에 관심을 갖고 귀 기울여 듣는 과정을 통해, 내담자가 경험한 사건과 의미들을 이해할 수 있다. 상담자의 '알지 못한다'는 자세는 상담자가 '나는 알지 못한다. 그래서 나는 당신을 알고 싶다'라는 태도이다. 상담자가 이러한 자세를 가짐으로써 내담자와의 관계를 지속적으로 유지할 뿐만 아니라 내담자의 경험과 행동을 있는 그대로 이해하고 존중해 줄 수 있게 된다. 이러한 자세는 내담자에게 자신의 경험이나 행동을 편안하게 이야기할 수 있는 공간을 제공한다.

상담자의 알지 못한다는 자세의 기능 및 성격

상호 협력적인 관계를 맺게한다

상담자의 '알지 못한다'는 자세는 상담자와 내담자에게 협력적인 관계를 가지게 하며, 이러한 관계를 통해 새로운 이야기가 창조된다. 새로운 이야기는 상담자와 내담자가 서로의 대화에 협력하여 공동으로 만들어 가는 것이다.

상담자의 관점을 변화시킨다

상담자의 '알지 못한다'는 자세는 내담자의 이야기를 '이해하기 understanding' 위해 노력하는 것이다. 내담자의 이야기를 이해하기 위해서는 내담자 '옆에 서beside-standing' 있거나, '위에 서above-standing' 있는

205) Ibid., 64–65.

것이 아니라 '아래에 서under-standing'있으면서 내담자를 이해하려고 하는 것이다.206) 상담자가 내담자의 옆에 서 있거나 위에 서 있다는 것은 내담자의 이야기를 들으면서 상담자는 이미 자신의 이론과 틀을 가지고 듣고 있다는 의미이다. 그러므로 '알지 못한다'는 자세를 통해 내담자를 이해한다는 것은 상담자 자신의 이해 범주에는 한계가 있다는 것을 배우는 것이 된다.

해석학적 관점에서 보면, 상담자는 질문을 통해 내담자를 치료한다기보다는 오히려 계속하여 상담자 자신의 이해를 내담자의 이해에 맞추는 것이다. 상담자가 대화를 통해 내담자를 이해해 가는 동안 내담자의 문제를 바라보는 관점에 대한 변화도 계속된다.207) 따라서 상담자의 '알지 못한다'는 자세는 내담자와 함께하면서 그를 이해하려고 하는 것이다. 즉 상담자 자신의 관점을 내담자의 관점으로 맞추어 가려고 노력하는 것이다. 그 노력은 내담자가 지금까지 살아오면서 겪었던 수많은 경험과 그 경험들에 얽혀 있는 이야기들을 상담자가 이해하고 존중하는 태도를 취하는 것이다. 그리고 내담자의 문화와 지식 그리고 강점들에 대해서도 있는 그대로 이해하고 존중하는 것이다. 이러한 이해를 통해 상담자 자신도 변화되어 간다.

전문가로서의 권위를 내려놓는 것이다

상담자의 '알지 못한다'는 자세는 상담자가 전문가로서의 권위와 위치를 내려놓는 것을 의미한다. 이러한 자세는 내담자를 알고 싶다는 호

---

206) Harlence Anderson and Harold Goolishian, "Chronic Pain: the Individual, the Family, and the Treatment System," *Houston Medicine* 6 (1990a): 157.

207) Harlence Anderson and Harold Goolishian, "전문가인 상담자: 치료에서 알지 못한다는 자세," 70–71.

기심과 의지의 발로이며, 그 의지는 내담자의 삶에 적극적으로 협력하겠다는 자세를 말하는 것이다. 사람에 대한 애정과 사랑으로서 공동체의 삶에 참여하고자 하는 마음이다.[208)]

내담자를 알고 싶어 하는 적극적인 자세이다

상담자의 '알지 못한다'는 자세는 '내담자는 아는데, 상담자는 모른다'는 것이나 '내담자도 모르고, 상담자도 모른다'는 것이 아니다. 다만 상담자가 자신의 선先이해, 선先경험, 선先지식 등을 인식하고 있으면서, 상담자와 내담자가 앞으로의 이야기가 어떻게 전개될 것인지, 내담자의 이야기 속에서 어떤 독특한 자료들이 나올 것인지, 그리고 어떤 치유책이 나올 것인지를 둘 다 모른다는 것이다.[209)] 그러므로 이야기 상담에서 상담자의 '알지 못한다'는 자세는 단지 상담자의 수동적인 자세를 의미하는 것이 아니라 내담자를 알고 싶어 하는 적극적인 자세를 의미한다. 내담자도 자신의 삶에서 지금까지 이야기되지 않은 이야기들을 적극적으로 찾아 나서는 자세를 의미한다. 따라서 이야기 상담에서는 상담자와 내담자 모두의 '알고 싶어 하는' 적극적인 자세를 요구한다.

탐험가 정신으로 상담에 임하는 것이다

이야기 상담에서는 상담자나 내담자 모두 고고학자가 아니라 탐험가의 정신을 갖는다. 고고학자는 나름대로의 역사적 사료에 대해 분석할

---

208) Jill Freedman and Gene Combs, "Developing Relationships, Performing Identities," in *Narrative Therapy and Community Work: A Conference Collection* (Adelaide: Dulwich Centre Publications, 1999), 27.

209) 김번영, op. cit., 121.

수 있는 평가 잣대를 가지고 있어야 한다. 그 평가 잣대를 통해 역사적 사료의 연도와 가치를 평가한다. 그러나 탐험가는 잣대가 있는 것이 아니라 새로운 것에 대한 기대감과 호기심이 새로운 것을 발견하게 한다. 그래서 탐험가는 내가 알고 있다는 자세가 아니라 '나는 알지 못한다. 그래서 나는 새로운 것을 알고 싶다'라는 개척자의 정신이 필요한 것이다. 이와 같이 이야기 상담에서 상담자의 자세는 고고학자가 아니라 탐험가의 정신으로 상담에 임하는 것이다.

내담자의 준거 틀 속으로 들어가는 것이다

상담자의 '알지 못한다'는 자세는 상담자가 가능한 한 자신의 준거 틀을 버리고 내담자의 준거 틀 안으로 들어가려고 노력하는 것이다. 상담자가 자신의 준거 틀을 가지고 있을 때, 내담자의 이야기를 들으면서 자신의 상담 이론과 방법들에 의해 진단과 치료 방법을 강구하게 될 것이다. 그러나 상담자가 자신의 준거 틀을 배제하고 내담자의 준거 틀 안에서 내담자의 이야기를 들으려고 할 때, 내담자의 진짜 원함이 무엇인지 발견하게 될 것이다. 이렇게 상담자가 자신의 준거 틀을 배제하고 내담자의 준거 틀을 탐색하기 위해서는 먼저 상담자 자신이 '나는 알지 못한다'는 자세를 가져야 한다. 이렇게 될 때 상담자는 내담자를 알고 싶어 하는 호기심이 생기게 될 것이며, 내담자의 인식과 해석에 의지하게 될 것이다.

단어의 의미에 대해 질문하는 것이다

상담자의 '알지 못한다'는 자세는 내담자가 사용한 단어의 의미에 대해서 질문하는 태도이다. 상담자의 알지 못한다는 자세는 내담자가 가볍게 던지는 단어에도 관심을 갖는 것이다. 프로이트의 정신분석학에서는 내담자가 가볍게 던지는 말 속에 무의식의 촉수가 묻어 있다고 한다. 이와 같이 이야기 상담에서도 내담자가 무심결에 하는 말 한마디에 새로운 이야기가 시작되는 독특한 자료들이 묻어 있다.

그러므로 상담자는 내담 자가 말하는 단어의 의미에도 관심을 기울여야 한다. 상담자는 내담자가 말하는 각각의 단어들도 상담자와 다른 의미로 사용하고 있을지도 모른다고 항상 생각하여야 한다. 어떤 상담자들은 내담자가 사용한 단어를 상담자 자신이 알고 있는 의미로 해석하여 받아들이는 경향이 있다. 그러나 내담자가 어떤 특정한 단어를 사용하였을 때, 상담자가 그 단어의 의미가 무엇인지 질문하는 것은 꼭 필요하다. 내담자가 사용한 단어의 의미에 대해 질문하는 태도가 바로 '알지 못한다'는 상담자의 자세이다. 상담자가 내담자에게 그가 사용한 단어의 의미에 대해 질문하는 것은 바로 '알지 못한다'는 자세이다.

내담자의 현실을 이해하려는 노력이다

상담자의 '알지 못한다'는 자세는 호기심을 가지고 내담자가 가진 현실의 측면에 서 있는 것이다. 그러면서 상담자는 내담자가 처한 현실에 대해서 배우는 것이다. 이 과정을 통해 새로운 의미와 새로운 이야기가 생길 수 있는 공간과 기회를 만들어 내도록 말하게 하는 것이다.[210] 상담자의 알지 못한다는 자세에 의해 대화 과정에 한 발을 내딛기 시작하여 대화의 가능성을 넓히는 것이다. 이처럼 상담자의 알지 못한다는 자세가 상담자와 내담자, 내담자와 내담자 자신, 상담자와 상담자

210) Harlence Anderson and Harold Goolishian, "전문가인 상담자:치료에서 알지 못한다는 자세," 74.

자신 간의 대화를 나누는 기회와 가능성을 열어 놓는다.[211] 내담자가 처한 현실과 세계에 대해 이해하려고 노력하는 자세가 바로 대화를 가능하게 하고, 계속적으로 대화가 유지되도록 하는 중요한 단계이다.

내담자의 세계관을 알고 싶어 하는 자세이다

상담자의 '알지 못한다'는 자세는 내담자가 전 생애에 걸쳐 형성한 세계관을 이해하고자 하는 태도이다. 이는 상담자가 내담자와 대화를 통해 그 세계관을 배우며, 이를 바탕으로 내담자를 더욱 깊이 이해하려는 노력이다. 그 세계관을 통해 내담자 자신도 지각하지 못하고 묻어 두었던 이야기들이나 가볍게 취급하였던 이야기들을 찾아내어, 그 이야기들을 가지고 현재와 과거의 이야기들을 조망하면서 새로운 이야기를 창조하는 것이다.

이러한 상담자의 알지 못한다는 자세는 내담자와의 활발한 대화를 통해, 상담자는 이전과 동일한 묘사나 이야기를 끌어내는 것이 아니라 '지금까지 말하지 않았던' 광맥을 찾는 것이다.[212] 따라서 '알지 못한다'는 자세를 통해 상담자와 내담자는 대화를 하면서 서로 영향을 주기도 하고 받기도 하는 상호 협력적인 관계를 맺게 되어, 상담 장면에서 공동으로 새로운 이야기를 창조하는 협력자가 되는 것이다. 이러한 과정을 통해 내담자에게 대화의 공간을 넓혀 주고, 새로운 이야기를 편안하게 할 수 있는 자유를 제공해 주는 것이다.

---

211) Ibid., 75f.
212) Ibid., 77.

상담자의 대화적 질문

우리가 상담을 할 때 내담자의 주 호소 문제나 생각들을 알기 위해서는 적절한 질문을 하는 것이 중요하다.[213] 상담에서 질문은 대화를 확장하고 끊어질 위험이 있는 대화를 유지하는 역할을 한다. 만약 상담자가 질문보다 해석이나 자신의 의견을 말하면, 내담자는 그것에 대항하려는 반발심이 생겨서 지금까지 자신이 가지고 온 생각에 보다 더 집착하는 부작용을 초래할 수 있다.

상담에서 가장 적절한 질문은 내담자가 지금-여기here and now 에서 말하고 있는 것과 직접 관련된 것이다.[214] 따라서 대화적 질문은 언제나 현재 언급되고 있는 것을 보다 잘 알고 싶다는 마음에서 생겨난다. 대화적 질문의 핵심은 내담자에게 단지 질문하거나 가설 검증을 위한 정보를 수집하는 것이 아니라[215] 현재 내담자가 호소하는 문제와 관련되어야 한다.

많은 내담자의 문제는 자신과 함께 있어 줄 사람이 없다는 것이다. 내담자는 자신의 고통을 함께 느낄 수 있는 사람을 필요로 한다. 내담자에게 있어서 상담자가 자신과 함께 있다는 것을 느끼는 것과 아는 것은 다르다. 내담자는 상담자가 던지는 대화적 질문을 통해 자신의 이야기를 이어가며, 그 과정에서 서로가 함께 있어 준다는 느낌을 가질 수 있다.

---

213) Peggy Penn, "Feedback–Forward: Future Questions, Future Maps," *Family Process* 24 (2004. 8): 299–310.

214) Tom Andersen, *The Reflecting Team: Dialogues and Dialogues about the Dialogues*, ed., in Sheila McNamee and Kenneth J. Gergen, Eds., in *Therapy as Social Construction* (New York: Guilford Press, 1993), 101.

215) Harlence Anderson and Harold A. Goolishian, "전문가인 상담자: 치료에서 알지 못한다는 자세," 69.

이러한 대화적 질문을 통해 내담자는 자신의 이야기를 이어 가며, 그 과정속에서 서로가 '함께 있다'는 느낌을 가질 수 있고, 이 느낌이 바로 협력적인 관계를 형성하게 한다. 이처럼 상담자가 내담자에게 할 수 있는 최고의 사랑은 내담자와 함께 있으려는 끊임없는 노력일 것이다. 상담자가 내담자의 문제를 자신의 문제처럼 느끼며, 다가갈 수 있다면, 치료가 이루어질 수 있다.

앤더슨과 굴리시안은 상담 장면에서 상담자의 대화적 질문에 대해 다음과 같이 정의하고 있다.

> 상담자의 주된 임무는 상담 장면에서 나온 내담자의 경험담이나 이야기가 그대로 진술될 수 있는 질문을 발견하는 것이다. 이러한 질문은 미리 예상하거나 계획될 수 없다. 지금 말한 것과 설명된 것이 상담자가 발견해야 할 질문의 대답이 되며, 대화라는 이야기의 진전이 다음 질문을 준비시킨다. 이렇게 생각한다면, 상담에서의 질문은 어떤 경우라도 현재 이야기하고 있는 것에 의해 움직여진다.216)

이와 같이 대화적 질문은 대화가 전개되는 공간과 대화 과정을 발전시키는 중요한 수단이 된다. 이것을 달성하기 위해서는 상담자는 정형화된 질문이나 특정 대답을 요구하는 질문을 하지 않고, '알지 못한다'는 자세에서 자연스럽게 질문하는 전문성을 발휘해야 한다.217)

'상담자의 알지 못한다'는 자세를 통해 자연스럽게 나오는 것이 대화적 질문이다.

상담자의 대화적 질문은 가능성의 영역에 발을 내딛고 미지의 사건과 예측할 수 없는 방향성으로 길을 열어 간다. 또한 대화적 질문은 이

---

216) Ibid., 77.
217) Ibid., 62.

해 내용의 차이를 깨닫도록 촉진하여, 지금까지 현실화하지 못한 인식의 가능성에 의해 미래를 이끌어 낸다. 이러한 입장에 설 때 상담자는 '지금까지 말하지 않은 것'에 염두를 두고 질문을 하는 것이다.[218]

대화적 질문의 방법과 유의해야 할 점은 첫째, 내담자가 말을 마치고 더 이상 이야기할 게 없다는 태도를 보일 때까지 기다렸다가 질문을 한다. 둘째, 대화적 질문의 내용은 상담자의 직관에 의한 것이다. 그 직관의 기초는 내담자가 이런 질문을 듣게 된다면 좀 더 이야기하기 쉬울 것이라고 판단되는 것이다. 즉, 상담자의 질문 내용은 내담자가 이야기를 더 잘할 수 있도록 도와주는 윤활유 역할을 하는 것이어야 한다. 셋째, 질문 후 어떻게 들을 것인가에 대한 것도 상담자의 직관에 의존한다.

이때 내담자의 이야기를 듣는 상담자의 태도는 내담자와 거기에 내담자와 함께 있으려고 노력을 기울이는 것이다.[219]

협력적인 자세

이야기 상담에서 협력적인 자세collaborative position를 형성하는 과업은 내담자에게 있기보다는 상담자에게 있다. 상담자의 과업은 내담자와 협력적인 관계를 만드는 것이다. 상담자가 먼저 내담자에게 협력할 때, 내담자가 상담자에게 협력하는 것보다 더 쉬운 경우가 많다. 내담자는 자신이 원하는 것이 상담자가 이해해 주고 존중한다는 것을 느낌을 받으면, 더욱 적극적으로 협력하게 된다. 협력적인 관계는 상담자와 내담자 간의 대화 방법과 질에도 변화를 일으킨다.

---

218) Ibid., 72.
219) Tom Andersen, op. cit., 101.

클리포드J. Clifford와 마커스G. Marcus는 상담자는 내담자보다 전문가로서 우월하고 객관적인 관찰자라는 입장을 부인하며, 대신 상담자와 내담자의 협력적인 관계를 주장했다.

탈근대주의를 기초로 한 사회·문화의 연구에서는 '주제'보다는 '담론'을 중시한다. 탈근대주의에서는 한 사람의 독백이 아니라 대화를 중시하며, 상호 공동적이고 협력적인 성격을 강조한다. 따라서 탈근대주의에서는 '관찰하는 사람-관찰되는 사람'이라는 이분법을 거부하며, 이로 인해 실제 관찰하는 사람과 관찰되는 사람은 존재하지 않게 된다. 그러나 그 자리에 대화에 의해 형성된 담론, 즉 스토리story나 이야기narrative가 있다.220)

이와 같은 진술은 상담에 임하는 상담자의 자세와 태도에 대한 새로운 전환을 제안한다. 상담자의 '나는 알지 못한다. 그래서 나는 알고 싶다'라는 자세를 통해 새로운 이야기가 창조된다. 상담자의 '알지 못한다'는 자세가 곧 협력적인 자세이며, 협력적인 자세를 통해 내담자 와의 협력적인 관계가 형성된다. 또한 협력적인 관계를 통해 새로운 이야기가 창조된다. '알지 못한다'는 자세를 다음과 같이 도식화할 수 있다.

협력적인 자세 → 협력적인 관계 형성 → 새로운 이야기 창조

협력적인 관계 유지

상담자와 내담자 간 협력적인 관계를 유지하기 위해서는 다음과 같은 상담자의 자세가 필요하다.

---

220) James Clifford and George E. Marcus, *Writing Culture: The Poetics and Politics of Ethnography* (Berkeley, CA: University of California Press, 1986), 126.

첫째, 상담자는 자신의 비언어적 메시지에 관심을 가지라

일반적으로 사람들은 상대방의 비언어적 메시지에 매우 민감하다. 특히 상대방의 표정을 보고 마음을 결정한다. 내담자도 상담자의 비언어적 메시지를 통해 상담자에 대한 신뢰도를 결정한다. 따라서 상담자도 자신의 비언어적 메시지에 신경을 써야 하며, 말과 행동이 일치하도록 주의해야 한다. 상담자의 비언어적 메시지를 통해 내담자는 자신이 이해받고 있으며, 존중받고 있음을 알게 된다.

둘째, 개방형 질문을 사용하라

내담자가 자신의 삶을 상세히 이야기할 수 있도록 도와주는 방법으로 개방형 질문을 사용할 수 있다. 상담자가 질문을 할 때 내담자의 입장에서 질문한다면 보다 효과적일 것이다. 상담자가 내담자에게 "예" 또는 "아니요"라고 간단하게 대답하는 폐쇄형 질문을 한다면, 내담자에게 이야기할 부담감을 줄여 주게 된다. 이렇게 되면 이야기해야 할 사람은 내담자가 아니라 상담자이다. 그러나 상담에서 이야기해야 할 사람은 상담자가 아니라 내담자이다. 그러므로 상담자는 개방형 질문을 하여 내담자에게 이야기할 수 있는 기회와 공간을 만들어 주어야 한다.

셋째, 이해한 메시지를 확인하라

내담자와 협력적인 관계를 지속적으로 유지하기 위해서는 내담자의 이야기를 듣고 이해한 메시지를 확인해야 한다. 상담자가 내담자의 말을 듣고 이해한 것은 내담자 메시지의 본질이 아닐 수 있다. 왜냐하면 상담자가 이해한 메시지는 자신의 짐작이며 자신의 해석이기 때문이다.

그러므로 상담자가 내담자의 말을 듣고 이해한 것을 확인하는 것은 대화에서 매우 중요하다.

넷째, 내담자의 세계관을 배우라

상담자가 내담자와 협력적인 관계를 갖는다는 것은 내담자의 세계관으로 들어가는 것을 의미한다. 내담자의 세계관을 배운다는 것은 내담자가 문제를 호소할 때, 그 문제에 대한 진단과 치료책을 제시하기보다는 오히려 먼저 내담자가 호소하는 문제 안으로 들어가는 것을 의미한다. 내담자의 주 호소 문제를 상담자의 가치관과 상담의 이론적 배경으로 진단하기에 앞서, 내담자가 호소하는 문제를 있는 그대로 받아들이고, 그 문제 안에서 내담자를 이해하는 것이다.

다섯째, 내담자를 상담에 적극적으로 참여시키라

내담자와 협력적 관계를 유지한다는 것은 상담의 시작에서부터 마지막까지 내담자가 적극적으로 참여한다는 것을 의미한다. 상담의 시작 단계에서부터 내담자는 상담 시간과 상담 횟수, 상담 목표, 심지어 상담의 진행 과정과 상담자의 상담 방법에까지 참여하는 것을 의미한다. 상담자는 내담자가 자유롭게 자신의 생각이나 의견을 편안하게 말할 수 있는 분위기를 만들어야 한다.

여섯째, 내담자에게 책임을 인식시키라

일반적으로 상담의 원리는 내담자가 자기 자신을 내어놓은 만큼 가지고 가게 되어 있다. 이 원리는 이야기 상담에서도 동일하다. 상담에서 내담자의 책임은 자신의 과거-현재에서 경험하였던 사건들이나 그 사건과 관련된 자신의 생각이나 의미들에 대해 있는 그대로 이야기하는 것이다. 따라서 상담의 성공 열쇠는 내담자 자신이 가지고 있음을 인식시켜야 한다.

내담자가 자신의 과거-현재의 삶을 조망해 보면서, 자신이 새로운 이야기를 구성할 수 있고 새로운 이야기를 확장하고 풍부하게 할 수 있음을 인식시키는 것이 중요하다.

알고 싶어 하는 기술

상담자가 내담자의 경험과 행동의 의미를 아는 것은 결코 불가능하다. 내담자의 행동과 경험에 대한 의미를 알기 위해서는 상담자는 전적으로 내담자의 인식과 해석에 의지해야만 한다. 이를 위한 최선의 방법은 상담자가 '나는 알지 못한다. 그래서 나는 알고 싶다'는 자세를 취하는 것이다.

상담자는 '알지 못한다'는 자세를 취하기 위해서는 방법을 배워야 한다. 상담자가 '알지 못한다'는 자세를 지속적으로 유지하기 위해서는 오직 훈련과 연습만이 필요하다. 이러한 훈련은 한 번으로 완성되는 것이 아니므로 지속적으로 계속되어야 한다. 상담자는 '알지 못한다는 기술skills for not-knowing'을 지속적으로 연마하여 그 기술을 자유자재로 사용할 수 있도록 하여야 한다. 상담자가 상담을 할 때 상담 이론과 기술에 매이지 않기 위해서는 그 기술이 자신에게 체득되어 있어야 한다.

그래서 상담자는 끊임없는 훈련과 연습을 통해 상담을 기술skill이 아니라 예술art이 되게 하여 한다. 예를 들어, 운동선수들은 자신의 주 종목에 대한 기술들을 배웠다고 해서 그만두지 않는다. 운동선수는 배운 기술을 자신의 것으로 만들기 위해서 피와 땀을 흘리며 계속 훈련하고 연습을 한다. 이렇게 할 때 그 기술들은 자연스럽게 운동선수의 일부가 되어, 그 기술들을 자유자재로 운용할 줄 알게 된다. 자신이 배운 기술을 연마하여, 그 기술을 자유자재로 운용할 줄 아는 선수가 승리한다.

이와 같이 상담자가 '알지 못한다'라는 자세를 취하는 기술이 바로 상담의 기술이다.[221] 상담자에게는 두 가지 과업이 있다. 하나의 과업은 상담의 틀을 세우는 것이고, 또 다른 과업은 상담 능력을 향상시키는 것이다. 상담의 기술은 내담자가 자신의 이야기를 편안하게 할 수 있도록 도움이 되는 기본적인 대화법이다. 이 기술은 내담자가 이해와 존중을 받는다는 느낌을 가질 수 있도록 돕는다.

상담자들은 이미 관심, 경청, 공감, 자기 개방, 내담자가 말한 내용 재진술 및 내담자의 느낌과 경험을 재진술하는 것을 배웠을 것이다. 그래서 이 글에서는 기본적으로 상담에서 사용할 수 있는 상담의 기술에 대해 제시하려고 한다.

관심

상담자는 내담자가 편안하게 자신의 생각과 감정들을 이야기할 수 있도록 도와주어야 한다. 그러기 위해서 할 수 있는 일은 내담자의 이야기에 관심을 의식적으로 표시하는 것이다. 상담자의 관심의 반응은 내담자가 이야기하는 것에 추진력으로 작용할 수 있다. 따라서 상담을 할 때 상담자는 내담자에게 적극적인 반응을 보여야 한다. 이것이 바로 관심이다. 따라서, 관심의 첫걸음은 내담자의 이야기에 적극적으로 반

221) 상담의 기술과 구체적인 방법들에 대해서는 다음의 책을 참고하기 바란다. 박민수, 『마음을 움직이는 대화의 기술』 (서울: 시그마북스, 2024).

응하는 것이다. 이러한 반응은 대부분 비언어적인 동작으로 이루어진다.[222] 따라서 관심은 상담자의 비언어적인 메시지를 의미한다. 내담자는 상담을 할 때 상담자의 언어적 메시지보다는 오히려 비언어적 메시지를 보면서 상담자가 자신의 이야기를 경청하는지 그렇지 않은지를 파악하고 결론을 내린다. 즉, 내담자는 상담자의 비언어적 메시지를 통해 상담자가 자신의 이야기를 이해하고, 존중하고 있는가를 파악한다. 그러므로 상담자는 내담자와 상담을 할 때 비언어적 메시지에 대한 훈련이 있어야 한다. 내담자의 이야기에 대한 적절한 비언어적 반응이 자신의 경험과 행동의 의미들을 편안하게 이야기할 수 있도록 한다.

따라서 내담자가 이야기하는 동안 상담자는 간단한 응대 말 ("응, 그래, 그렇군요" 등)이나 고개 끄덕임으로 반응을 보인다. 상담자는 내담자의 이야기를 중간에 끊거나, 문제와 관련된 필요 이상의 아주 구체적인 것까지 이야기하도록 종용해서는 안 된다.[223] 이러한 상담자의 관심 행동을 통해 내담자에게 보다 안전하고 편안한 느낌을 가지고 대화할 수 있도록 도와주며, 또한 쉽게 친밀한 관계를 형성할 수 있다.

내담자의 행동과 경험의 의미를 이해하기 위해서는 먼저 상담자가 관심을 갖고 귀 기울여 들어야 한다. 그리고 내담자의 이야기를 진심으로 이해하려고 노력하는 태도를 가지고 있어야 한다. 이렇게 상담자가 내담자의 이야기를 이해하고 존중하는 태도를 말과 행동으로 표현한다면 내담자도 호감을 가지고 대화에 임하게 될 것이다.[224]

관심에는 수많은 방법이 있지만, 우리의 일상생활에서 가장 많이 사

---

222) Ibid., 68.

223) Charles Allen Kollar, *Solution: Focused Pastoral Counseling*, 유재성 역, 『해결중심 목회상담』 (서울: 요단, 2004), 203.

224) 박민수, op, cit., 68.

용되고 비교적 쉽게 그리고 효과적으로 대화 과정에서 표현할 수 있는 것은 다음과 같다.[225)]

- 시선 접촉 - 부드러운 눈 맞춤
- 얼굴 표정 - 온화한 미소
- 즉각적인 동적 반응 - 고개 끄덕임
- 즉각적인 언어적 반응 - 간단한 응대 말
- 편안한 자세 - 내담자 쪽으로 몸을 약간 기울이는 자세
- 적절한 거리 - 상담에서의 적절한 거리는 1m 내외
- 적절한 위치 - 상담에서 앉는 위치는 똑바로 마주 보기보다는 90도로 각을 이루고 앉는 것이 좋다.

이러한 관심의 기술은 내담자가 계속 이야기를 하도록 격려한다. 따라서 상담자가 내담자와 협력적인 관계를 맺기 원하면 가장 기본적인 관심의 기술을 몸에 익혀야 할 것이다.[226)] 그러나 이러한 신체적인 관심 기술은 상담자가 내담자가 전하고자 하는 메시지를 들으려고 노력할 때 자연스럽게 개발되는 경향이 있다.

경청

사람들은 대부분 대화를 할 때 상대방의 이야기를 들으면서 의식적으로든 무의식적으로든 상대방의 말에 대해 평가를 하거나 판단을 한다. 이렇게 상대방의 말을 판단하는 것은 자신의 준거 틀로부터 온 것이며, 이러한 평가나 판단은 대화를 방해하는 요소가 된다. 이와 같이, 사람

225) Ibid., 74－80.
226) Ibid., 81.

들은 자신의 준거 틀을 배제하고 상대방의 관점에서 이야기를 듣는 것이 매우 어렵다는 것을 안다. 사람들은 대화를 하면서 자신의 세계관과 관점을 통해 상대방의 경험과 행동들을 이해하고 해석한다. 이렇게 되면 상대방의 이야기에 집중하기는 매우 어려워진다.

그러므로 상담에서 중요한 것은 내담자의 이야기를 진심으로 듣고자 하는 태도이다. 상담자에게 가장 필요한 것은 내담자의 이야기를 적극적으로 경청하는 것이다. 내담자에게 도움이 되는 경청은 내담자의 이야기에 묻어 있는 그의 원함want을 발견하는 것이다. 내담자가 자신이 겪은 사건과 경험에 대해 이야기를 할 때, 그 이야기가 긍정적인 이야기이든 아니면 부정적인 이야기이든, 그 이야기에는 내담자가 진심으로 원하는 이야기가 묻어 있다. 대화를 할 때 '누가, 어떻게, 무엇'이 중요한가에 대해 주의 깊게 경청하는 것이 도움이 된다.

따라서 경청은 내담자가 들려주는 삶의 경험과 행동들에 대한 이야기를 듣고, 그 의미를 이해하려고 노력하면서 듣는 것이다.[227] 이렇게 상담자가 내담자의 이야기를 잘 들어 줄 때, 내담자는 자기 자신을 더 잘 이야기하게 된다. 내담자는 자기 자신을 잘 드러내면서 다음과 같은 두 가지 심리 효과를 얻는다. 먼저, 이야기를 하면서 자기 자신에 대해 통찰을 하게 되며, 이러한 통찰을 통해 자신의 생각이나 문제점을 분명히 하게 된다. 또 다른 하나는 내담자 자신의 모든 것을 상담자에게 이야기함으로써 기분이 좋아지면서 상담자와 내담자 간에 협력적인 관계가 형성된다.

227) Ibid., 92–93.

공감

상담자가 내담자와 협력적인 관계를 형성하는 데 있어서, 내담자와 대화를 할 때 사실 그 자체를 듣기보다는 내담자의 감정을 듣는 민감성을 향상시킬 필요가 있다. 상담자와 내담자 간의 협력적인 관계는 먼저 내담자의 감정을 수용하는 것이다. 따라서 이는 내담자의 감정을 공감하는 대화에서 최선의 길이며, 협력적인 관계를 형성하는 데 지름길이다.228)

로저스Carl Rogers는 "공감이란 다른 사람의 내적인 준거 틀을 정확하게, 그것의 감정적인 요소와 거기에 관련된 의미를 '마치as if'라는 사실을 망각함 없이 자신이 그 사람인 것처럼 지각하는 상태이다. 따라서 이는 다른 사람이 그의 상처와 유쾌함을 감지하고, 그가 지각한 것처럼 그런 것들의 원인을 지각하는 것을 의미한다. 그러나 이런 관점은 마치 그가 다쳤다면 또는 기쁘다면이라는 인식을 망각함 없이 이루어지는 것이다. 만일 '마치'라는 특성이 망각되면 그 상태는 동일시가 되어 버리고 만다."229) 라는 정의 속에서 공감이 대리적인 특성을 가지고 있음을 밝히고 있다.

로저스의 진술과 같이 공감이란 내담자가 가진 준거 틀의 내면에 들어가는 것을 말한다. 내담자의 관점을 통해 사물을 보는 것, 즉 그가 세상을 보는 방식에 입각하여 세상을 보는 것이다. 이때 상담자는 내담자의 세계관을 이해하고, 또한 그가 느끼는 감정도 이해한다.230) 따라

228) Ibid., 127-129.

229) Carl Rogers, "The Necessary and Sufficient Conditions for Therapeutics Personality Change," *Journal of Counseling Psychology* 21 (1957): 99.

230) 박민수, op. cit., 130.

서 공감적 이해란 내담자의 입장이 되어 주관적인 세계를 이해하는 것을 의미한다.

내담자와의 공감적 관계는 대화적 관계의 중심이 된다. 공감은 서로에 대한 가장 친밀한 방법 중의 하나이다. 따라서 공감은 상담자와 내담자의 협력적인 관계를 위한 가장 필요한 능력일지도 모른다. 상담자가 내담자의 감정에 공감하고 있음을 나타낸다면 내담자는 그 자신이 이해받고 있다는 느낌을 갖고 상담자를 보다 신뢰하게 되어, 자신의 깊은 곳을 드러내 보이게 된다. 이러한 과정이 진행됨에 따라 내담자와의 대화가 순조로이 이루어질 것이다.[231] 이와 같이 공감의 유익한 점은 내담자가 말하는 경험과 행동들에 공감을 하면 내담자는 깊이 있는 이야기를 하게 된다는 것이다.

공감은 말하는 내용을 마음속에 새기고, 반응하고, 이해하는 것 이상의 훨씬 더 많은 것을 포함하고 있다. 따라서 우리들이 다른 사람과 대화를 할 때 공감을 하기 위해서는 귀로 말을 들을 뿐만 아니라, 동시에 더욱 중요한 눈과 가슴으로 들어야 한다. 이때 우리는 그 말이 갖는 느낌과 의미를 경청할 수 있다. 더 나아가 행동도 경청할 수 있다.

공감에는 내담자의 표면적인 감정을 알아주는 표면적 공감과 심층적인 감정을 알아주는 심층적 공감이 있다. 표면적 공감이란 내담자의 말을 듣는 동안에 표면적으로 드러나는 감정을 알아주고 이해하는 것이다. 한편, 심층적 공감은 내담자가 미처 말하지 않았거나 인식하지 못하는 심층적인 감정을 파악하고 알아주는 것이다. 이러한 심층적 공감은 내담자로 하여금 더 깊은 자기 이해와 통찰을 얻게 한다. 그러나 심

231) Ibid., 133.

층적 공감을 할 때에는 먼저 내담자를 제대로 이해하려는 노력을 해야 한다. 특히 공감이 정확해야 하고 동시에 시기적절해야 한다. 섣부른 공감이나 때늦은 공감은 크게 도움이 되지 않는다는 것을 의미한다.

내용확인

내용확인은 내담자의 말한 경험과 행동 등을 내담자가 의도한 바 그대로 상담자가 이해하고 있는가에 대해 상담자 자신의 말이나 개념으로 바꾸어 진술하여 확인해 보는 것을 의미한다. 즉, 내담자의 말이나 내용에 대해 어느 정도로 정확히 이해하고 있는가를 나타내 보이는 커뮤니케이션 기술이다.232)

내담자는 자신의 행동과 경험을 표현하기 위해 언어를 사용한다. 일반적으로 사람들이 자신의 생각과 경험을 이야기할 때 축약된 언어를 사용하거나 또는 추상적인 언어를 사용하여 전달한다. 이럴 때 상담자는 그가 사용한 축약된 언어와 추상적인 언어가 무엇을 의미하는지 물어볼 필요가 있다. 예를 들면, 내담자가 "나는 이제 망했어요."라고 하였을 때, 상담자는 축약된 언어 '망했어요'라는 언어에 대해 다시 내담자에게 되물어볼 필요가 있다. 즉, 상담자는 간단하게 "망하다니요?"라고 하든지 아니면 "망했다는 의미는 무엇입니까?"라는 질문을 통해 내담자가 자신의 삶 속에서 일어나고 있는 일들을 자세히 이야기할 수 있도록 도와주어야 한다.

이렇게 상담자는 내담자가 말하고자 하는 핵심 용어를 찾아내어 그것을 되물어 줄 때 대화를 촉진시키는 것이 되며, 내담자를 이해하고

232) Ibid., 161–162.

존중하고 있다는 중요한 표현 중에 하나가 된다. 상담자가 내담자가 사용한 축약된 언어나 추상적인 언어를 질문을 통해 재구조화할 때 전문적인 용어를 사용하는 것은 내담자를 존중하지 않는 태도로서 협력적인 관계를 손상시키는 것이다. 그러므로 상담자는 내담자가 말한 핵심 언어나 내용을 재구조화할 때 전문적인 용어가 아니라 내담자가 사용한 일상 언어를 사용하는 것이 효과적이다.

대화를 할 때, 상대방과의 커뮤니케이션이 100% 완벽하게 이루어질 수는 없다. 감정과 여러 부수적인 것들 때문에 오해를 가져올 수 있기 때문이다. 대화를 하면서 항상 내담자가 말하고자 하는 의도를 확인하는 과정이 필요하다. 상담자는 내담자와 대화를 할 때 내담자의 의도를 파악하기 위해 노력해야 한다. 내담자와 상담을 하면서 그가 말하는 것, 그의 감정과 느낌 전체에 에너지를 집중해야 한다. 일단 상담자는 내담자가 말하는 것을 들으며 가끔 다시 되물어 확인하는 것이 효과적이다.

내용확인은 커뮤니케이션에서 겪을 수 있는 여러 가지 듣기 장애 요인을 극복하는 데도 매우 효율적인 방법이 될 수 있다.[233]

- 상대방에게 그가 말하고 있는 것을 이해하려고 노력하고 있다는 사실을 전달하는 것
- 상대방의 진술을 보다 구체적이고 간결한 모양으로 재진술함으로써 상대방의 의사를 구체화하는 것
- 상대방이 말하고 있는 내용을 내가 잘 이해했는가를 확인해 봄으로써 자신의 지각 상태를 조사하는 것

233) Ibid., 165.

결국 내용확인은 내담자에게 자신의 현재의 이해 또는 오해에 대한 정확한 정보를 제공함으로써 내담자와의 의사소통을 보다 명확히 할 수 있도록 하려는 데 있다.

지각확인

지각확인이란 내담자의 느낌과 경험을 그것들이 일어나는 그 순간에 정확히 이해하고 있는지를 확인해 보는 기술이다. 사람들이 주고받는 의사소통의 내용은 세계나 환경에 대한 자신의 지각에 관한 것들이다.

그러나 우리의 지각은 많은 왜곡을 내포하고 있기 때문에 반드시 사건에 대해 확인해 볼 필요가 있다. 타인의 경험을 정확하게 이해한다는 것은 결코 쉬운 일이 아니다. 왜냐하면 자신의 주관적인 경험이나 느낌에 따라서 상대방의 경험이나 느낌을 지각하기 쉬운 경우가 많기 때문이다. 이런 추측은 때때로 매우 불확실해서 의사소통 시 많은 오해를 가져올 수 있다. 따라서 상대방과 효과적인 의사소통을 하기 위해서는 그의 신체적인 동작과 생리적인 변화를 주의 깊게 관찰한 후 나 자신의 지각이 정확한지 아닌지에 대해 확인해 보는 것이 중요하다. 따라서 지각확인 기법은 내담자와 대화를 할 때 내담자의 느낌과 경험을 가치판단에 사로잡히지 않고 있는 그대로 되물어볼 수 있게 한다.

앞에서 살펴보았듯이 내담자는 상담자의 비언어적인 메시지를 통해 상담자에 대해 부분적으로 평가한다. 이와 동일하게 상담자도 내담자의 비언어적 메시지를 주의 깊게 관찰하려고 할 것이다. 따라서 상담자는 내담자의 비언어적인 메시지에 주목해야 한다. 상담자는 내담자의 비언어적 행동을 보면서 그것에 담긴 의미가 무엇인지 파악하려고 노력해야 한다.

침묵

문화적인 차이는 있겠지만 대부분의 사람들은 침묵을 힘들어하며 침묵으로 인한 공백을 메우려고 한다. 많은 사람들은 대화에서 침묵보다는 말을 하는 것이 중요하다고 생각한다. 그래서 상대방이 침묵하는 것을 불안해하면서도 그 이유를 충분히 이해하지 않고 바로 개입하려고 한다. 그러나 침묵 역시 자연스러운 의사소통의 한 양상으로 보아야 한다. 대화를 하는 가운데 침묵을 한다면, 그 침묵은 나름대로 의미를 지니는 것이다.

침묵에는 여러 가지 유형이 있고 그 나름대로 함축된 의미가 있기 때문에 상담자는 내담자의 침묵이 무엇을 의미하는지를 이해하려는 노력이 필요하다. 상담자는 침묵이 발생한 전체적 맥락을 이해하고 관찰함으로써 내담자가 침묵하는 이유를 발견할 수 있다. 그래도 침묵의 의미를 이해하기 어려우면 다음과 같은 질문을 할 수 있다. “무슨 말을 해야 할지 모르는 것처럼 보입니다. 제가 이해한 것이 맞나요?”

상담자의 자기개방

내담자와 협력적인 관계를 맺을 때 자신의 생각이나 아이디어를 표현하는 것 못지않게 중요한 것은 자기 자신을 내담자에게 드러내는 것이다. 내담자와 대화를 한다는 것은 서로의 생각, 경험, 감정, 정보를 주고받는 과정이기도 하지만, 동시에 끊임없이 자기 자신이 어떤 사람인지를 드러내는 과정이기도 하다.[234]

상담자의 자기개방은 내담자에게 상담자 자신의 경험이나 성공한 것

---

234) Ibid., 204.

들을 이야기하는 것을 의미하는 것이 아니다. 그 대신에 상담자에 의한 자기개방은 자신의 개인적인 관찰, 경험 그리고 생각을 내담자와 함께 이야기하는 것을 의미한다.[235)]

상담자의 자기개방은 상담자로 하여금 내담자가 대화를 할 때 어떻게 경험하고 있는지를 이해하고 자신의 삶에 대한 내담자의 지각을 명료화하는 데 도움이 될 수 있다. 그리고 자기개방은 무엇보다도 내담자의 자기개방을 촉진하고 그로 하여금 감정의 응어리를 풀 수 있게 할 뿐만 아니라 감정의 정화 작용을 도와주기 때문에 대단히 중요하다. 그리고 상담자의 자기개방은 내담자의 솔직한 자기개방이 특히 필요한 시점에서 크게 활용될 수 있다. 예를 들어, 자기 자신에 대해 부정적인 자기개념과 열등의식을 가진 내담자와 대화를 할 때, 상담자는 자기개방을 통해서 내담자와의 신뢰 관계를 형성해 나갈 수 있다.[236)]

그러므로 상담에서 상담자의 자기개방은 내담자로 하여금 상담자 자신을 이해하게 하고, 상담자에게로 가까이 오게 하는 방법이며, 내담자와 신뢰와 사랑의 관계를 발전시키는 아주 좋은 방법이다. 그리고 상호간에 솔직한 자기개방을 하면 자기 자신을 더욱 깊이 있게 이해하게 된다. 이렇게 되면 보다 협력적인 대화 관계를 유지할 수 있다.

개방형 질문

질문에는 폐쇄형 질문이 있고 개방형 질문이 있다. 폐쇄형 질문은 내담자의 초점을 제한하면서 확실한 사실에 대해 묻는 경향이 있으며,

---

235) Allen E. Ivey, *Intentional Interviewing and Counseling: Facilitating Client Development in a Multicultural Society* (3rd. ed.; Pacific Grove, CA: Brooks/ Cole, 1994), 280.
236) 박민수, op., cit.

상담자의 준거 틀을 반영하는 질문이다. 그러나 개방형 질문은 내담자의 지각 영역을 넓혀 주면서 내담자의 태도, 생각, 느낌 등을 묻는 것이다.

특히 개방형 질문은 내담자의 개인적인 기준이나 관점을 탐구하는 데 초점을 맞춘다.[237]

'나는 알지 못한다. 그래서 나는 알고 싶다'는 자세에 대한 개방형 질문의 중요성은 다음과 같다.

> 개방형 질문은 내담자에게 누가 그리고 무엇이 중요한가에 대한 구체적인 내용을 탐구하는 데 매우 효과적인 수단이 된다. 왜냐하면 개방형 질문은 이야기 상담에서 내담자에 대해 알고 싶어 하는 자세를 가져야 한다는 것과 일치하기 때문이다. 그리고 개방형 질문은 내담자가 자신의 삶의 이야기에서 전문가로서의 역할을 하도록 한다. 그래서 상담에서 알지 못한다는 자세를 취하면서 알고 싶다는 진지한 자세로 질문을 하였을 때, 개방형 질문은 책임과 통제를 상담자에게서 내담자에게로 이전시킨다. 이는 폐쇄형 질문과 비교할 때, 개방형 질문이 내담자들에게 무엇을 이야기할 것이며, 어떻게 그것을 이야기할 것인가에 대해 선택할 수 있는 기회를 더 많이 제공하기 때문이다. 개방형 질문의 사용은 내담자의 자기 결정을 존중하고 증진시킬 수 있는 하나의 방법이다.[238]

이야기 상담은 내담자의 빈약한 이야기를 풍부한 이야기로 전환하여 새로운 이야기를 구성하게 하는 것이다. 상담자는 개방형 질문으로 내담자 자신이 새로운 이야기를 구성할 수 있도록 도울 수 있다.

---

237) Alfred Benjamin, The Helping Interview With Case Illustration, in Peter Dejong and Insoo Kim Berg, *Interviewing for Solutions*, 허남순·노혜련 역, 『해결을 위한 면접』 (서울: 학문사, 2000). 51－52.

238) Ibid., 52.

주 호소 문제 파악

이야기 상담의 과정은 '문제 이야기 파악 과정 → 문제 이야기 분리 과정 → 새로운 이야기 구성 과정 → 새로운 이야기 확장 과정'의 순서로 기술할 수 있다. 그러나, 이 과정은 반드시 순서대로 되지 않으며, 때로는 과정이 섞여 진행될 수도 있다. 주 호소 문제 파악을 위한 하나의 실례를 들어 보겠다.

김슬기 씨(가명)는 결혼한 지 20여 년이 된 40대 중반의 여성으로 2명의 자녀를 두고 있으며, 44세에 상담을 하게 되었다.[239] 상담을 시작할 당시 그녀는 조용한 목소리와 머뭇거리는 태도로 말을 했다. 특히 자신의 아팠던 기억이나 과거의 힘든 경험에 대해 이야기할 때, 그녀는 이를 잘 드러내지 않으려는 모습을 보였다. 시간이 지나면서 그녀의 결혼 생활에서 겪었던 어려움과 현재의 고통에 대해 점차 이야기하기 시작했다.

김슬기 씨의 남편은 현재 무직 상태이며, 그녀는 직장에서 일하며 가정의 생계를 책임지고 있다. 신혼 당시부터 그녀는 시집살이하였는데, 시어머니가 그녀를 대하는 태도는 남편이 집에 있을 때와 없을 때가 180도로 달랐다. 그녀는 시어머니의 변덕스러운 태도 때문에 많은 마음고생을 해왔다. 이러한 갈등은 결국 분가를 하게 되는 계기가 되었으며, 이웃 사람들의 도움으로 시어머니의 방해를 극복하고 결국 분가를 하게 되었다.

---

239) 이 상담 사례는 상담이 종결된 후 내담자의 허락하에 싣게 되었음을 밝혀 둔다. 이 책이 좀 더 실제적이고 의미 깊어진 이유는 내담자의 이야기가 있었기 때문이다. 이 자리를 빌어 자신의 삶을 나누는 데 허락을 준 내담자에게 깊은 감사의 마음을 전한다. 내담자의 보호를 위해 인적 사항은 상담자가 변경하였음을 밝혀 둔다.

남편은 몇 년 전, 다니던 직장을 그만두고 새로운 직업을 가지게 되었으나, 그 직업은 자신의 예상한 것보다 잘 풀리지 않았다. 원래 남편은 감정 표현을 잘 하지 않으며, 온순하고 내향적 성격이다. 반면 그녀는 외향적이며 사교적인 편이다. 그녀 자신이 남편을 더 좋아하는 것 같다고 말하며, 다른 사람들 앞에서 남편을 언급할 때 항상 경어를 사용하는 것이 특징이다.

그녀의 외모은 실제 나이에 비해 나이가 더 많아 보인다. 마음이 무겁게 보이기도 하지만, 하소연할 곳이 없어 간헐적으로 상담자에게 이야기를 하곤 한다. 그녀는 감기나 몸살이 자주 일어나는 신체화 현상을 겪고 있었다. 이에 대해 남편은 아내가 자신의 일을 너무 많이 대신하려고 해서 몸살이 일어난다고 대수롭지 않게 표현하기도 했다. 현재 그녀의 직장은 생활을 꾸리기 위한 생계수단이 되었고, 그 직장도 안정되지 않아 지속적이면서 고정적 수입이 보장되지 않고 있다.

내담자의 주 호소 문제는 다음과 같다.

"선생님, 희망이 안 보입니다, 직장도 남편도…. 더 살아갈 수 없을 만큼 앞이 안 보이네요. 우리 남편이 생활이 될 수 있도록 해 줘야 하는데, 남편이 경제력이 없어서…. 너무 답답합니다."

과정2

문제 이야기 분리

이야기 상담의 과정 및 기술

과정 1 문제 이야기 파악

문제 이야기 파악

과정2 문제 이야기 분리

외재화 대화

과정 3 새로운 이야기 구성

독특한 자료 발견

재저작 대화

과정 4 새로운 이야기 강화

회원 재구성 대화

인정 의식

제 5 장

외재화 대화

이야기 상담 과정

우리는 현재 이야기 상담 과정 중 내담자를 문제로부터 분리하는 '문제 이야기 분리 과정'에 있다. 이 과정에서 사용하는 기법 중 하나는 외재화 대화이다.

이야기 상남은 내담자의 문제 이야기에 숨어 있는 허술한 틈새를 찾아 공략하는 것이다. 상담자는 내담자의 이야기를 들으면서, 그 이야기 안에 들어 있는 변형 가능한 부분을 찾아 공략한다. 이 허술한 틈새를 활용해 이야기를 변화시킬 수 있다. 내담자의 지배적 문제 구상이 빈약한 이야기를 만들어 낸다. 지배적인 문제를 드러내는 기법이 외재화이다.

새로운 이야기는 문제를 외재화하는 것에서부터 시작한다. 외재화는 문제와 사람을 분리하는 것이다.

외재화의 개념

이야기 상담은 문제를 외재화externalizing하는 것으로부터 출발한다. 외재화는 문제를 밖으로 드러내는 것이다. 외재화는 화이트M. White에 의해 개발된 수사학적 기법이다.

문제의 외재화는 내담자의 문제를 바라 보는 기존의 관점에 대한 새로운 전환이다. 문제를 바라보는 기존의 관점은 내재화internalizing라고 한다. 내재화에서는 문제가 개인에게 혹은 가족 기능의 체계에 내재해 있다고 생각했다. 그러나 이야기 상담은 문제가 개인이나 가족에 있는 것이 아니라 문제 그 자체가 문제라고 보는 관점이다. 즉, 문제는 개인의 외부에 있다고 생각하는 것이다.

따라서 외재화는 내재화되어 있는 문제를 밖으로 드러냄으로써 사람과 문제를 분리한다. 이러한 문제의 외재화는 내담자에게 자신의 정체성과 문제를 분리시켜 바라보도록 도와준다.

이야기 상담에서 문제라는 것은 사실 우리를 둘러싸고 있는 사회적 담론에 기원을 두고 있으며, 이 사회적 담론이 자신도 의식하지 못한채 체득된 것이다. 따라서 이야기 상담은 내담자 자신이 문제라고 생각하는 것보다는 오히려 그 문제가 내담자에게 끼치는 영향과 그 영향을 형성하게 한 사회적 담론에 관심을 갖는다.[240] 그러므로 문제를 외재

화하는 것은 문제를 원래 그것이 속한 곳으로 되돌려 놓는 것이다.[241]

화이트는 외재화의 방식을 "사람들이 자신을 억압하는 것이라 느끼는 문제를 객관화하고, 때에 따라 그것을 의인화하도록 격려하는 방법"이라고 정의하고 있다.[242] 이러한 외재화 대화는 사람들을 환자로 바라보면서 절망이나 부끄러움, 죄의식 등을 갖게 만드는 결핍적 사고를 수정하게 한다.[243] 따라서 문제를 외재화한다는 것은 내재화된 증상을 인격화하는 것이다.[244]

의인화라는 것은 사람이 아닌 사물이나 증상을 감정과 의지가 있는 사람으로 간주하는 것이다. 지배적 문제를 의인화할 때 그 문제가 오히려 자신에게 영향을 주고 있음을 깨닫게 된다. 지금까지는 그 문제와 자신을 동일시하여 자신이 문제에게 영향력을 행사하고 있으므로, 그 문제에 대한 모든 책임을 자기 자신이 짊어지고 가야 했다. 그러나 문제를 인격화함으로써 문제의 영향력 안에 있는 본인을 발견하게 된다.

다음 페이지의 그림은 사물이나 증상의 인격화를 잘 나타내는 작품이다. 이 그림은 초등학교 1학년 때 뼈와 살이 녹아드는 척추결핵에 걸린 이후로 40년 동안 단칸방에서만 엎드려 살아온 지현곤 작가의 〈리모콘을 든 TV에게 조종당하는 인간〉이라는 작품이다. 작가는 TV를 인격화하여, TV의 리모컨이 사람을 조종하는 것을 표현하고 있다.

이 그림처럼 사람이 자신의 문제를 조성하고 있는 것 같지만 사실

---

240) Michael P. Nichols and Richard C. Schwartz, *The Essentials of Family Therapy*, 265.

241) John M. Winslade and Gerald D. Monk, *Narrative Counseling in School: Powerful & Brief*, 송현종·정수희 역, 『이야기 상담』 (서울: 학지사, 2005), 73.

242) M. White and D. Epston, *Narrative Means to Therapeutic Ends*, 38.

243) John M. Winslade and Gerald D. Monk, op. cit., 75.

244) M. White, "The Externalizing of the Problem and the Re-Authoring of Lives and Relationships," *Dulwich Centre Newsletter* (Special edition, summer 1988-1989): 3-21.

문제가 그 사람을 조정하고 있는 것이다. 사람들은 문제에 의해 조종당하고 살면서도 내가 그 문제를 조종하고 살고 있다고 생각한다. 심지어 사람들은 그 문제가 무엇인지조차 깨닫지도 못하는 경우가 있다. 이러한 문제를 깨닫게 하기 위해, 그 문제를 인격화시켜 문제와 사람을 분리하는 작업을 외재화라고 한다.

카툰작가 지현곤의 작품 <리모콘을 든 TV 에게 조종당하는 인간>245)

외재화 대화의 유익

화이트에 의하면 문제를 가지고 갈등하고 있는 내담자에게 도움이 되는 문제의 외재화는 다음과 같은 장점이 있다. 첫째, 개인의 삶과 인간관계에 대한 심각한 이야기로부터 자유롭게 해 준다. 둘째, 삶과 인간관계의 더 나은 이야기와 대안을 생성하고 부활시키도록 격려한다. 셋째, 새로운 인간관계를 발견하고 진전시키도록 돕는다. 그렇게 함으로써 개인은 새로운 주체성과 새로운 선택에 대한 책임감을 가질 수 있고 새로운 가능성을 추구할 수 있게 된다.[246]

외재화 대화의 유익을 보다 상세하게 살펴보자.

245) 조선일보, 2008. 4. 5.
246) M. White and D. Epston, *Narrative Means to Therapeutic Ends*, 65.

문제를 객관화하도록 도와준다

내담자는 오랜 시간 동안 문제와 자신을 동일시해 왔다. 그래서 내담자는 자신에게 문제가 있다는 것은 자신의 성격에 흠이 있는 것으로 생각한다. 이러한 생각은 자신감을 망가뜨린다. 이러한 문제가 외재화될 때 그것은 마치 사람이 문제를 뒤에서 바라볼 수 있는 것과 같다.[247]

이야기 상담자들이 제일 먼저 관심을 가져야 하는 것은 문제와 사람을 분리해 내는 것이다. 이것이 바로 외재화이다. 외재화를 통해 내담자는 문제를 자신으로부터 분리해 문제에 대해 말하기 시작한다. 이것은 "문제가 문제이지 사람을 문제로 보지 않는 것"을 전제로 한다. 따라서 외재화 대화는 문제에서 사람을 분리시키는 관계 상황을 만들어 준다. 외재화 대화를 통해 자신을 문제 밖에 놓고 그 문제를 객관적으로 바라볼 수 있도록 도와준다.

빈약한 이야기를 해체하도록 도와준다

외재화 대화는 내담자의 삶을 비하시키는 병적인 사고와 진단 등의 효과를 해체하기 시작한다. 이 대화는 자신과의 관계나 다른 사람과의 관계를 새롭게 하고, 문제에 지배되지 않는 방식으로 자신을 이야기할 수 있는 가능성을 열어 준다. 외재화 대화는 한때 그들의 삶을 지배해 온 문제에 빠진 이야기에 새로운 이름을 붙이고 관계를 새롭게 할 수 있도록 가능성을 열어 준다.[248] 이렇게 될 때, 이제까지 문제의 지배하

---

247) M. P. Nichols and R. C. Schwartz, *The Essentials of Family Therapy*, 271.
248) A. Morgan, op. cit., 41–42.

에 놓여 있던 종속적인 관계를 새롭게 발견하고 그 부당함에 저항할 수 있는 힘을 가지게 된다.

새로운 이야기를 만들도록 도와준다

문제를 분리시키는 외재화 대화를 통해 이루어진 지배적인 문제 이야기는 해체되어 대안적인 이야기로 발전될 수 있다.[249] 일단 지배적인 문제 이야기에서 분리되면, 이제 자신이 문제가 아니라 반대로 문제가 자신에게 영향을 미치는 것으로 이야기하기 시작한다. 그때부터 다른 선택의 여지가 생기기 시작한다.[250] 우리는 외재화 대화를 통해 고통스러운 문제의 심각함에서 벗어나, 좀 더 가볍고 재미있게 접근할 수 있는 여지를 마련할 수 있다. 또한, 외재화 대화를 통해 새로운 이야기를 형성할 수 있는 공간이 만들어지기도 한다.[251] 즉, 외재화 대화를 통해 내담자는 자신의 정체성과 자신이 무엇을 원하는지를 다른 시각으로 볼 수 있으며, 새롭고 풍부한 이야기를 만들기 위한 가능성을 갖게 된다.

새로운 관계를 형성하게 한다

문제가 독립된 실체로 나타나게 될 때, 비난은 사람이 아닌 문제로 향하게 된다. 따라서 외재화 대화로 사람들 사이에 일어났던 갈등의 문제를 해결할 수 있는 방향으로 나아갈 수 있다. 내담자가 자신과 문제를 분리하기 시작하면서, 갈등을 일으킨 사람과 문제를 분리하게 됨으로써 새로운 관계를 형성할 수 있는 길이 열리게 된다.

---

249) 이현경, 『이야기 치료: 이론과 실제』 (파주: 양서원, 2007), 173.
250) A. Morgan, op. cit., 42.
251) John M. Winslade and Gerald D. Monk, *Narrative Counseling in School*, 73−74.

효과적인 외재화 대화를 위한 방법

외재화 대화법narrative way은 질문 기법이다. 이야기 상담에서 질문 기법은 내담자 스스로가 자신의 문제를 해결할 수 있는 힘과 능력을 발견하는 데 도움을 주기 위해 고안된 대화법이다. 이야기 상담에서 질문 기법은 소크라테스식 질문법Socratic questioning이다. 소크라테스식 질문법은 내담자가 자신의 경험, 사건, 배경, 등장인물, 생각, 감정, 행동 간의 상호관계를 발견한 것을 이야기하도록 돕는 데 협력적인 기법 중 하나이다. 이 질문법은 프로이트S. Freud의 정신분석학에서 말하는 생각의 진행을 자유 연상법으로 진행시키는 것이 아니라 내담자가 질문에 대한 대답을 찾도록 인도하는 질문 과정을 말한다.

외재화 대화법은 내재화된 문제로 포화되어 있던 내담자를 그 문제로부터 분리시켜 자신을 바라보도록 도와주는 기법이다. 따라서 상담자는 내담자가 무엇을 할지를 말하는 것보다 오히려 내담자 스스로 자신을 문제로부터 분리시키도록 하는 것이 훨씬 바람직하다. 내담자 자신의 정체성과 문제를 분리시키는 생각이 내담자 자신에게서 나왔을때 새로운 이야기를 구성하는 것이 훨씬 쉬워진다.

윈스레이드J. M. Winslade와 몽크G. D. Monk는 외재화 대화를 할 때 상담자가 주의해야 할 것들을 다음과 같이 말하였다.[252)]

- 내담자가 문제라고 말한 첫 번째 사실을 외재화하려고 급하게 서두르지 말라.

먼저 상담자는 내담자가 이야기할 때 문제에 대해 충분히 탐색

252) Ibid., 75-80.

하면서 경청하여야 한다. 왜냐하면 내담자가 문제를 있는 그대로 이야기하는 것이 문제의 범위와 복잡성을 확실히 파악할 수 있게 하기 때문이다.

- 상담자가 외재화하는 단어나 언어를 사용하는 데 어색함을 느낀다면, 내담자에게 자신이 하고 있는 것이 무엇인지를 설명하라.

  상담자가 외재화 대화에 대한 어색함을 느낄 때, 내담자에게 다음과 같이 말함으로써 어색함에서 벗어날 수 있다: "나는 가끔 당신의 외부에 문제가 존재하는 것으로 보면서, 그 문제가 당신에게 미치는 영향에 대해서 물어볼 것입니다. 이렇게 하는 것이 문제에 대해 새로운 관점을 가지게 하고, 또 우리가 문제를 다루는 방법을 발견하도록 도와주는 것 같습니다. 실험 삼아 이런 식으로 대화를 조금 나누어 보아도 괜찮겠습니까?"

- 상담자 자신이 아직 탐색되지 않은 문제를 '그것'이나 '이 문제' 또는 '이런 어려움들'이라고 표현하고 있더라도 걱정하지 말라.

  이러한 표현들은 오히려 상담자가 너무 빨리 하나의 문제 영역에만 초점을 맞추지 않게 하고, 내담자의 전반적인 삶에서 진행되고 있는 일반적인 쟁점들을 탐색할 수 있도록 많은 시간을 제공해 준다.

- 문제를 명명하는 작업을 내담자와 함께하라.

  상담자는 다음과 같이 말할 수 있다. "우리는 지난 몇 주 동안 삶에서 일어난 모든 사실에 대해 이야기해 왔습니다. 이제 우리가 이 전반적인 문제에 대해 이야기할 때 이름을 붙일 수 있는 명칭을 한번 생각해 볼까요? 이 문제에 어떤 이름을 붙일 수 있을까요?"

종종 사람들은 문제의 주제가 충분히 엮이지 않았을 때에는 문제를 어떻게 묘사하면 좋을지를 바로 확신하지 못한다. 이럴 때에는 다른 내담자들이 이 문제에 대해 어떻게 묘사했는지를 제시해 줌으로써 문제를 명명하도록 도와주어야 한다. 만약 이미 붙여진 이름이 마음에 썩 들지 않는다면 다음과 같이 물을 수 있다. "당신 마음에 쏙 들게 다른 이름을 붙인다면 어떤 게 좋을까요?"

- 문제를 명명하는 과정에서 어떤 표제어를 사용하든지 간에 문제에 대한 내담자의 경험에 적절한 묘사를 사용하라.

  만약 불법이나 심각한 폭력과 같은 복잡하고 고통스러운 경험을 묘사하는 데에 '논쟁'과 같은 평이한 단어를 사용한다면 상당한 손실이 있을 것이다. 내담자의 경험과 충분히 어울리지 않는 이름은 상담자가 내담자의 고통스러운 이야기를 잘 듣지 않았거나 인식하지 못했다는 느낌을 전달하게 된다.

- 내담자가 여러 가지 문제가 내포된 이야기를 할 경우, 내담자가 가장 관심을 가지고 있는 쟁점이 무엇인지를 물어보라.

  내담자가 하나의 문제가 아니라 다양한 문제를 이야기할 경우, 내담자는 현재 자신에게 가장 중요한 문제가 아니라 다른 덜 중요한 문제를 선택하여 외재화할 위험이 있다. 이때 사소한 문제에 초점을 맞추지 않기 위해서는 내담자에게 가장 중요한 문제가 무엇인지 물어보는 것이 최선이다.

- 외재화 대화는 외재화 작업이 일부 당연하게 받아들여지고 있는 어떤 담론의 내재화 논리를 뒤엎을 수 있을 때 가장 강력한 효과를 가진다.

  죄책감, 분노, 상처, 당황함, 부끄러움과 같은 정서는 때로 이러한 종류의 논리를 가져오는 단서가 된다. 따라서 정서 그 자체를 외재화하기 보다는 이러한 정서적 반응을 만들어 낸 상황이 무엇이었는지에 대해 질문하고, 그 후 그 상황을 외재화하는 것이 효과적이다. 예를 들어, 중학생이 학교에 떠도는 자신에 대한 소문 때문에 상처를 받았다면, 그 소문을 외재화하고, 그것이 상처받은 감정을 만들어 낸 것이라고 이야기하라. 만약 이러한 소문 들이 이 학생의 신체를 '너무 뚱뚱한' 것으로 판단하도록 만든 내용이라면 '과식'에 대해 외재화하는 것은 도움이 되지 않는다. 왜냐하면 이것은 문제의 원인을 의지력 부족 등과 같은 내적인 것으로 돌리기 때문이다. 그러므로 소문을 퍼뜨리고 다닌 사람들의 마음을 병들게 하고, 자신의 자존감에도 참혹한 피해를 주었던 '완벽한 신체성'에 대해 외재화를 하는 것이 좀 더 유용한 방법이될 것이다.

- 외재화 묘사를 인격화하는 것이 효과적이다.

화이트M. White의 잘 알려진 '비열한 개' 이야기는 유분증encopresis 253)을 외재화하여 인격화한 대표적인 예다. 상담자는 문제를 인격화함으로써 변화를 위한 대화를 더욱 극적이고도 덜 추상적으로 이끌어 갈 수 있다.

- 문제를 외재화할 때에는 대화 속에 깊이 새겨지도록 하라.

문제를 외재화하는 대화를 할 때에는 그것을 일정 기간 사용하

253) 유분증은 생후 2년이 지난 유아가 근육이나 신경계의 이상이 없는데도 대변을 가리지 못하는 질환이다. 이 증세는 여러 정서 장애와 관련하여 나타나는 경우가 많다. 모성애의 결핍이나 어머니와의 별거 등과 관계된 경우도 있고, 동생이 생겼을 때, 학교를 처음 다니기 시작했을 때, 뇌수막류와 같은 기질적인 신경 이상이 있는 경우에도 나타날 수 있다.

면서 대화 속에 깊이 새겨지도록 해야 한다. 그러기 위해서는 먼저 문제가 그 사람에게 미친 영향을 그려 보는 것부터 시작하는 것이 효과적이다. 우리는 다음과 같이 질문할 수 있다.

"문제아라는 평판이 너에게 어떤 영향을 미쳤니? 그 평판은 다른 사람들이 너에 대해 어떻게 말하고 생각하도록 영향을 미쳤을까? 그것은 다른 사람들에게 이러한 것들을 어떻게 확신시키고 있니? 그것은 네가 자신에 대해 어떻게 생각하도록 만들었을까? 그것은 네가 어떻게 반응하기를 바라는 것 같니?"

내담자가 다른 생각이나 감정, 행동들을 언급할 때 이것들은 모두 문제의 지도를 그리는 데 고려될 수 있다.

- 외재화된 문제의 영향력을 살펴보는 과정에서 사용할 수 있는 유용한 방법은 문제의 영향력을 길이와 넓이 그리고 깊이의 세 가지 차원에서 생각해 보는 것이다.

길이는 문제의 내력을 의미한다. "이 문제가 얼마나 오랫동안 당신 주변에 있었습니까? 언제부터 이 문제가 시작되었습니까? 그것은 더 나빠졌습니까 아니면 더 좋아졌습니까?"(만약 상황이 같은 방향으로 계속 진행된다면) 미래의 결과에 대해서도 추측해 볼 수 있다. 이 과정에서 문제 이야기의 역사에 대한 도표와 시간timeline을 만들 수 있다.

넓이는 문제가 미치는 영향력의 범위를 의미한다. "문제는 당신의 삶에 얼마나 광범위하게 영향을 끼치고 있습니까? 문제는 학교생활에만 영향을 끼치고 있습니까? 아니면 가정 생활에도 영향을 미치고 있습니까? 그 문제는 당신의 감정에 항상 영향을 줍니까?

아니면 단지 업무 시간에만 영향을 줍니까?"

어떤 문제의 영향력 범위를 확정하기 위해 탐색해야 할 삶의 영역에는 감정과 내적인 경험, 자아 개념, 태도, 인간관계, 가족 상호작용, 우정, 사회생활, 사회적 동일시 등이 포함된다.

깊이는 문제가 지닌 영향력의 강도를 의미한다. "이 문제가 당신에게 얼마나 깊이 영향을 미쳤습니까? 이 문제가 얼마나 무겁게 당신을 억누르고 있습니까? 문제의 강도는 변합니까? 만약 그렇다면 가장 다루기 힘들 때는 언제이고, 가장 다루기 쉬울 때는 언제입니까?"

상담자와 내담자는 시간의 흐름에 따라 문제의 영향력 강도를 그래프로 그릴 수 있으며, 강도 변화를 그때 발생하는 사건들과 연결시킬 수 있다. 외재화 대화는 문제를 사람들과 분리된 것으로 보고 문제의 영향으로 인한 결과에 집중하여 질문을 한다.

따라서 상담자는 처음부터 문제를 내담자와 분리된 것으로 볼 뿐만 아니라, 또한 그 문제가 내담자에게 영향력을 주는 것으로 보고, 그 문제에 대한 내담자의 견해를 말하도록 요청한다. 이렇게 하는 방법은 문제의 원인보다는 그 효과에 대해 질문하는 것이다.[254]

우리는 문제에 영향을 주는 맥락에 대해 다음과 같은 외재화 질문을 함으로써 지배적 담론을 드러낼 수 있다. 프리드먼J. Freedman과 콤스G. Combs는 외재화 질문의 예를 다음과 같이 제시하고 있다.[255]

---

254) M. P. Nichols and R. C. Schwartz, *The Essentials of Family Therapy*, 270.

255) Gene Combs and Jill Freedman, *Narrative Couple Therapy... and A Whole Lot More! ACollection of Papers, Essays, and Exercises*, in Michael P. Nichols and R. C. Schwartz, *The Essentials of Family Therapy*, 270.

"무엇이 문제를 먹여 살리나요?"
"무엇이 문제를 굶겨 죽이나요?"
"문제 때문에 누가 이익을 얻나요?"
"어떤 상황에서 문제적 태도가 도움이 되나요?"
"어떤 사람이 문제를 정당화하였나요? 아니면 방어하고자 하였나요?"
"어떤 사람이 문제를 편드나요? 아니면 문제와 그것의 의도에 반대 하나요?"

이러한 질문을 통해 사람들은 자신의 삶의 전체적인 맥락이 문제에 어떻게 영향을 주는지와 문제가 삶에 어떤 영향을 주는지에 대해 깊이 생각하게 된다.

외재화 대화 기법으로서의 은유

이야기 상담에서 은유는 중요한 기법으로 작용한다. 은유는 이야기 상담에서 문제와 사람을 분리하는 중요한 역할을 한다. 그러므로 이야기 상담자는 은유의 특징들에 대해 알아야 한다.

은유는 우리 삶의 예외적인 언어 현상이 아니라 일상생활에 편재되어 있어 사고와 행동에 영향을 미치고, 이에 따라 개념을 체계화시키기도 한다. 이것은 곧 우리 주변의 거의 모든 현상이 은유로 이행된다는 것이다.[256] 따라서 사람들은 고대로부터 지금까지 오랫동안 수사학의 한 방법으로 은유를 사용해 왔다.

일반적으로 우리는 논리적 사유보다는 은유나 상징 등을 통해 사람을 쉽게 이해할 수 있다. 논리적이고 사변적인 이해보다는 은유적으로 표현된 텍스트에서 사람을 보다 깊고 올바르게 이해할 수 있다.[257]

---

256) 변정민, "한국어의 은유 표현 연구: 정치 은유를 중심으로,"『동국어문학, 제14호』(2002): 103.

수사학에서는 간단한 수사 형태를 은유metaphor라고 한다. 은유에 대한 직접적인 논의는 대개 기원전 300년 그리스의 철학자 아리스토텔레스Aristoteles에 의해 시작된다. 아리스토텔레스에 의하면 "은유는 한 사물에 그 사물이 아닌 다른 사물에 속하는 이름을 적용하는 것인데, 이행은 류類에서 종種으로, 종에서 류로, 종에서 다른 종으로, 유추 관계에 의하여 이루어진다."258) 그에 의하면 은유는 어떤 사물에다 다른 사물에 속하는 이름을 전용轉用하는 것이다. 그의 정의는 그 관계가 유추에 의하므로 두 사물 간의 유사성에 바탕을 두고 있다는 것을 알 수 있다.

'은유'는 그리스어 '메타meta'와 '페레인perein'의 합성어이다. 헬라어 '메타'의 의미는 '건너편에, 건너와서'이며, '페레인'의 의미는 운반하다'이다. 은유의 어원적인 의미는 '건너편으로 운반한다overcarrying'는 뜻으로서 서로 무관한 두 사물을 결합시켜 전혀 새로운 어떤 것을 창조하는 기능을 말한다. 그러므로 은유란 언어 작용의 한 특이한 조합으로, 한 사물의 양상이 다른 하나의 사물로 '넘겨 가져가' 지거나 옮겨져서 두 번째의 사물처럼 서술되는 것을 의미한다.259) 어원에 의하면 은유는 사건이나 경험 사이의 관계를 잘 연결해 주기 위한 교량 역할을 한다.

그래서 틸리T. W.Tilley는 "은유는 의미를 전달하는 기관차이다. 그것은 통찰력을 이 장소에서 저 장소로 운송해 준다. 또 아이디어들을 안정된 도시로 모이게 하고, 새로운 도착을 알리기 위해 경적을 울리고 시민들을 놀라게 하려고 불빛을 비추기도 한다.… 가장 역동적인 은유

257) 해석학연구회, 『현대철학과해석』(서울: 지평문화사, 1994), 143.
258) 정원용, 『은유와 환유』(서울: 신지서원, 1996), 2.
259) Terence Hawkes, Metaphor, 심명호 역, 『은유』(서울: 서울대학교 출판부, 1978), 7-9.

는 영원히 살아 움직인다. 그것은 결코 죽지 않는다."라고 하였다.[260)]

은유는 또한 어떤 사건을 그림으로 그려 줌으로써 현재 자신이 처한 상황을 잘 보도록 하고, 앞으로 나아가기 위해 갖추어야 할 일을 돌아 보도록 해 주는 이야기라고 할 수 있다.[261)]

르아리D. E. Leary는 의사소통을 형성해 가는 작업은 은유라고 말한다.

> 우리가 하는 이해나 상상이라는 작업은 그것이 과학적이건 의료적이건 일상생활이건 모두 은유에 의해서 구성된다. 사물을 파악하고 이해할 때는 모두 알려져 있는 것과 아직 알려져 있지 않은 것을 은유로 표현하거나 알고 있는 것에 알지 못하는 것을 집어넣거나, 또는 알고 있는 영역에서 익숙하고 친숙한 범주를 가져와서 그 형태를 사용하여 미지의 영역에 대한 경험을 알려고 하는 것이다. 이것을 은유 또는 은유적 사고라고 한다. 은유를 사용하는 것은 넓은 의미에서 어떤 사건에 이름이나 설명을 부여해 언어화하는 것인데, 사실은 그렇게 부여된 이름은 다른 것에 붙여져 있던 이름과 유사하다는 이유로 가지고 왔던 것이다.
>
> 은유를 이같이 정의하는 것은 아리스토텔레스 이후 오늘에 이르기까지 학자들 간에 이의가 없다고 생각되는데, 은유는 논리적으로 수사법과 구별할 수 없다. 따라서 유추, 직유, 환유 등의 수사법은 은유와 기본적으로 다르지 않다. 이러한 정의에서 본다면, 예화, 우화, 신화 그리고 사물의 모델, 과학 이론의 모델을 포함한 모든 것이 은유의 연장선상에 있다고 해도 좋을 것이다.[262)]

이처럼 르아리에 의하면 사람은 대화라는 행위뿐만 아니라 사고까지 은유로 구성된다.

---

260) Terrence W. Tilley, *Story Theology* (Washington. Delaware: Michael Glazier, 1985), 1.

261) 윤익세, "이야기식 설교에 대한 연구,"『칼빈논단』 26 (2006): 293.

262) Tom Andersen, "가족이미지에 대한 반영," in Sheila McNamee and Kenneth J. Gergen, *Therapy As Social Construction*, 김유숙 역,『심리치료와 사회구성주의』 (서울: 학지사, 2004), 102–103.

은유의 구조

은유의 구조는 원관념tenor, 보조관념vehicle, 배경ground이라는 세 가지 요소로 설명할 수 있다. 은유는 'A(원관념-목표 영역)는 B(보조관념-근원 영역)이다.'라는 형식을 사용하지만, 여기서 연결어를 사용하지 않고 대상을 다른 대상에 암시적으로 빗대어 표현한다.263) 즉, 은유는 두 개의 영역인 근원 영역source domain과 목표 영역target domain으로 구성된다. 은유적 표현은 단순한 낱말이나 문장에 그치지 않고, 담화의 전반적인 영역에서 나타날 수 있으므로 은유적 개념을 종합적으로 이해해야 한다.264)

근원 영역은 우리의 일상적인 경험에서 비롯되며, 구체적이고 물리적이며 명확한 특성을 지닌 구조화된 영역이다. 반면, 목표 영역은 우리가 표현하려는 추상적이고 비물리적인 개념으로, 불명확하고 구조화되지 않은 영역이다.

근원 영역은 우리가 익숙하게 경험하는 것들로, 문화적 맥락 속에서 자주 접하게 되는 직접적인 경험에서 유래한다. 이에 반해 목표 영역은 우리가 직접적으로 보고, 듣고, 맛보고, 냄새 맡을 수 없는 것들로, 주로 사회 문화적인 맥락에서 조작되거나 형성되는 현상들이다. 따라서 은유는 우리가 잘 아는 근원 영역을 통해 낯선 목표 영역을 인지하고 개념화하려는 인지적 전략이라 할 수 있다.265)

예를 들어, "민주주의는 비둘기이다."라는 문장에서 '민주주의'는 목표 영역이 되고, '비둘기'는 근원 영역이 되는 것이다. 은유가 사용될 때, 두 개의 다른 사물들에 대한 사고들이 동시에 작용하며, 그 의미는두 사고의 상호작용 결과로 형성된다. 은유의 개념화는 근원 영역에서부터 목표 영역

---

263) 변정민, op. cit., 105.

264) 박보경, "은유의 의미구조 고찰," 전남대학교 대학원 석사학위논문, 1997, 1.

265) 임지룡, 『인지의미론』 (서울: 탑출판사, 1997), 10-11.

으로의 사유 방식이다. 다시 말해, "시간은 돈 이다", "임금님 귀는 당나귀 귀", "내 마음은 호수" 등과 같은 표현을 통해 우리는 그 원뜻을 이해하게 된다. 이처럼 은유는 그 자체가 해석을 제공하는 역할을 한다. 이야기를 듣는 사람은 별다른 설명 없이도 그것이 무슨 의미인지 쉽게 이해할 수 있다.

인지언어학에서는 은유의 본질이 개념화에 있다 보고, 일상 언어에 나타나는 은유는 개념화를 반영하는 것으로 정상적이고 매우 자연스러운 현상으로 간주한다.[266] 사람들은 의식적이든 무의식적이든 은유적 표현을 자주 사용한다. 사람들은 그 은유적 표현이 갖는 여러 가지 기능이나 의미들에 관해 자세히 알지 못하더라도, 은유적인 표현을 통해 자신들이 전달하고자 하는 내용을 강조하고자 한다.

따라서 사람의 인지 구조는 관습적인 은유에 의해 결정된다. 예를 들어 정서, 아이디어, 사건 등은 추상적인 개념들로 경험 속에 명확히 인식되지 않기 때문에, 우리는 이를 명확하게 이해할 수 있는 다른 개념들, 즉 공간이나 물질 등의 구체적인 개념으로 파악하게 된다. 이러한 필요성이 우리의 개념 체계 속에서 은유를 만들어 내게 한다. 추상적인 개념은 은유적인 방법으로 구체화되어 구조화되며, 이에 따라 우리는 사고 방식과 행동 방식을 부분적으로 구조화한다.[267]

원관념, 보조관념, 배경에 대해서는 다음과 같이 설명할 수 있다. 예를 들어, "영수는 곰이다"라고 했을 때, '영수'는 원관념이 되고, '곰'은 보조관념이 된다. '배경'은 바로 영수와 곰 사이의 유사성을 찾는 '미련함, 둔함, 느림 등'으로 나타난다. 이러한 유사성을 찾을 수 있는 유추 과정은 우리의 인지 속에 경험을 바탕으로 이루어 진다.[268]

---

266) 변정민, op. cit., 106.
267) Ibid., 107.
268) Ibid., 109.

은유의 성격

은유의 성격은 다음과 같다. 첫째, 은유의 본질은 하나의 개념을 다른 개념에 통해 이해하고 경험하는 것이다. 은유의 기본 전제는 한 영역에서 다른 영역으로의 투사인데, 이 은유적 투사를 설명하기 위해 또 하나의 관점인 은유를 도입한다. 은유적 이해란 어떤 종류의 사물을 다른 종류의 사물 관점에서 이해하는 것을 말한다. 예를 들어, "시간은 돈 이다"에서 볼 수 있는 은유의 구성 요소는 '시간'이라는 목표 영역과 '돈'이라는 근원 영역이다. 우리는 시간과 돈을 이 은유를 통해 이해하고 경험하는 것이다.[269)]

둘째, 은유는 경험에 근거를 두고 있다. 경험주의에서 말하는 의미는 사람의 생물학적 능력과 사람을 둘러싼 환경 속에서 기능을 발휘하는 신체적, 사회적 경험에 의존하고 있다.[270)]

셋째, 은유는 문화마다 다를 수 있다. 문화의 가장 기본적인 가치들은 그 문화 속의 가장 근본적인 개념들의 은유적 구조와 일치한다. 그렇기 때문에 집단마다 개념적 은유가 다르게 나타난다.[271)]

넷째, 은유는 일상 언어에 편재해 있다. 말하는 사람은 생각이나 의미를 '말'이라는 언어 표현에 담아 그것을 도관導管[272)]에게 전달한다. 이러한 은유 표현은 우리 일상생활에서 흔히 찾아볼 수 있다.[273)]

다섯째, 은유는 비내칭석asymmetric이다. 한 은유의 목표와 근원을 서로 바꿔 놓으면 그 의미가 변하며, 심지어 그 표현은 더 이상 은유가 되지 않는다.[274)]

---

269) 박보경, op. cit., 20.
270) Ibid., 22.
271) Ibid., 22–23.
272) 물이나 수증기 따위가 통하도록 만든 관을 의미한다.
273) 박보경, op. cit., 23.

은유의 기능

은유의 기능은, 우리가 이야기를 할 때 은유적 언어를 사용하여 사람들이 귀로 들은 내용을 마음으로 그려 보게 하여 그 이야기의 의미를 볼 수 있도록 만들어 주는 것이다. 은유에 대한 여러 가지 견해가 있겠지만, 이 책에서는 은유가 이야기에 미치는 기능에 대해 서술하고자 한다.

개념을 체계화시킨다 은유는 이미지로부터 발생하는 그림 언어이다. 은유에서 발생하는 상상력은 그림을 생각하는 것이 아니라 그림을 만들도록 하는 생각이다. 이러한 상상을 통해 말로 표현할 수 없는 것들을 말로 표현할 수 있도록 하는 것이 은유 언어이다. 이러한 은유 언어는 새로운 생각을 만들게 하고, 이러한 과정을 통해 더 생각해 보게 한다. 이처럼 은유는 이미지의 도식화에 의해 이루어지는 개념화 작업이다.[275]

현실을 다시 그리게 한다 은유는 추상적인 세계를 시각화한다. 그림 언어는 현실을 다시 그려 보게 하는 언어이다. 따라서 은유는 새로운 세상을 바라보도록 하는 언어적 능력이다. 은유를 통해 새로운 세상을 경험하며, 이러한 경험을 통해 현실을 바꾸는 것이다. 이러한 과정을 통해 은유는 우리의 경험과 이해의 범주를 확장하여 새로운 의미를 창조하고, 우리의 삶 전반에 풍성한 의미를 전달한다.[276]

무의미를 극복하려는 의지이다 은유는 말이면서 다시 해석되어야 할 말이다. 그것은 경험이 언어로 변환되는 지점에 은유가 있다는 것이

274) Ibid.
275) 정희자, "삶으로서의 은유," 『부산외대논총』 (1999. 2): 243.
276) 양유성, op. cit., 148-149.

다. 은유를 해석하면서 우리는 이미 있는 의미 안에서 자신의 의미를 발견한다. 그래서 은유는 이미 한 말이 아니라 할 말 자체이다. 거기에는 은유의 풍요로움이 있고, 무의미를 극복하려는 의지가 들어 있다. 따라서 언어는 할 말에서 생기고, 할 말은 무의미를 극복하려는 의지이다. 은유의 역할은 무의미의 극복에 있다.[277]

새로운 의미를 창출하게 한다 은유의 힘은 기존의 패러다임에서 새로운 패러다임을 갖게 한다. 따라서 은유는 단순한 상상력이 아니라 새로운 의미를 통해 세상을 그려 내고, 새로운 세상을 만드는 역할을 한다.[278] 이러한 과정을 통해 사물을 바라보는 시각을 바꾸도록 도와준다.

신뢰감을 형성하게 한다 은유는 서로의 의사소통을 활발하게 한다. 특히 은유는 내담자에게 자신의 감정을 간접적으로 잘 표현할 수 있도록 허용해 줌으로써 관계 형성에 도움을 준다.

외재화 대화의 위치도

외재화 대화가 상담의 모든 과정에서 꼭 필요한 것은 아니다. 사람들의 정체성이 그들이 해결하고자 하는 문제들에 의해서 구성되지 않는 사람들도 많이 있다. 또한 외재화 질문 없이도 풍부한 이야기로 진입할 수 있는 경우도 있다. 그럼에도 불구하고 이 외재화 대화는 좋은 친구처럼 많은 사람들의 문제를 해결하는 데 도움을 준다.[279]

277) 한국기호학회, 『은유와 환유』 (서울: 문학과지성사, 1999), 32−39.
278) 양유성, op. cit., 151.

상담자가 외재화 대화를 하기 위해서는 상담자의 언어 사용에 있어서 전환이 필요하다. 상담자의 언어, 단어 선택과 진술, 질문하는 방식 등이 매우 중요하다. 왜냐하면 단어의 선택과 진술 그리고 질문하는 방식에 따라 내재화된 대화가 효과적으로 외재화된 대화로 바뀔 수 있기 때문이다.[280] 이 단계는 내담자의 구조화된 기존 개념을 해체시키고 새로운 의미를 창출하기 위해 필요한 단계이다.

내담자가 자신의 삶을 어둡게 묘사하는 가운데 때로는 예외적으로 자신의 삶 속에서 긍정적으로 이야기하는 순간도 있다. 상담자는 이야기를 들으면서, 그 가운데서 긍정적이고 예외적인 이야기들을 듣는 것이다. 즉, 빈약한 이야기와 대조되는 이야기들을 잘 파악하면서 듣는 것을 해체적 경청이라고 한다. 이러한 해체적 경청을 통해 예외적인 상황들을 찾는 것이다.

해체적 경청을 통해 상담자는 내담자 문제에 대한 조감도를 그린다. 이것을 이야기 상담에서는 위치도position map라고 한다. 위치도는 외재화 대화를 만들기 위해 필요하다. 위치도는 내담자의 부정적인 진술과 문제 있는 결론을 알게 해 주며 상담자의 위치도 분명하게 해 준다.

외재화 대화의 단계는 경험과 가장 근사한 문제에 대한 규정을 협의하는 단계, 문제의 영향력을 탐구하는 단계, 문제의 영향력을 평가하는 단계, 문제의 영향력 평가를 타당화하는 단계로 이루어진다. 이러한 과정을 거침으로써 내담자와 문제를 효과적으로 분리할 수 있다. 다음 페이지의 [그림 5-1]은 외재화 대화의 단계를 위치도로 설명한 것이다.

---

279) M. White, *Maps of Narrative Practice*, 59.
280) Allis Morgan, op. cit., 34.

그림 5-1 외재화 대화의 위치도[281]

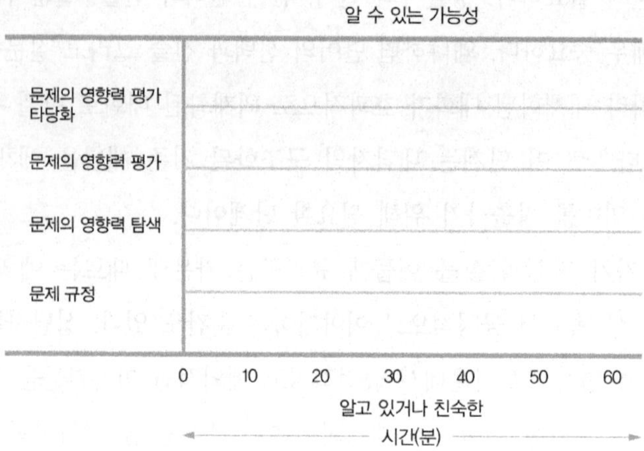

그림에서 아랫부분의 '알고 있거나 친숙한' 부분은 내담자의 과거의 경험을 의미한다. 즉, 이미 알고 있거나 친숙한 것들을 나타낸다. 그림 윗부분의 '알 수 있는 가능성'은 미래에 알 수 있는 가능성을 표시한 것이다.

외재화 대화의 과정은 내담자와 내담자의 문제 상황에 따라 변화할 수 있다. [그림 5-2]에 의하면 외재화하는 대화가 직선적으로 나아가지만, 현실에서는 엄격히 직선적인 진전이 드물다. 현실에서는 단계 간의 상호 관계가 복잡하게 얽혀 있으며, 그 과정이 반복되기도 한다.[282] 따라서 상담자는 외재화 대화의 과정이 고정된 것이 아니라, 내담자와 내담자의 문제 상황에 따라 변할 수 있음을 알고 있어야 한다. 즉, 외재화 대화의 과정은 고정된 틀을 따르지 않으며, 내담자와 내담자의 문제 상황에 따라 유동적으로 변화해야 한다.

281) M. White, *Maps of Narrative Practice*, 55–58.
282) Ibid.

그림 5-2 외재화 대화의 진행 과정

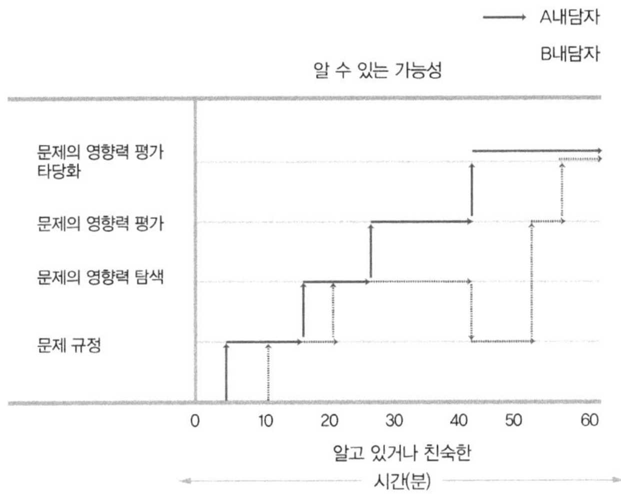

외재화 대화의 단계와 질문법

외재화 대화의 과정은 내담자에게 자신의 지배적인 문제의 영향에 맞서서 행동할 수 있는 기회를 제공하는 공간을 만들어 준다. 외재화 대화는 직선적인 과정이 아니다. [그림 5-3]에 있는 외재화 대화의 단계에 의해 대화가 형성되더라도 항상 직선적으로 진행되지는 않는다.283)

외재화 대화는 하나의 단계가 완성되어야만 다음 단계로 넘어가는 과정이 아니다. 외재화 대화는 일관성이 요구되는 선형적인 과정인 동시에 끊임없이 반복되는 순환적인 과정이다. 그것은 순환적인 과정에

283) Ibid., 59.

그림 5-3 외재화 대화의 단계

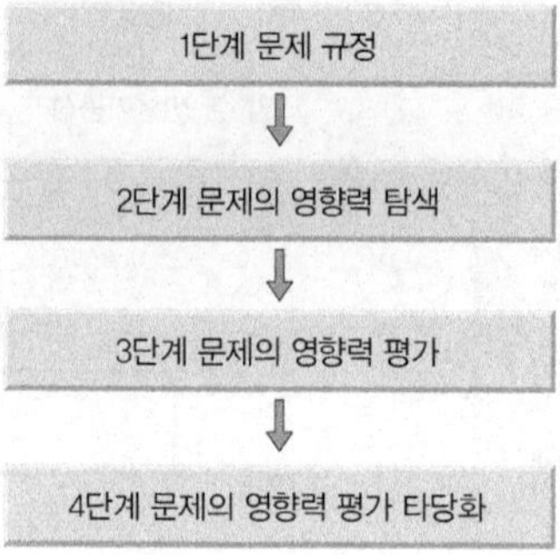

서 수정 과정이 끊임없이 되풀이된다.

외재화 대화에서 '문제의 규정', '문제의 영향력 탐색', '문제의 영향력 평가', '문제의 영향력 평가 타당화'의 순으로 항상 진행되는 것은 아니며, 외재화 대화의 모든 단계는 창조적인 작업이다.

단계 1: 문제 규정

문제 규정 → 문제의 영향력 탐색 → 문제의 영향력 평가 → 문제의 영향력 평가 타당화

외재화 단계의 첫 번째 단계는 내담자의 문제를 규정하는 것이다. 문제를 규정하는 단계는 문제를 경험에 근접하게 정의하기 위한 공동의 노력 단계이다. 이러한 노력은 많은 것을 가능하게 해 준다. 문제에 대해 정의를 내릴 때 가장 중요한 것은 문제를 '전문가적 지식'의 영역으로부터 개인 자신의 해결 지식이 활용될 수 있는 영역으로 옮기는 것이다.

즉 외재화 대화의 첫 번째 단계는 문제의 외재화된 정의에 대한 협상negotiation을 통해 내담자의 삶에서 문제의 의미를 정확하게 찾아내는 것이다. 이것은 문제를 비구조주의적으로 정의를 내리는 것이라고 할수 있다. 필자가 상담한 사람들은 대부분 자신을 규정하는 특정 단어들을 사용하고 있었다. 그들은 자신을 "내가 문제", "자신감 없는", "우울한", "욱하는 성질", "게으른 놈", "못된 년", "폭식하는" 등으로 묘사하였다. 이들은 이 단어들이 자신들을 잘 표현하는 단어라고 생각하고 있었다. 그들은 이러한 단어들을 사용하면서 그 단어들과 자신을 동일시하고 있었다.

여기서 상담자는 내담자에게 다른 방법으로 문제를 어떻게 부를지 찾아가게 한다면 보다 많은 가능성을 열어 줄 수 있을 것이다. 상담자가 이러한 공간을 여는 질문을 하면, 내담자는 자신의 이해와 경험에 더 잘 맞는 방법으로 문제를 외재화하게 되며, 이러한 과정을 통해 내담자는 이 문제가 자신의 삶에 미치는 영향을 객관적으로 바라볼 수 있게 된다.

화이트가 제시한 한 예에 의하면, 제리가 '주의력 결핍증ADHD'의 진단을 받은 경우, 제리의 행동에 대해 전문가가 내린 주의력 결핍증세가 아니라 자신의 행동과 문제에 대해 제리 자신이 경험한 것으로 정의를 내리게 하는 것이다. 즉 주의력 결핍증의 진단을 받은 제리가 자신의 문제에 대한 경험에 근접한 정의를 내리는 과정을 통해서 문제를 '불안과 두려움에 대한 목소리의 영향'으로 파악할 수 있을 것이다. 제리는 '주의력 결핍증'을 다루는 데 있어서 전문가로부터 지원을 받은 것 외에 이미 불안과 두려움의 영향을 다루는 본인 자신의 기술과 지식을 가지고 있을 수 있다.[284)]

---

284) Ibid., 40-41.

그리고 내담자의 지식이 전문가적 지식과 상당히 다른 경우에 다음과 같은 질문을 통해 문제에 대한 내담자의 경험과 정의를 들어 볼 수 있을 것이다.285)

- "당신이 (예: 주의력 결핍증)이라고 말할 때, 이것은 무엇을 의미합니까? 조금 더 설명해 줄 수 있습니까?"
- "당신이 (예: 주의력 결핍증)이라고 말할 때, 이것에 대해 어떻게 생각하십니까?"
- "당신이 (예: 주의력 결핍증)이라고 말할 때, 무엇을 의미하는지, 내가 당신을 이해하도록 도와줄 수 있습니까?"
- "내 경험으로 볼 때, 다른 종류의 (예: 주의력 결핍증)이 있습니다. 당신이 경험한 (예: 주의력 결핍증)에 대해 좀 더 얘기해 줄 수 있습니까? 그러면 좀 더 정확한 이름이 떠오를 수도 있을 것 같습니다."

이와 같이 문제를 규정한다는 것은 문제의 정체성을 드러내는 것이다. 상담자는 처음부터 문제를 사람들과 분리된 것으로 보고, 그 문제에 대한 내담자의 생각을 말하도록 요청한다. 이것은 내담자가 자신의 문제를 찾을 수 있도록 도와주는 질문이다. 이러한 질문은 내담자가 자신의 문제를 명확하게 알지 못했을 때, 자신의 문제를 찾을 수 있도록 도와주는 질문이다. 곧 이것은 내담자가 지니고 있는 문제의 정체를 드러내는 질문이다.

문제의 정체를 드러내는 것은 문제가 어떤 외적 요인들에 의해 내담자 자신에게 와서 그의 생활에 곤란을 초래하는 원인임을 알게 하는 것이다.

---

285) Ibid., 42–43.

문제를 규정하는 단계는 구체적으로 다음과 같은 두 가지 기법이 유효하다. 이 기법들은 상담자의 역량이나 상담 상황에 따라 유동성이 있지만 대체로 내담자의 문제 이야기에서 문제의 정체를 드러내는 데 유용한 기법들이다.

문제를 규정하는 질문법 1: 술어로 표현하는 문제를 주어로 전환하라

내담자가 빈약한 이야기를 할 때, 상담자는 빈약한 이야기의 핵심적 내용과 핵심 단어를 파악하고, 파악한 핵심 문제 단어를 주어로 바꾸어 이야기하도록 한다. 보통 사람들은 자신의 문제를 이야기할 때 핵심 문제 단어를 술어로 사용한다. 예를 들어, 일반적으로 사람들은 다음과 같이 말한다.

"나는 자신감이 없다. 나는 열등한 사람이다. 나는 우유 부단한 사람이다." 이들의 문장은 '나는 … 이다. 나는 … 하다.'라는 형식으로 표현된다. 이때 지배적 문제를 규정하기 위해서는 내담자가 문제라고 말하는 술어를 주어로 바꾸어 말하면 된다.

내담자가 "나는 우유부단한 사람입니다. 어떻게 하면 좋을까요?"라고 말하였다면, 문제의 정체를 드러내는 방법은 "우유부단함이 당신을 힘들게 하는 것 같군요?"라고 주어와 술어를 바꾸어 말하면 된다.

필자가 상담한 사람 중에 한 내담자가 생각난다. 그 내담자는 주위 사람들로부터 계속 들어 왔던 말이 "너는 왜 그렇게 징징대니?" "너는 왜 자기 생각을 드러내지 못하니?" "너는 왜 그렇게 말이 없니?" 등이었다. 이러한 말들은 그 내담자를 위축되게 만들었고, 더욱더 사람들과의 관계를 멀어지게 하였다.

이러한 이야기들에 의해 내담자는 이제 사람들 앞에서 자신의 생각과 견해를 이야기하는 것을 두려워하게 되었고, 대인관계에서 위축되게 되었다. 그는 필자에게 "선생님, 나는 사람들 앞에 서면 괜히 위축되고 불안하여 이야기를 잘 못하겠어요. 나는 정말 소심한 것 같아요."라고 말하였다.

그의 이야기는 지금 주변 사람 들이 들려준 이야기가 내재화되어 문제와 자신을 동일시하고 있다. 이때 내담자의 문제를 드러내는 방법은 문제와 자신을 분리하는 것이다. 내재화된 문제 이야기를 외재화한 대화로 바꾸면 다음과 같다. "위축감이 사람들 앞에서 이야기하는 데 어려움을 초래하는 것 같네요?"

이러한 질문은 내담자의 내재화되어 있는 문제에서 문제와 자신을 분리시키는 외재화 사고로 전환하도록 도와줄 수 있다. 그러므로 내담자 문제의 정체를 드러내기 위해서는 내담자가 문제로 말하고 있는 핵심 단어, 즉 술어를 주어로 바꾸어 말하도록 하면 된다.

내담자가 문제로 말하고 있는 술어를 주어로 전환하는 기법의 구체적인 내용은 다음과 같다. 이 기법을 공식적인 문장 형식에 맞추어 내담자로 하여금 자신의 핵심문제를 표현하도록 연습시킨다.

문제 이야기를 주어로 전환하는 질문법

상담자가 내담자 스스로 자신의 문제를 규정하게 하기 위해서는 내담자 자신이 말하는 문제 이야기를 주어로 바꾸는 질문의 방법과 단계를 숙지하고 있어야 한다. 이 여섯 가지 단계는 문제 이야기를 주어로 전환하는 질문법으로서 문제를 외재화하는 핵심적인 방법이다.

1단계 : 경청한다.
2단계 : 주 호소 문제를 파악한다.
3단계 : 핵심 단어를 파악한다.
4단계 : 파악한 핵심 단어를 주어로 표현한다.
5단계 : 파악한 핵심 내용을 목적어로 표현한다.
6단계 : 표현할 때 의문문으로 한다.

질문실습

"① 이 당신을 ② 하게 하는 것 같네요?"

①에는 단계 4인 파악된 핵심 문제(단어)를 넣어서 표현하면 된다.

②에는 단계 5인 파악된 핵심 주제를 넣어서 표현하면 된다.

[상담 사례 1]

내담자(내재화된 진술) : (대입 수능을 준비하고 있는 재수생) "저는 제가 너무 한심해요. 좋은 점수가 나오는 것도 아니고, 그렇다고 지금 열심히 공부하는 것도 아니고…."

상담자(외재화 대화) : "한심함이 공부에 대한 당신의 의욕을 잃게 한 것 같군요?"

[상담 사례 2]

내담자(내재화된 진술) : "나는 다른 사람들과 대화를 하는 것이 두려워요. 나는 정말 문제가 많은가 봐요."

상담자(외재화 대화) : "대화에 대한 두려움이 사람과의 관계를 힘들게 하는 것 같군요?"

[상담 사례 3]

내담자(내재화된 진술) : "앞으로 어떻게 돌아가게 될지 걱정입니다. 운전을 하는데 화가 나면 술을 마시고 2~3일간 손을 놓고 있을 때가 있습니다. 우울증, 의심증으로 정신과 약을 먹고 있습니다. 화가 나면 술을 마셔서 풉니다."

상담자(외재화 대화) : "화가 더욱 술을 마시게 하고 일을 하는 데 어려움을 주는 것 같군요?"

[상담 사례 4]

내담자(내재화된 진술) : "저는 현재 제 일자리에 대해 매우 실망을 하곤 했습니다. 그것이 제가 술을 많이 마시게 되는 이유라고 생각합니다."

상담자(외재화 대화) : "일에 대한 실망이 당신을 술을 마시게 하는 것 같군요?"

문제를 규정하는 질문법 2 : 문제에 이름 붙이기(의인화 기법)

해체질문deconstruction questions은 문제를 외재화하는 질문이다. 외재화하는 과정에서 중요한 사항은 문제를 내담자와 분리시키는 것인데, 이것을 하기 위해서는 문제를 의인화하는 것이 도움이 된다. 예를 들면, 우울증의 내담자에게 우울을 내담자와 분리시키고 의인화하여 "우울이 당신 귀에 무엇이라고 속삭입니까?"라고 묻는 방식이다.

해체질문은 구조화된 기존 개념을 파괴하여 새로운 의미와 가치를 재창출하기 위한 질문 기법이다. 이 질문은 내담자로 하여금 지배적인 문제 구상으로부터의 해방을 추구하고 문제의 영향으로부터 벗어나도록 돕는다. 이 과정은 은유를 통한 문제 파악과 새로운 의미 창출을 위한 단계이다.

문제는 언제나 의인화된다.[286] 사람들이 문제에 대해 이름을 붙이는 것은 외재화의 시작이다. 문제 이야기를 외재화하는 데에는 문제에 대한 의인화가 효과적인 방법이다. 문제에 이름을 붙이는 것은 문제를 조사해 보고, 문제를 다르게 생각해 볼 수 있는 방식이기도 하다. 이것은

286) Michael P. Nichols and Richard C. Schwartz, *The Essentials of Family Therapy*, 270.

시적이며, 흥미진진한 것이다.287) 문제에 이름을 붙임으로써 그 문제를 실체화할 수 있고, 내담자가 그 문제를 객관적으로 볼 수 있게 된다. 문제를 밖으로 드러내는 데에는 은유로 표현된 단어들을 사용할 수 있다.

이처럼 문제에 이름을 붙이게 하면, 그 문제를 다른 관점으로 바라볼 수 있는 공간을 제공할 수 있다. 이 공간은 내담자에게 그 문제의 영향에서 자신의 자리를 새롭게 이야기할 수 있게 해 준다.

문제에 이름을 붙일 때에는 명사, 형용사, 동사 등을 사용할 수 있다. 그리고 상징이나 그림 등으로도 나타낼 수 있다. 문제에 새로운 이름을 붙이는 데에는 정해진 틀이나 방법이 있는 것이 아니다. 내담자가 그 문제에 대해 이름 붙이기 쉽고, 이해하기 쉬운 이름을 붙이면 된다. 내담자가 자신의 문제를 가장 적절하게 잘 표현할 수 있는 것으로 이름을 짓는 것이 좋다.

문제에 이름을 붙일 때에는 상담자가 작명하는 것이 아니라 내담자가 직접 그 문제에 이름을 짓도록 해야 한다. 이때 상담자는 내담자가 그 문제에 대한 이름을 지을 수 있도록 질문을 해 주어야 한다. 이렇게 문제에 새로운 이름을 붙임으로써 내담자는 그 문제를 극복할 수 있는 것으로 인식하게 된다.

38세인 김달수(가명)는 최근 음주로 인해 의식을 잃고 응급실에 실려 간 경험이 있다. 평소에도 음주로 인해 부인과 불화가 있었는데, 이 일로 인해 크게 위기의식을 느끼게 되었다. 그는 최근에 와서야 반복되는 음주 때문에 겪게 되는 문제로 인해 더욱 심각하게 위기의식을 느

---

287) Jill Freedman and Gene Combs, *Narrative Couple Therapy... and a Whole Lot More! A Collection of Papers, Essays, and Exercises*, 허남순 등 역, 『이야기 치료의 이론과 실제: 부부치료를 중심으로』 (서울: 학지사, 2006), 46-47.

끼게 되었다. 그는 상담을 하면서 처음으로 자신의 잘못된 음주 습관과 행동 내력에 대해 이야기하였다.

그는 자신을 용서 못할 사람이라고 말했고, 항상 자신은 문제의 중심에 있으면서도 문제를 회피하는 사람이 라고 털어놓았다. 심지어 그는 자신이 느끼는 자괴감과 아내와의 갈등이 술로 인한 것임을 자각하고 있었다. 그리고 자신이 술을 끊어야 한다는 것도 알고 있었다. 또한 자신이 술을 마시고 잘못된 행동을 하는 것이 술을 좋아하는 아버지를 원망하면서도 아버지를 그대로 닮아 가고 있는 행동임을 알고 있었다. 그는 술을 끊고자 하는 생각은 있었는 데, 의지적 결단과 행동적 실천이 부족하였다. 그러면서 그는 자신이 회복 불가능하며, 술을 멈출 수 없는 자신에 대해 자학하는 생각까지 하게 되었다고 말했다. 김달수의 자괴감과 이를 보는 내가 느끼던 안타까움으로 인해 우리의 대화를 이어나가기가 힘들 정도였다.

외재화 대화의 위치도를 따라가면서, 상담자는 김달수 자신이 자신에 대해 가졌던 이러한 모든 생각에 대해 이름을 지어 볼 생각을 하게 하였다. 그의 상황을 가장 잘 표현할 수 있는 이름이 무엇이겠는가? 그는 한참을 생각하고 난 후에 그 상황을 '조급함'이라고 부르겠다고 하였다. 그는 자신을 '더 이상 용서 못할 사람', '의지력이 약한 사람'이라고 표현하는 것 대신에 '조급함'에 영향을 받은 사람이라고 설명하 였다.

'조급함'이라고 이름을 붙이면서 김달수는 자신의 삶에서 이런 생각이 미치는 영향과 이러한 영향의 내력을 찾아가는 데 적극적으로 참여하였다. 그래서 상담자는 내담자의 '조급함'이 그의 삶에 작용한 것과 그 조급함에 대한 내담자의 지식, 경험, 지혜를 상담의 중심에 놓고 이야기를 할 수 있었다. 이것이 그 문제가 내담자 자신의 삶에 미친 영향과 관련해 내담자의 입장에서 표현할 수 있는 공간을 만들어 주었다.

내담자가 문제에 이름 붙이기를 할 때, 상담자는 내담자의 이야기 속에서 지배적인 문제에 가장 알맞은 이름을 붙이도록 질문을 한다. 그리고 그 이름의 의미에 대해서도 말할 수 있도록 질문해야 한다.

문제에 이름을 붙이는 방법 및 단계는 아래와 같다.

1단계 : 경청한다.
2단계 : 핵심 문제(단어)를 파악한다.
3단계 : 핵심 문제(단어)에 새로운 이름을 짓도록 한다.
4단계 : 이름을 표현할 수 있도록 질문한다.
5단계 : 이름의 의미에 대해 질문한다.

문제 이야기에 이름을 붙이는 질문법

내담자 스스로 문제를 규정하게 하기 위해서 상담자는 내담자의 문제 이야기에 이름을 붙이는 질문의 방법과 단계를 숙지하고 있어야 한다. 이 다섯 가지 단계는 지배적인 문제 이야기에 이름을 붙이는 질문법으로서 내담자를 외재화 사고로 전환하는 핵심적인 방법이다.

질문실습

이 단계를 알게 해 줄 만한 질문에는 다음이 포함될 수 있다.

"우리가 이야기하는 동안 당신은 그 문제의 경험과 관련해 이러한 단어들을 언급했습니다. ①(여기에 파악한 핵심 문제 또는 단어를 삽입한다). 당신은 그 문제를 어떤 이름으로 부를지 궁금합니다."

"이 문제에 대한 이 이름이 당신이 생각할 때 적합합니까? 아니면 이 문제를 그대로 더 잘 설명해 줄 다른 단어가 있습니까?"

"만약 당신이 ①(단어 또는 파악된 문제)에 대해 새로운 이름을 붙인다면 당신은 어떤 이름을 붙일 수 있습니까?"

"새로운 이름의 의미가 무엇입니까?"

①에는 2단계에서 상담자가 파악한 핵심 문제 또는 단어를 삽입하면 된다.

[상담 사례 1]

내담자(내재화된 진술) : "저는 정말 신경이 날카로워요. 직장에서 집에 오면 아이들은 여러 가지를 원하고 거기에 응할 사람은 저 하나예요. 제가 그렇게 하지 않으면 집 안은 난장판이 돼요."

상담자(이름 붙이기 질문) : "날카로운 신경에 대해 새로운 이름을 붙인다면 어떤 이름을 붙일 수 있을까요?"

내담자(이름 붙이기) : "안경이요."

상담자(의미에 대한 질문) :"날카로움을 안경이라고 이름을 붙였는데, 그 의미가 무엇인지 말씀해 주신다면 제가 당신을 이해하는 데 도움이 될 것 같아요?"

내담자(의미에 대한 설명) : "안경은 저를 제어하는 중요한 역할을 해요. 그러나 이 안경이 다른 사람에 의해 뭉개지면 심하게 변형되지요. 평소에는 저를 제어할 수 있는데, 누군가 나의 삶을 뭉개 버리면 제어가 되지 않아요. 그래서 나도 힘들어지고 다른 사람도 힘들게 하는것 같아요."

[상담 사례 2]

내담자(내재화된 진술) : "술이 문제입니다. 술 때문에 문제가 이렇게 심각하게 되었어요. 저도 술을 끊고 싶고, 아내와 싸우고 싶지 않아요. 그러나 그것이 쉽게 되지 않네요."

상담자(이름 붙이기 질문) : "만약 당신이 이 술에 대해 새로운 이름을 붙인다면, 어떤 이름을 붙일 수 있겠습니까?"

내담자(이름 붙이기) : "침입자입니다."

상담자(의미에 대한 질문) : "'침입자'가 무엇을 의미하는지 설명해 주실 수 있습니까?"

내담자(의미에 대한 설명) : "술은 평화로운 우리 가정에 침입해서 그 평화를 깨뜨려 버렸어요."

[상담 사례 3]

내담자(내재화된 진술) : "밖에서는 말을 많이 하는데 집에서는 한두 마디도 안 합니다. 사람들에게 상처 안 주려고 하니 복장이 터집니다."

상담자(이름 붙이기 질문) : "만약 당신이 말하지 않는 자신에 대해 새로운 이름을 붙인다면, 어떤 이름을 붙일 수 있겠습니까?"

내담자(이름 붙이기) : "군인이라고 할 수 있습니다."

상담자(의미에 대한 질문) : "군인이라고 새로운 이름을 붙였는데, 그 의미가 무엇인지 말씀해 주실 수 있습니까?"

내담자(의미에 대한 설명) : "내가 군입대하고 얼마 지나서 어머니가 돌아가셨고, 군 제대 후 아버지가 돌아가셨습니다. 그래서 나는 군대 시절에 부모님을 잃었습니다. 그래서 나의 소중한 사람이 나의 곁을 떠날까 봐 두렵습니다. 늘 조심스럽습니다."

[상담 사례 4]

내담자(내재화된 진술) : "저는 직장에서 스트레스를 받았을 때나 외롭거나 우울할 때는 항상 술을 마십니다."

상담자(이름 붙이기 질문) : "만약 당신이 이 술에 대해 새로운 이름을 붙인다면, 어떤 이름을 붙일 수 있을까요?"

내담자(이름 붙이기) : "이 술을 연인이라고 하고 싶습니다."

상담자(의미에 대한 질문) : "당신은 술을 연인이라고 새로운 이름을 붙였는데, 어떤 의미인지 설명해 주실 수 있습니까?"

내담자(의미에 대한 설명) : "술은 내가 아무리 마셔도 나에게 핀잔을 주거나 그렇게 하지 않죠. 내가 화가 나거나 스트레스를 받았을 때, 나의 마음을 풀어주고 시원하게 해 주잖아요. 그래서 술은 나의 인생에 있어서 나에게 친밀함을 제공해 주는 연인과 같아요."

〈상담 사례 적용〉

아래의 상담 실습은 내담자 김슬기 씨와의 상담에서 사용했던 상담 내용이다.

하나, 문제 이야기를 주어로 전환하기

내담자 : "제가 우리 신랑한테 이러면 안 되는데 하도 속상해서… 말을 해도 반응이 없는 것 있죠. 우리 어머니는 아범한테는 걱정시키지 말라고 그러죠. 속이 부글부글 거려 죽겠는 것 있죠."

상담자 : "속이 부글거릴 정도로 끓어오르는 답답함이 사모님을 죽겠다고 할 만큼 힘들게 하는 것 같군요. 더욱이 신랑은 반응도 없고…"

둘, 이름 붙이기

상담자 : "슬기님은 그 상황에서 부글거리는 답답한 심정에 어떤 이름을 붙일 수 있어요?"

내담자 : "제가 마음을 바꾸기로 했어요. 이름을 붙인다면 '의사'라고 하려고요. 역할을 아무래도 의사처럼 해야 될 것 같아요."

셋, 의미에 대한 질문

상담자 : "의사요? 어떤 의미로 말씀하시는 건지요?"

내담자 : "병을 치료하는 역할이죠. 병이라고 생각하면, 우리 어머님도 결혼해서 지금까지 제게만 다 쏟아붓고 아들이나 시누이들은 모르도록 하라고 하잖아요. 죽는다면서 전화해서 가 보면 아들 앞에선 아무렇지도 않아요. 말도 그렇게 안 하고요. 아들이 없는 자리에서 제게만 다 쏟아놓아요. 시누이 이야기도요."

상담자 : "그럼 정말 시어머니를 환자로 보고 슬기님은 의사로서 자신을 생각하며…"

내담자 : "예, 그러면 부글거리는 제 마음에서 좀 떨어질 수 있고요. 시어머니를 좀 이해하고 봐 줄 수 있을 것 같아요. 우리 남편도 제가 그렇게 부글거려서 참았던 말을 막 하거든요. 그럴 땐, 가만히 제 눈을 못보고 있어요. 반응이 없으시거든요. 그런데 요즘은 저보고 어머니 때문에 수고가 많다는 말은 해요."

단계 2: 문제의 영향력 탐색

문제 규정 → **문제의 영향력 탐색** → 문제의 영향력 평가 → 문제의 영향력 평가 타당화

외재화 대화의 두 번째 단계는 개인의 삶에서 문제의 영향을 파악하고 명명하며, 도표화하는 것이다. 이 단계에서 내담자의 이야기를 듣고 알아내고자 하는 것은, 그들의 삶에서 차지하는 문제의 영향에 대한 개인의 지식이다. 문제 영향력을 탐색하는 과정에서는 그 문제의 영향이 언제, 어디서, 어느 정도의 기간에 걸쳐 가장 컸는지, 아니면 가장 작았는지에 대한 지식을 형성하는 구조를 만들어 간다. 또한 이러한 과정을 통해 상담자는 문제가 내담자 자신과의 관계, 타인과의 관계에 미치는 영향에 대해 살펴볼 수 있다.[288)]

이처럼 문제의 영향력을 탐색하는 것은 내담자가 그 문제로 인해 받았던 영향들과 가족이나 주위 사람들이 미친 영향을 주었던 것들을 캐내어 문제와 자신, 그리고 주위 사람들을 자리매김하는 과정이다.[289)] 이때 상담자가 주의해야 할 점은 문제의 영향력에 대해 탐색할 때 문

288) M. White, *Maps of Narrative Practice*, 43–44.
289) 김번영, op. cit., 176.

제가 내담자의 외부에 있는 것으로 말해야 한다는 것이다.

이처럼 상담 초기에 문제가 내담자의 삶에 끼치고 있는 영향력들에 대해 자세히 탐색하는 것은 중요하다. 그리고 빈약한 이야기가 내담자의 삶에 미치는 영향력을 넓게 그려 보고, 주의 깊게 탐색하는 데 시간을 들이는 것도 중요하다.[290]

상담자는 내담자의 경험이 내담자 자신의 삶에 영향을 미친 것에 대해 그가 어떻게 이해하고, 무엇을 알고 있는지 듣고 싶어 한다. 그리고 내담자의 이야기를 듣고 상담자가 이해한 것이 정확한지 확인하는 것이 필요하다. 이렇게 확인함으로써 내담자 자신의 삶에서 이 영향의 의미를 더욱 강화시킬 수 있기 때문이다.

또한 외재화된 문제 영향력을 탐색하는 것은 내담자의 지식에 대해 듣고 인정할 수 있는 방법을 제공한다. 즉, 상담자는 문제의 영향에 대한 내담자의 지식에 대해 들을 뿐만 아니라 이러한 영향을 관리하기 위해 그들이 가지고 있는 방법들에 대해서도 듣게 된다. 이러한 과정을 통해 상담자는 내담자의 지식을 상담 중심에 놓게 되고 이로써 내담자 경험의 복잡성과 구체성을 명확하게 말할 수 있게 해 준다.

문제 영향력을 탐색할 때 유의사항

상담자가 내담자의 문제 영향력을 탐색할 때 유의해야 할 사항을 알아 보자.

광범위함에서 점차 세밀하게 하라 문제의 영향력을 탐색할 때 처음에는 넓고 광범위하게 이루어져야 한다. 광범위한 탐색 후에 점점 더 구체적이고 세밀하게 탐색하는 것이 효과적이다. 이러한 과정을 통해 내담

---

290) Allis Morgan, op. cit., 59–61.

자는 자신의 과거를 돌아보고, 그 문제가 현재 자신의 삶에 어떤 영향을 끼치고 있는지, 미래에는 어떻게 해야 하는지를 알 수 있게 된다.

내담자가 해석하게 하라 문제의 영향력을 광범위하면서도 세밀하게 탐색하려면 상담자의 진단보다는 내담자에 의한 해석과 재해석이 지속적으로 이루어져야 한다. 이때 상담자의 역할은 질문을 통해 내담자의 이야기를 풍부하게 하는 것이다.

외재화 대화와 함께하라 문제 영향력의 탐색은 반드시 외재화하는 대화와 함께 이루어져야 한다.[291] 외재화 대화는 내담자가 문제로 표현하는 술어를 주어로 전환하여 표현하거나 은유를 통해 외재화하는 대화를 포함한다. 예를 들어, "당신의 위축감이 사람들에게 능력 없는 사람으로 보이게 하는 것 같군요?"라는 식으로 표현하는 것이다. 영향력을 탐색할 때 외재화하는 대화로 하지 않으면, 오히려 더 문제를 증폭시킬 수 있고, 내담자에게 그 문제에 대한 부정적인 감정을 더 심어줄 수 있다.

상담자는 독특한 자료들을 찾는 데 서두르지 말라 상담자가 너무 빨리 내담자의 능력을 돋보이게 하거나, 독특한 자료들을 찾아내려고 서두를 필요는 없다. 내담자가 상담자를 만나러 오기로 했다면, 이미 빈약한 이야기가 그의 삶에 상당히 중요한 영향력을 미치고 있기 때문이다. 그러므로 상담자는 경험들에 대해 경청하는 자세를 가지는 것이 중요하다.[292] 경청을 통해 상담자는 지배적인 문제의 영향력을 탐색하며, 내담자의 경험을 인정해 주는 것이 중요하다.

---

291) Ibid., 61.
292) Ibid.

문제 영향력 탐색의 유익한 점

상담을 할 때 내담자 문제의 영향력을 탐색하는 것은 중요하다. 문제 영향력 탐색 과정은 상담과정에서 상담자와 내담자에게 다음과 같은 유익함을 제공해 준다.

지배적인 문제를 명확하게 한다 문제 영향력 탐색의 질문들은 실타래처럼 엉킨 문제를 풀어 가도록 도와준다. 그 결과 문제는 점차 만져 볼 수있고, 그 문제에 이름을 붙일 수 있으며, 이겨 낼 수 있게 된다.[293] 외재화 대화를 통해 문제의 영향력을 탐색해 간다면 그 문제를 명확히 하게 되며 인정하는 과정이 된다. 문제 영향력 탐색은 문제가 그동안 조장해온 고립감을 축소시키며, 그 문제가 내담자에게 미친 영향을 명확히 함으로써 내담자가 온전하게 되어 가는 과정이 될 수 있다.[294]

독특한 자료를 찾는 길잡이 역할을 한다 문제의 영향력에 대한 탐색은 독특한 자료unique outcomes를 찾는 데 도움을 주며, 그 문제를 극복할 수있는 대안적 행동과 새로운 이야기를 재저작할 수 있게 해 준다. 특히 이러한 영향력 탐색은 내담자에게 새로운 정보를 제공해 줄 뿐만 아니라 내담자 주위에서 잊혀졌던 사건들이 드러날 수 있는 계기가 된다.[295]

문제를 해결할 수 있는 능력을 이끌어 낸다 문제의 영향력 탐색 과정은 사람과 문제를 언어적으로 분리시킨다. 영향력 탐색 질문을 통해

---

293) John M. Winslade and Gerald D. Monk, *Narrative Counseling in School*, 82.
294) Allis Morgan, op. cit., 61.
295) 김번영, op. cit., 176.

내담자는 자신이 싫어하는 생각과 감정을 붕괴시킬 수 있다.[296] 이러한 과정을 통해 내담자가 문제에 맞서서 대처하는 방식을 알아내도록 도와주고, 그가 끌어낼 수 있는 능력과 자질들을 돋보이게 해 준다.[297]

문제의 영향력 탐색 질문의 종류

문제의 영향력 탐색에는 여섯 가지 관련 질문들이 있다. 즉 자신에 대한 영향력 질문, 관계에 대한 영향력 질문, 미래의 의도에 대한 영향력 질문, 시간 경과에 따른 영향력 질문, 그리고 다른 맥락에서의 영향력 질문 등이다.[298] 문제의 영향력 탐색을 할 때에는 주로 '무엇이, 어떻게'라는 단어를 사용하면 된다.

자신에 대한 영향력 탐색 질문 문제의 영향력 탐색 질문은 그 문제로 인한 내담자의 기분에 초점을 맞추어 질문하는 것이 아니라 그 문제가 내담자에게 끼친 영향에 초점을 맞추어 질문하는 것이다. 예를 들어, 교사 임용고사를 준비하고 있던 수험생이 임용고시에 떨어졌다. 이때 상담자가 묻기를 "임용고시에 떨어져서 기분이 어떻습니까?"라고 물어 보는 것이 아니라 "임용고시의 낙방이 당신에게 어떤 영향을 주고 있습니까?"라고 질문하는 것이다.

문제와 내담자 자신과의 관계에 대한 영향력 질문 문제와 내담자 자신과의 관계에 대한 영향력 질문은 내담자의 자아에 대한 개념과 관련된 질문이다. 이 질문은 내담자가 자신을 어떤 사람으로 생각하고 있는지를 탐색한다.

---

296) John M. Winslade and Gerald D. Monk, *Narrative Counseling in School*, 82.
297) Allis Morgan, op. cit., 62.
298) 이현경, op. cit., 66.

따라서 이 질문은 내담자의 지배적 문제 이야기가 내담자 자신에게 어떤 영향을 미치고 있는지를 탐색하는 질문이다. 상담자가 내담자에게 지배적인 문제 이야기에 대해 새로운 이름을 붙이게 할 때, 내담자가 그 이야기를 '안경'이라고 한다면, 상담자는 이 '안경'이 내담자 자신에게 어떤 영향을 미치고 있는지 그리고, '안경'과 내담자와 무슨 관계가 있는지를 탐색하는 질문을 해야 한다.

질문실습

"이러한 ①이 당신이 스스로에 대해 생각할 때 어떤 영향을 미칩니까?"
"이러한 ①이 당신과 어떤 관계가 있습니까?"
"①이 당신에게 어떻게 하였기에 그렇게 생각하십니까?"

①에는 지배적 문제 이야기를 외재화된 대화로 바꾼 것을 말하면 된다.

"이러한 자괴감이 당신이 스스로에 대해 생각할 때 어떤 영향을 주고 있습니까?"
"안경은 당신과 어떤 관계가 있습니까?"
"안경이 당신에게 어떻게 하였기에 그렇게 생각하십니까?"

문제와 주변과의 관계에 대한 영향력 질문 문제와 주변과의 관계에 대한 영향력 질문은 내담자가 부모로서, 배우자로서, 엄마로서, 아내로서, 자녀로서, 자매로서, 형제로서, 동료로서, 지역사회 구성원으로서 자신에 대해 어떻게 생각하는지와 관련지어 탐색하는 질문이다.

▸▸▸ **질문실습**

당신은 ①을 ②라고 이름을 붙였는데 ②가 당신의 ③에게 어떤 영향을 미칩니까?"

"이러한 ②생각이 당신의 친구와의 관계, 가족과의 관계에 어떤 영향을 주고 있습니까?"

①에는 내담자의 파악된 핵심 단어(문제)를 삽입하면 된다.

②에는 내담자가 파악된 핵심 단어(문제)를 외재화한 단어를 삽입하면 된다.

③에는 내담자와의 주변 관계를 맺고 있는 중요한 타자를 삽입하면 된다.

"당신은 당신의 날카로운 신경을 안경이라고 이름을 붙였는데, 그 안경이 당신의 아내에게 어떤 영향을 미칩니까?"

[상담 사례]

상담자 : "슬기님의 속이 부글거리는 답답함을 의사라 이름 지었는데, 이 의사는 당신의 남편에게는 어떤 영향을 미칩니까?"

내담자 : "예전하고 다르게, 예전에는 견디다 못해 다 쏟아부으면서 다투거든요. 제가 성깔대로 합니다, 선생님!"

상담자 : "그러면 슬기님은 어때요?"

내담자 : "속은 시원하지요. 근데 우리 남편이 말을 못하고 어쩔 줄 몰라 하고 피하거나 저보고 어머니를 이해하라는 소리만 하고 며칠을 서먹하게 생활합니다. 제가 결국은 불편한 게 싫어서 빨리 풀려고 하죠."

상담자 : "의사라고 하시면 남편한테는 어떻게 될 것 같아요?"

내담자 : "지금이… 그런데 제가 노력하거든요? 우리 남편이 좀 편해지고 제게 대화를 합니다. 고생이 많다고요. 우리 남편이 좋아지는 것 같아요."

문제와 미래의 의도와의 관계에 대한 영향력 질문 미래의 의도에 대한 영향력 질문은 내담자 자신의 희망, 꿈, 미래에 대한 감각과 관련되어 탐색하는 질문이다. 지배적인 문제 이야기가 장차 내담자의 일이나 희망에 어떤 영향을 주고 있는지에 대해 탐색하는 과정이다. 이러한 질문은 내담자 자신뿐만 아니라, 내담자에게 있어서 중요한 사람이 가지고 있는 미래의 의도에 대해서까지 탐색하는 과정이다.

이러한 과정을 통해 내담자는 문제 이야기가 자신의 과거와 현재뿐만 아니라 미래에까지 부정적인 영향을 끼치고 있음을 알게 되며, 그것에 대항하여 싸우고자 하는 힘을 갖게 된다.

질문실습

공식적인 문장 형식

"①이 장차 당신이 하고자 하는 일(의도)에 어떤 영향을 주고 있습니까?"

"①이 당신의 미래에 대한 희망에 어떤 영향을 미쳤습니까?

"①이 당신의 ②가 장차 하고자 하는 일(의도)에 어떤 영향을 주고 있는 것 같습니까?"

①에는 문제를 외재화한 단어를 말하면 된다.

②에는 내담자에게 중요한 타자를 말하면 된다.

"안경이 장차 당신이 하고자 하는 일(의도)에 어떤 영향을 주고 있습니까?"

"안경이 당신의 아내가 하고자 하는 모든 일에 어떤 영향을 주고 있는 것 같습니까?"

시간 경과에 따른 영향력 질문 시간이 경과해 가면서 사람의 삶이나 경험에 미치는 영향력에 변화가 생긴다. 시간의 맥락 안에서 바라보면, 그 문제는 고정되어 있는 것이 아니라 변화 가능한 유동적인 것으로 보일수 있다.[299)]

시간 경과에 따른 영향력 질문은 시간이 경과된 상태와 변화 상태에 대해 탐색하는 질문이다. 이러한 질문은 문제의 영향력이 더 컸거나 또는 더 작았던 시간들을 파악할 수 있게 한다. 시간 경과에 따른 영향력 질문은 물리적 시간으로서 며칠 또는 몇 시간이 지난 후에 영향력을 탐색하는 질문이다. 내담자 본인이 느낄 수 있을 정도로 급감하거나 급증한 영향에 대해 질문할 수 있다. 여기서는 구체적인 시간과 일자에 대해서 질문을 한다.

"이러한 생각은 시간이 지나면서 변하였습니까?"
"이러한 생각은 시간이 지나면서 어떤 영향을 주고 있습니까?"
"이러한 생각이 당신에게 가장 큰 영향을 주었던 때가 언제입니까?"

다른 맥락에서의 영향력 질문 우리가 영향을 받고 난 뒤에 삶의 상황이나 환경이 바뀐다. 상황이나 사건 등 환경의 변화에 따라 영향력이 얼마나 변화하는지에 대한 질문이다. 또한 주위에서 일어나는 사건과 배경과의 관계에서 영향력이 얼마나 변하는지에 대한 질문이다.

"이러한 생각이 더 큰 영향을 미치는 때나 장소가 있습니까?"
"이러한 생각이 영향을 덜 미치거나 그다지 큰 영향을 미치지 못하는 때나 장소가 있습니까?"
"이러한 생각이 든다는 어떤 경고 신호가 있습니까?

상담자는 위에서 열거한 문제의 영향력 탐색에 관한 여섯 가지 질문들을 내담자인 김달수에게 적용해 보았다.

상담자는 이러한 질문들을 하면서 내담자에게서 '조급함'이라는 단어가 떠오를 때마다 그가 이미 취하고 있는 행동들에 대해 들을 수 있

---

299) Alice Morgan, op. cit., 55.

었다. 그리고 그가 이러한 생각을 어떻게 다른 생각으로 전환하여 인식하게 되었는지에 대해서도 들을 수 있었다. 그러면서 그가 이러한 생각으로부터 자신을 보호하기 위해 취하였던 방법들과 행동들에 대해서도 듣게 되었다.

그러면서 그가 이러한 생각으로부터 벗어나기 위해 노력하였던 과정들에 대해서도 알게 되었다. 특히 그가 이러한 생각에 젖어 있을 때, 이러한 생각으로부터 벗어나기를 원하는 사람이 누구인지에 대해서도 알게 되었다. 그에게 있는 '조급함'으로 인해 야기된 문제로부터 벗어나기를 원하는 사람은 그의 어머니와 아내라는 것도 듣게 되었다. 특히 그는 술을 많이 마시는 아버지 때문에 힘들어하시는 어머니를 보면서 자기 자신은 '행복하고 평온한 가정'을 이루어야 한다는 원함이 있었다는 것을 발견하게 되었다. 그는 실제로 '조급함'이라는 용어보다는 오히려 '평온함'이라는 은유가 적합한 이름이라고 말하였다.

그는 이야기하는 가운데 자신이 진정 원하는 것이 '평온함'이라는 것을 찾아내었고, 그 '평온함'이 실제적으로 그의 원함에 잘 어울리는 것 같았다. 이후 '평온함'이 대화의 주제가 되었다.

이상의 사례에서처럼 상담자는 문제의 영향력 탐색을 통해 내담자의 지식, 의도와 희망을 명확히 파악해 낼 수 있는 공간을 만들어 낼 수 있다.

단계 3: 문제의 영향력 평가

문제 규정 → 문제의 영향력 탐색 → **문제의 영향력 평가** → 문제의 영향력 평가 타당화

외재화 대화의 세 번째 단계는 문제의 영향을 평가하도록 관련된 사

람에게 요청하는 것이다. 즉, 문제의 영향에 대한 내담자의 이야기를 듣고 나서, 그 영향을 평가하는 단계이다. 이 단계에서는 내담자가 스스로 문제의 영향을 평가하도록 한다. 상담자는 내담자에게 영향이 좋은지 나쁜지, 그리고 자신의 삶에서 이러한 영향을 가지는 것이 괜찮은지 아닌지를 평가해보라고 한다.[300]

사람과 문제를 분리해서 평가하는 것은 문제가 내담자에게 끼친 손해에 대해 새로운 시각을 갖게 한다. 자기 비난이 감소하게 되면, 사람들은 우울한 감정을 덜 느끼고 문제에 대해 도전할 수 있다는 생각을 하게 된다.[301]

이 단계에서 상담자가 문제의 영향력을 충분히 탐색하면, 각 효과에 대해 내담자의 생각을 물어봐야 한다. 그리고 각 영향에 대해 자유롭게 말할 수 있는 시간이 주어져야 한다. 상담자는 내담자의 경험과 행동의 의미에 대해 아무것도 미리 가정해서는 안 되기 때문에, 내담자에게 충분한 시간을 주는 것이 중요하다.[302] 따라서 문제의 영향력에 대한 평가는 내담자 자신이 해야 하며, 이러한 평가 결과를 내담자가 자신의 삶에 영향을 미치는 것에 대해 결단을 내리는 데 활용될 수 있다.

이처럼 어떤 문제의 영향을 이렇게 내담자 자신의 삶에서 평가할 때, 상담자는 적극적으로 내담자의 경험과 지식을 중심에 놓아야 한다. 이때 상담자는 자신의 해석과 평가를 제공하지 않으며, 상담자 자신의 관점에서 문제를 파악하지 않음으로써, 내담자가 자기 삶의 경험의 1차적인 저자가 되도록 돕는다.[303]

---

300) M. White, *Maps of Narrative Practice,* 44.
301) John M. Winslade and Gerald D. Monk, G, *Narrative Counseling in School*, 82.
302) Allis Morgan, op. cit., 63.
303) M. White, *Maps of Narrative Practice*, 44–45.

문제의 영향력을 평가하는 단계에는 해결 중심 상담에서 사용하는 척도 질문 기법이 유용하게 사용될 수 있다. 척도 질문은 상담자의 역량이나 상담 상황에 따라 유동성이 있지만, 대체로 내담자의 이야기에서 문제의 영향력을 평가하는데 필요한 기법이다.

문제의 영향력 평가는 내담자가 이 문제를 자신의 삶에서 '긍정적으로 보는가, 아니면 부정적으로 보는가?' 또는 '이 문제의 영향력은 그의 삶에서 바람직한 것인가, 아니면 바람직하지 않은 것인가?'에 대해 평가하는 것이다.[304] 이처럼 문제의 영향에 대해 자신이 스스로 평가하도록 내담자에게 질문하면, 내담자는 자신의 삶에서 자신에게 맞는 특별한 지식을 인식하게 된다.

상담자는 자신을 주변에 놓고 내담자가 문제의 영향을 구체적으로 평가하도록 하며, 내담자가 자신의 삶과 관련된 자신의 지식과 전문성을 인식하고 인정할 수 있도록 돕는다. 이러한 과정은 상담자에게도 내담자들이 가진 의도, 믿음, 가치, 목적에 대해 더 들을 수 있는 기회를 제공한다.

질문 1: 문제 영향력 평가 질문

이 단계에서 문제의 영향을 평가하는 질문이 다음의 실습 상자에 나와 있다.

질문실습

"그 문제가 당신에게 도움이 되었습니까, 아니면 도움이 되지 않았습니까?"
"그것은 좋은 일입니까, 아니면 나쁜 일입니까?"

304) 고미영, 『이야기 치료와 이야기 세계』, 172.

"그 일은 당신을 행복하게 합니까, 아니면 불행하게 합니까?"
"그것은 당신이 원하는 일이었습니까, 아니면 원하지 않은 일이었습니까?"
"그것은 당신에게 도움이 되는 것이었습니까, 아니면 도움이 되지 않는 것이었습니까?"
"이것이 당신에게 어울린다고 생각하십니까, 아니면 어울리지 않는다고 생각하십니까?"
"시험에서의 실패가 당신의 자신감을 떨어뜨렸습니까?"
"임용고시에서의 실패가 당신으로 하여금 그것을 포기하도록 만들고 있습니까?"

이러한 질문에서 알 수 있듯이, 평가는 단순히 이것 아니면 저것이라는 선택이 아니라, 경험의 복잡성에 따라 선택할 수 있는 여지를 제공한다.

질문 2: 척도 질문

척도 질문은 내담자가 지배적 문제 이야기에 의해 자신의 삶이 얼마나 많이 지배를 당했는가에 대한 보다 명확한 정보를 제공해 준다. 척도 질문은 문제 이야기의 영향력을 평가하는데 더욱 명확하게 하고, 그 영향력의 심각성을 탐색하기 위하여 만들어진 질문이다. 내담자에게 문제의 심삭성 징도나 영향력 등을 수치로 표현하도록 하는 질문이다.

척도 질문은 숫자의 마력을 이용하여 내담자에게 문제의 영향에 관한 평가 수준을 수치로 표현하도록 하는 방법이다. 이러한 척도 질문을 통해 상담자는 내담자 문제의 영향력을 보다 정확하게 알아볼 수 있으며, 내담자도 문제가 자신의 삶에 미치고 있는 영향력에 대한 보다 정확한 정보를 얻을 수 있다.

▸▸▸ **질문실습**

"1부터 10까지의 척도가 있습니다. 1은 그 문제가 나의 삶에 전혀 영향을 주지 않는 상태를 말합니다. 10은 나의 삶에 가장 심각한 영향을 주고 있는 상태를 말합니다. 지금 그 문제가 당신의 삶에 미치는 영향력은 몇 점이라고 생각합니까?"

[상담 사례]

상담자 : "의사로 이름을 지은 것이 슬기님에게 도움이 되었습니까? 아니면 도움이 되지 않았습니까?"

내담자 : "아 예, 확실히 지금은 제가 좀 나아요. 지난번보다도요. 지난번 상담 이후에 더 큰 일이 있었거든요. 근데 그렇게 이름 짓고 나니까 지금은 오히려 더 마음이 빨리 안정되고 괜찮아요."

상담자 : "1부터 10까지의 척도가 있어요. 슬기님, 1은 그 문제가 나의 삶에 전혀 영향을 주지 않는 상태를 말합니다. 또 10은 나의 삶에 심각한 영향을 주고 있는 상태를 말합니다. 지금 그 문제가 슬기님의 삶에 미치는 영향력은 몇 점이라고 생각합니까?"

내담자 : "지난번 제가 상담할 때는 거의 8에서 9 정도로 심각했어요. 지금은 한 5 정도요. 또 더 지나 봐야 되겠지만… 현재는 그 정도예요."

단계 4: 문제의 영향력 평가 타당화

문제 규정 ⟶ 문제의 영향력 탐색 ⟶ 문제의 영향력 평가 ⟶ **문제의 영향력 평가 타당화**

외재화 대화의 마지막 단계는 문제의 영향력 평가를 타당화하는 것이다. 내담자 자신만의 방법으로 영향력을 평가한 이유를 물음으로써 평가를 타당화하면서, 상담자와 내담자에게 이러한 타당화를 가능하게 한 가치, 믿음, 의도에 대해 말할 수 있는 공간을 만들어 준다.305) 문제의 평가에 대한 타당화justifying the evaluation는 내담자에게 자기 문제의 영향력 평가에 대한 자신의 입장을 확실하게 취하도록 유도하는 과정이다. 이 단계에서 중심적으로 사용할 수 있는 말이 '왜?'라는 질문이다.306) '왜?'라는 질문을 통해 내담자가 문제의 영향력에 타당한 평가를 할 수 있는 충분한 시간을 제공하는 것이다. 내담자에게 자신의 평가를 타당화시킬 수 있는 시간을 주는 것은 매우 중요하다.

이러한 과정을 통해 내담자는 빈약한 이야기에 반박하고 공격할 수 있게 된다. 또한, 이러한 과정을 통해 내담자는 빈약한 이야기에 파묻혀 있던 선호하는 이야기를 발견하게 되며, 그 이야기에 집중하게 된다. 자신이 선호하는 이야기의 발견은 내담자에게 문제 이야기에서 새로운 틈새를 찾을 수 있는 공간을 만들어 줄 뿐만 아니라, 그 문제에 대해 새로운 입장을 취하도록 초대하는 역할을 한다. 이것은 그가 지금까지 가지고 있었던 자신의 능력과 가치 그리고 삶에 대한 부정적인 의미에서 벗어나 경험과 행동에 대한 긍정적인 의미를 부여하며, 자신이 선호하는 이야기로의 전환을 이루는 계기를 마련해 준다. 내담자는 문제의 영향력 평가에 대한 타당화 작업을 통해 자신의 삶에서 전혀 관심이 없었던 독특한 자료들에 관심을 갖게 되고, 그것들을 새롭게 발견하게 된다.

이러한 영향력 평가의 타당화는 재저작 대화re-authoring를 위한 시작점을 제공한다.

---

305) M. White, *Maps of Narrative Practice*, 48.
306) Ibid., 49.

문제의 영향력 평가 타당화를 위한 질문법

내담자가 말하는 문제의 평가 영향력에 "왜?"라는 단어를 붙여 질문을 하면 된다.

예를 들어, 내담자가 "그 일이 나의 삶에 부정적인 영향을 주었습니다"라고 말하였다면, 상담자는 "그 일이 부정적이라면, 왜 부정적이라고 생각합니까?", "당신은 왜 부정적이라고 판단합니까?"라고 질문하면 된다.

▸▸▸ **질문실습**

"만약 ①이 ②하다면, 왜 그렇게 생각합니까? 또는 판단합니까?"
"당신은 문제의 이 영향이 당신의 삶에서 왜 부정적/긍정적이라고 판단합니까?"
"왜 이 영향이 당신의 삶에서 괜찮지 않다고 말합니까?"
①에는 내담자의 지배적 문제 이야기의 외재화한 문제를 말하면 된다.
②에는 내담자가 문제의 영향력에 대해 평가한 것을 말하면 된다."

[상담 사례]

상담자 : "지금 이 자리에서 슬기님은 지난번에 8에서 9 정도로 슬기님의 인생에 무엇이 영향을 주었다고 그러셨는데, 어떻게 그렇게 생각하셨나요?"

내담자 : "집에 경제력은 없고, 우리 남편은 직장 일만 잘하면 이런 문제가 없을 텐데, 앞으로의 일에 대해서 남편은 아무런 계획이나 생각이 없는 것 같았어요."

상담자 : "그러면 그런 상황이 슬기님 생각에 지금은 어떻게 바뀌어서 5 정도가 되었나요?"

내담자 : "시어머니도 연금을 좀 용도에 맞게 사용하시면 힘들어도 우리 집에서 챙겨 드리는 것은 할 수 있는데, 어머님 윗층에 사는 작은 시누이

한테 돈이 다 가고 식사도 반찬도 없이 맹물에 밥만 말아 드시고… 우리 어머님 식성이 좋으시거든요. 그렇다고 우리가 여유가 있으면 문제가 없지만, 그게 안 되잖아요. 그런데 우리 남편과는 얘기가 통하니까 어머니를 이해해야겠다는 생각이 많이 들어요, 의사처럼요.”

과정3

새로운 이야기 구성

이야기 상담의 과정 및 기술

과정 1 문제 이야기 파악

문제 이야기 파악

과정 2 문제 이야기 분리

외재화 대화

과정3 새로운 이야기 구성

독특한 자료 발견

재저작 대화

과정 4 새로운 이야기 강화

회원 재구성 대화

인정 의식

제 6 장

독특한 자료 발견

내가 오늘 무엇이 좋은지에 초점을 맞추면 나는 좋은 하루를 보내고, 무엇이 나쁜지에 초점을 맞춘다면 힘든 하루를 보내게 된다. 만약 내가 문제에 초점을 맞추면 문제는 증가하게 되며, 해답에 초점을 맞추면 해답이 늘어나게 된다.

- Alcoholics Anonymous

이야기 상담 과정

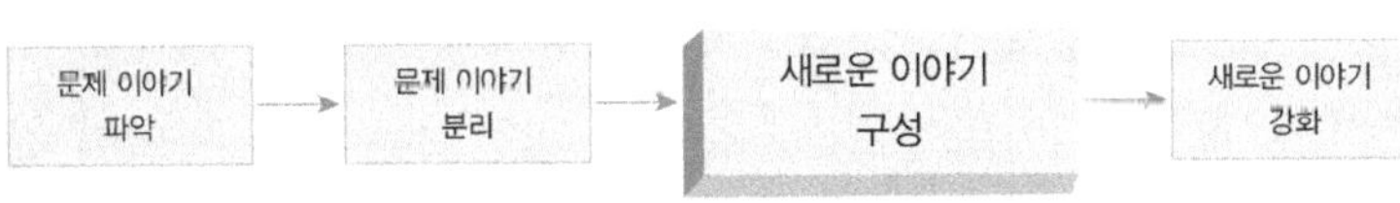

우리는 현재 이야기 상담 과정 중 '새로운 이야기 구성'에 와 있다. 새로운 이야기 구성 과정은 문제 이야기 분리 과정을 통해 문제로부터 내담자를 외재화하여, 내담자 스스로 자신의 '삶의 이야기'를 새롭게

구성하는 과정이다. 이 과정에서 사용하는 기법은 독특한 자료 발견과 재저작 대화이다.

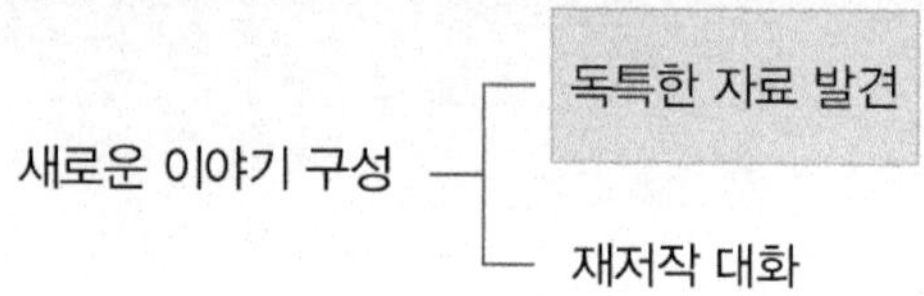

새로운 이야기 구성의 의의

내담자는 삶에서 부딪히는 어려움과 풀리지 않은 문제들로 인해 상담자를 찾아온다. 그들은 지금까지 자신의 삶을 지탱해 온 이야기로는 해결되지 않는 중요한 문제와 경험이 그들 앞에 놓여 있을 때 상담자에게 도움을 청한다. 내담자들이 원하는 것은 이러한 상황 가운데서 새로운 의미를 발견하는 것이다. 이때 상담자는 내담자의 이야기 안에 모순되는 이야기와 애매모호한 이야기, 심지어 전혀 이해가 되지 않는 이야기들이 있다 할지라도, 이러한 것들이 이야기의 의미를 만들어 내는데 풍부한 자원이 될 수 있다는 것을 항상 염두에 두어야 한다.[307]

철학자 헤라클레이토스Heracleitos는 "우리가 보는 강물은 이미 같은 강물이 아니다. 우리는 같은 강물에 두 번 발을 담글 수는 없다."는 말로 유명하다. 이 말의 의미는 아무것도 변하지 않고 그대로 머물러 있는 상태는 없다는 것이다. 우리의 삶은 매 순간 변화하고 있으며, 새로

307) M. White, *Re-Authoring Lives: Interviews and Essays* (Adelaide: Dulwich Centre Publications, 1995), 15.

운 것들을 만들어 가고 있다. 따라서 그 삶에 있는 이야기도 고정 되어 있는 것이 아니라 변화하고 있는 것이다. 사람들이 이야기의 변화에도 불구하고 문제 이야기에 머물러 있는 것은 문제 이야기에 함몰되어 있기 때문이다. 지배적 문제 이야기가 형성되기 이전의 삶의 이야기들을 무시하거나 관심을 두지 않았기 때문에 문제 이야기가 그의 삶을 지배하게 된 것이다.

내담자들이 문제 이야기로 살고 있다고 해도, 언제까지나 그 이야기로만 살고 싶어 하는 것은 아니다. 왜냐하면 내담자가 이야기하는 그 이야기는 그 사람의 삶 전체를 다 말할 수 없기 때문이다. 또한 내담자가 이야기하는 그 이야기가 그의 삶에서 겪게 되는 모든 사건과 경험들을 다 표현할 수 없기 때문이다.[308)]

따라서 이야기 상담에서 관심이 있는 것은 지금까지 내담자가 관심을 두지 않았거나 잊어버렸던 이야기를 찾는 것이다. 이전에는 문제 이야기에 가려져 빛을 발하지 않았던 이야기들을 발견하면, 그 이야기가 아무리 작더라도 새로운 힘을 발휘하게 될 것이다. 이야기 상담은 이러한 작은 이야기에 관심을 가지고 그것을 발견하여 삶을 새롭게 저작하도록 돕는 것이다.

이러한 작은 이야기는 생성적generative이다. 작은 이야기가 생성적이라는 말은, 만약 내담자가 자신이 살아온 삶 가운데서 그 문제를 극복하였던 의미 있는 이야기를 상기한다면, 새로운 이야기를 해 보려는 의지가 있을 것이라는 뜻을 내포하고 있다. 그러므로 문제 그 자체가 중요한 것이 아니라, 그 문제를 어떻게 인식하고 해석하느냐에 의해 문제

---

308) Ibid.

의 크기가 달라진다. 하나의 문제를 그 사람이 큰 문제로 해석하고 정의를 내릴 때, 그 문제는 그 사람에게 큰 문제가 될 뿐이다. 따라서 문제에 대해 내리는 사람들의 해석과 의미 부여가 문제의 크기나 문제에 대한 그 사람의 경험을 규정짓는다고 할 수 있다.

이렇게 발견된 작은 이야기는 사람들에게서 풍부한 이야기를 이끌어 낸다. 다시 말해, 문제가 크거나 작거나 상관없이 아무리 작은 이야기라 할지라도 그 작은 하나의 이야기가 빈약한 이야기를 풍부한 이야기로 이끌어 간다는 것이다.

이와 같이 작은 이야기는 실타래와 같이 그 연결고리를 찾으면 조금씩 새로운 이야기를 찾아내게 된다. 새로운 이야기를 구성할 때의 중요한 원칙은 내담자가 자기 자신의 이야기를 만들어 가는 것이다. 그러므로 아무리 작은 이야기라도 그 이야기는 풍부한 이야기로 안내하는 안내자 역할을 할 수 있다. 이러한 인식은 내담자에게 자신의 삶의 이야기에 대해 편안하고도 색다르게 접근할 수 있도록 도와준다.

인식의 전환

문제 이야기에 빠져든 내담자는 계속해서 빈약한 이야기를 붙들고 있을 것이다. 이 문제의 해결은 바로 내담자가 가지고 있는 지배적 문제 구상에 대한 인식을 전환시킬 때 얻어지는 것이다. 내담자의 문제는 내담자가 미리 하나의 지배적 문제 구상을 만들어 놓고 생각한다는 점이다.

우리는 어릴 때부터 많은 종류의 퍼즐 게임에 많은 시간을 투자해 왔다. 그리고 다양한 종류의 미로 게임을 하면서, 그 미로에서 길을 찾기 위해 많은 시간을 투자하였다. 퍼즐과 미로 게임을 할 때 중요한 원리는 좀 더 멀리서 바라보아야 해결의 실마리가 보인다는 것이다. 축구 선수들이 시합을 할 때 그들은 운동장 안에 있기 때문에 전체 경기를 볼 수 없지만, 감독은 운동장 밖에서 그 경기를 바라보기 때문에 해결책이 보인다. 이와 같이 우리들의 문제 이야기도 멀리서 바라보면 해결의 실마리를 찾을 수 있게 된다.

하나의 실험을 해 보자. 아래의 퍼즐에 있는 아홉 개의 점을 네 개의 선이 끊어지지 않도록 연결해서 모두 통과하도록 해 보라.

이 퍼즐 게임을 시작하면 우리는 어디에서 시작하든, 어떻게 연결하든 하나의 점을 남겨놓을 수밖에 없다.

왜냐하면 우리는 이 퍼즐을 바라볼 때, 우리들이 이미 가지고 있는 하나의 가정假定을 기준으로 생각하기 때문이다. 우리가 이미 가진 가정은 선들이 점 안에 있어야 한다는 것과 선들이 네모 형태를 형성해야 한다는 것이다. 이러한 가정에 의해 우리는 선이 점안에 있어야 한다고만 생각하였지, 점 밖으로 나가도 된다는 생각을 하지 못했다. 이러한 생각은 무의식 중에 우리가 스스로 만든 법칙에 불과하다. 스스로 만든 법칙에 의해 하나의 가정을 만들고, 그 가정에 의해 이 퍼즐을 풀 수 없게 된 것이다.

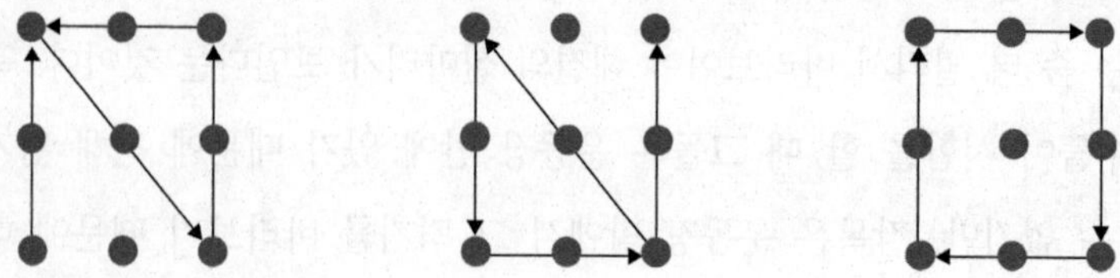

이 퍼즐을 풀기 위해서는 인식의 전환이 필요하다. 자신이 만들어 놓은 가정에서 벗어나 멀리서 그 퍼즐을 바라보면 해결의 실마리가 보일 것이다. 점 안에 선이 있어야 한다는 생각에서 벗어나서 선이 점 밖으로 나가도 된다는 생각을 해 보라. 그러면 해결의 실마리가 보일 것이다.

우리들이 어릴 때 얽힌 실타래를 풀 때에도 동일한 원리가 적용된다. 얽힌 실타래를 풀 때 중요한 원리는 보잘 것 없어 보이는 실의 끝을 찾는 것이다. 실 끝을 찾아서 거기서부터 시작하면 얽혔던 실들이 하나씩 풀리기 시작한다. 이 작은 실 끝이 전체 실을 풀 수 있는 중요한 실마리가 된다.

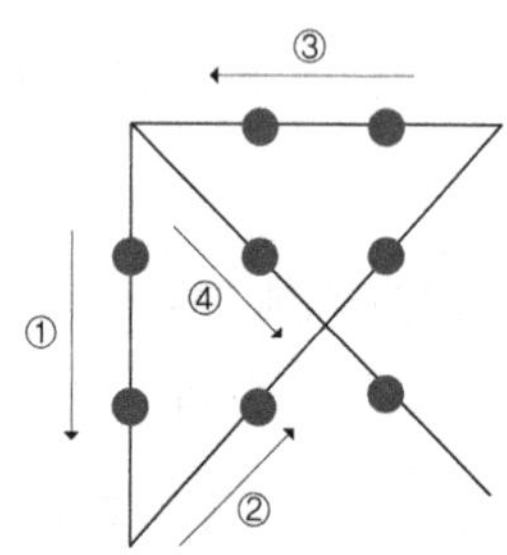

독특한 자료의 개념

이야기로 말미암아 지금까지 감춰져 있다가 드러난 독특한 자료들 unique outcomes이 새로운 이야기의 재료가 된다. 독특한 자료에 의해 새로운 이야기의 맥락이 창조된다. 독특한 자료는 새로운 이야기를 구성하는 데 중요한 실마리가 된다.

화이트M. White는 이 용어를 고프만E. Goffman에게서 차용했다. 우리가 어떤 경험을 삶의 사회적 체계 속으로 구조화할 때, 사회구성원들에게 기본적이며 공통된 요소들이 선호되는 까닭에 독특한 요소들은 등한시된다. 독특한 자료들에 이름을 붙이는 것과 독특한 자료들이 사람들의 삶에서 의도하는 것 그리고, 가치를 부여하는 것을 통해 반영되는 것이 무엇인지를 밝혀내는 과정 사이에는 큰 간격이 있다. 상담자의 역할은 이 간격을 메워 주는 것이다.[309]

독특한 자료는 문제 이야기에서 새로운 이야기로 나아가게 하는 문의 역할을 한다.

309) M. White, *Maps of Narrative Practice*, 232–233.

독특한 자료를 찾아내는 것은 내담자의 지배적 문제에 가려져 있던 장점들을 발견하고 탐색하는 것이다. 상담자와 내담자는 문제 이야기에서 독특한 자료들을 찾아낼 수 있으며, 독특한 자료들은 새로운 이야기를 구성하는 데 사용될 수 있다. 이렇게 발견한 독특한 자료는 빈약한 이야기에서 풍부한 이야기로 나가는 관문 역할을 한다. 독특한 자료는 새로운 이야기로 발전할 수 있는 출발점이 된다. 곧 독특한 자료는 새로운 이야기의 자료가 된다.

독특한 자료는 그 사람의 삶을 새롭게 이야기할 수 있도록 해 준다. 이렇게 되면 자신의 삶을 바라보는 관점과 각도가 달라진다. 그 다음부터는 자신의 삶을 새롭게 이야기할 수 있게 된다. 즉, 새로운 이야기를 구상할 수 있게 된다는 것이다.

틈새는 항상 있다

지배적 문제 구상에는 항상 틈새는 존재한다. 독특한 자료는 이 틈새를 찾음으로써 발견할 수 있다. 독특한 자료를 찾는 단서는 과거의 삶에서 내담자가 문제의 영향에 대해 저항했던 순간을 찾아 지배적 문제에 가려져 있던 독특한 자료가 수면 위로 드러나도록 한다. 이러한 과정을 통해 문제에 가려져 있던 장점과 강점들이 발견되고 탐구된다.

우리는 삶을 살아가면서 많은 이야기를 듣는다. 이러한 이야기를 통해 우리는 몇 가지 신념과 규칙들을 내재화한다. 신념과 규칙들이 내재화되면 그 이후에 경험하는 모든 것들은 내재화된 신념에 의해 의미가 부여되고 해석된다. 이야기 상담에서는 이 내재화된 신념과 규칙을 지배적 구상이라 한다.

지배적 구상dominant plot은 내담자 삶의 중심에 위치해 있는 이야기를 의미한다. 내담자가 어떤 지배적 구상을 가지고 있느냐에 따라 내담자가 자신의 삶을 바라보는 관점이 달라진다. 지배적 구상이 부정적 요소로 구성되어 있으면 내담자는 자신의 경험이나 사건들을 부정적으로 해석하게 될 것이며, 긍정적 요소로 구성되어 있으면 그 사람은 자신의 경험이나 사건들을 긍정적으로 해석하게 될 것이다. 흔히 지배적 구상은 자석과 같다고 하는데, 그 이유는 이것이 삶의 크고 작은 많은 경험들과 정서들을 그 속으로 끌어들여서 그 관점으로 해석하기 때문이다.

예를 들어, 얼마 전 필자는 강박증을 앓고 있는 고등학생을 상담하였다. 만약 상담의 목표가 강박증을 없애야 할 문제라고 생각하면 그 문제의 원인을 찾게 될 것이다. 그러고는 강박증을 가지게 된 원인에 대해 초점을 맞추게 되고, 불안과 두려움을 느끼는 때에 모든 초점을 맞추게 될 것이다. 상담자와 내담자가 불안과 두려움을 느끼는 때에 초점을 맞추면 맞출수록 그 두려움은 더 커지게 될 것이다.

이야기 상담에서 독특한 자료를 찾는다는 것은 불안과 두려움을 느꼈던 때가 아니라 그 두려움을 느끼지 않았던 때를 찾는 것이다. 지배적 문제 이야기에서 문제에 대한 예외를 찾는 것은 문제가 있었던 시점과 문제가 없었던 시점을 구분할 수 있도록 해 준다. 지금까지 문제가 있었던 그 시점에 함몰되어 있던 것에서 벗어나, 문제를 느끼지 않았던 시점을 발견한다는 것은 새로운 삶의 이야기를 만들어 가는 데 출발점이 될 것이다.

내담자는 이야기하는 과정을 통해 새로운 경험을 하도록 초청받는다. 이러한 새로운 경험들은 독특한 자료들을 찾게 하며, 독특한 자료는 새로운 이야기를 위한 소재로서 사용된다.310) 화이트는 독특한 자료들을 찾는 단서를 다음과 같이 제시하고 있다.311)

독특한 자료를 찾는 단서들
● 행동
● 생각
● 행동하려는 의도
● 특별한 능력
● 문제 극복 방법에 대한 지식
● 문제화하지 않은 타인들의 반응
● 문제를 문제화하지 않은 인간관계
● 문제의 영향이 그렇게 강하게 보이지 않았던 순간
● 문제의 영향을 받지 않은 채 남아 있는 삶의 영역

상담자는 이러한 단서들이 나타나면, 언제든지 이것들을 들추어 낼 필요가 있다. 이러한 단서들에 대해 내담자에게 질문을 함으로써, 독특한 자료들을 찾아내고, 이를 발전시켜 나가는 것이 중요하다.

독특한 자료에 대한 질문의 유익한 점

독특한 자료를 찾는 대화는 다음과 같은 유익함을 제공해 준다.

예외 상황이 더욱 분명해진다

상담자가 어떤 독특한 자료에 대해 질문할 때, 내담자는 지배적인 문제의 영향력에서 벗어나 그 문제로부터 자유로웠던 상황들을 더욱

310) 고미영, "이야기 치료와 가족치료," 16.

311) M. White, "The Process of Questioning: A Therapy of Literary Merit?," in John M. Winslade and Gerald D. Monk, *Narrative Counseling in School*, 83.

명확하게 느낄 것이다. 그 상황이 분명하게 드러남으로써 내담자는 그 상황에 쉽게 접근할 수 있을 뿐만 아니라, 그 상황을 새롭게 활용하게 된다.

풍부한 이야기를 하게 한다

상담자는 어떤 사건이 지배적인 문제 이야기에 영향을 주지 않았던 예외적인 상황이나 시간과 관계에 대한 질문을 할 수 있다. 이 질문은 내담자의 삶과 관계들을 더욱 풍부하게 이야기할 수 있도록 도와준다.

독특한 자료를 찾기 위한 상담자의 자세

상담자는 외재화 대화를 하면서 독특한 자료를 찾기 위해 주의할 필요가 있다. 때때로 독특한 자료들은 이야기의 중간에 불쑥 튀어나오기도 하고, 내담자의 주목을 거의 받지 못하기도 한다. 왜냐하면 이러한 것들은 중요하지 않은 것처럼 보이기 때문이다.[312]

독특한 자료들이 문제 이야기 속에 묻혀 있으므로 그것을 놓치지 않으려면 주의 깊게 경청해야 한다.[313] 처음에는 아무 쓸모없는 것처럼 보이는 것에서도 하나의 실마리를 찾아내려고 노력하는 탐정처럼, 상담자는 다른 이야기로의 통로를 열기 위해 문제 이야기를 주의 깊게 들어야 한다.[314] 독특한 자료들은 내담자들이 가볍게 던지는 말 속에 묻어 있다. 내담자가 무심결에 말하는 그 속에 독특한 자료의 촉수가 묻어 있는 것이다.

---

312) Ibid.

313) Jill Freedman and Gene Combs, *Narrative Couple Therapy... and A Whole Lot More! A Collection of Papers, Essays, and Exercises*, 49.

314) M. White, *The Process of Questioning: A Therapy of Literary Merit?*, 83.

따라서 상담자에게는 내담자의 가벼운 말 속에 묻어 있는 독특한 자료를 발견할 수 있는 민감성이 필요하다.

상담자가 민감성을 가지기 위해서는 내담자의 이야기를 귀 기울여 듣는 경청하는 자세와 함께 '나는 알지 못한다'는 자세가 필요하다. 또한 상담자는 지배적인 문제 이야기를 해체시킬 수 있는 귀를 가지고 내담자의 이야기를 들어야 한다. 내담자가 자신의 문제를 이야기할 때 그 이야기 속에는 사소한 사건들이 있다. 또한 내담자는 이야기를 할 때 문제 이야기와 대항하였던 이야기를 하기보다는 오히려 문제에 점철된 이야기들만 하게 된다. 이때 상담자는 내담자의 이야기 속에서 빠뜨린 사소한 부분들을 들어야 한다. 그 후, 질문을 통해 내담자가 지배적인 문제 이야기 속에 있는 틈새를 찾을 수 있는 자료들을 발견할 수 있도록 도와야 한다.

윈스레이드J. M. Winslade와 몽크G. D. Monk는 그들의 책 『Narrative Counseling in School』에서 상담자가 독특한 자료를 찾을 때 유의해야할 점을 여덟 가지로 제안하고 있다.[315] 필자는 이 제안을 기초로 독특한 자료를 찾을 때 상담자가 가져야 할 자세를 다음과 같이 제시하고자 한다.

- 상담자는 독특한 자료를 찾을 수 있다는 신념을 가지고 시작하라. 내담자의 문제 이야기에 묻혀 있는 독특한 자료를 찾는 것은 결코 쉬운 일이 아니다. 독특한 자료를 찾는 것은 어려운 일이지만 상담자는 내담자의 문제 이야기 속에 독특한 자료들이 있을 것이라는 가정을 하고 시작하여야 한다.

---

315) John M. Winslade and Gerald D. Monk, op. cit., 84-85.

- 문제와의 관련성에 대해 내담자와 함께 논의하라.

  새로운 이야기를 구성하기 위해서는 변화에 대한 밑그림이 있어야 한다. 변화에 대한 새로운 그림을 그려 보기 위해 문제와 내담자와의 관련성을 내담자와 함께 논의하여야 한다.

- 내담자에게 문제의 지속성에 대해 질문하라.

  상담자는 내담자에게 문제가 지속되기를 원하는지 아니면 원하지 않는지를 질문해야 한다. 왜냐하면 문제를 극복하고자 하는 원함을 언어적으로 표현하는 것은 이를 성취하고자 하는 결심을 만들어 내는 데 중요한 단계가 될 수 있기 때문이다.

- 문제로 인하여 초래될 수 있는 결과에 대한 내담자의 기대를 경청하라.

  상담자는 내담자의 문제 이야기가 초래할 수 있는 일들에 대해서 내담자가 가지는 기대가 무엇인지 이해하려고 노력해야 한다. 내담자의 이야기에서 이러한 말을 들었을 때, 상담자는 일단 내담자의 이야기를 중단시키고, 내담자가 기대하는 결과와 그렇지 않은 결과들에 대해 더 많은 것을 물어보아야 한다.

- 성급하게 받아들이려고 하지 말라.

  내담자가 어떤 사건에 대해 이야기할 때, 그 문제가 우연히 사라진 것 같다고 말하면 이것을 성급하게 받아들이려고 하지 말아야 한다. 문제의 영향력이 클 때 사람들은 자기 행동의 중요성을 너무 쉽게 얼버무려 버리려고 하는 경향이 있다. 이러한 경우, 내담자가 다르게 생각할 수 있거나 다르게 행동할 수 있을 만한 것은 없었는지를 자세히 탐색해 보아야 한다. 상담자는 내담자 말의 이면을 깊이 생각해야 한다.

- 다른 사람에게 내담자의 유능함을 물어볼 수 있다.

  만약 내담자가 겸손해하며 자신의 유능함에 대해 말하려고 하지 않는다면, 상담자는 다른 사람들에게 내담자의 유능함에 대해 물어볼 수도 있다.

- 예외 상황에 대해 물어보라.

  상담자는 내담자에게 문제가 없는 경우나 문제의 영향이 그렇게 심각하지 않았던 때, 또는 문제의 영향력이 약했던 때가 언제였는지를 조심스럽게 물어보아야 한다.

- 내담자의 의도와 문제의 영향을 구분하라.

  내담자가 가지고 있는 좋은 의도와 현재의 영향으로 인해 이 좋은 의도가 행위에서 드러나는 경우를 구분해야 한다. 사람들이 문제 때문에 좋은 의도를 억압시키거나 숨기는데 때로는 이 의도가 행동으로 나타나는 경우가 있다. 상담자는 이것을 인식하고 찾아내어야 한다.

독특한 자료를 찾는 원리

독특한 자료는 내담자가 그 문제에 대해 이야기하는 가운데 발견할 수도 있고, 또한 이야기의 전후 사이에도 발견할 수 있다.[316] 독특한 자료는 대부분 내담자들이 문제에 대해 이야기하는 것에 묻혀 있다. 특히 내담자가 중요하지 않게 생각하면서 가볍게 이야기하는 그 말 속에 독특한 자료의 촉수가 묻어 있다. 그러므로 상담자는 내담자의 이야기를 들으면서 독특한 자료를 찾기 위해서 아래의 원리들을 알고 있으면

316) Allice Morgan, op. cit., 78.

도움이 될 것이다.

항시 이면을 생각하라

내담자의 삶에는 항상 문제만 있는 것이 아니다. 모든 사람의 삶에는 희僖, 노怒, 애愛, 락樂이 함께 있다. 그렇기 때문에 내담자의 이야기 속에도 문제가 없었을 때가 등장한다. 내담자가 말하는 문제 이야기에는 문제가 없었던 상황과 때가 있다. 그러므로 상담자는 내담자가 말하는 문제 이야기의 이면을 보도록 노력해야 한다.

예외 상황에 호기심을 가지라

문제 이야기의 이면을 보도록 노력하는 것이 예외 상황에 호기심을 가지는 것이다. 예외 상황을 알고 싶어 하는 호기심이 문제 이야기 속에 묻혀 있는 예외 상황을 발견하게 하는 동력이 될 것이다. 따라서 상담자는 빈약한 이야기와 일치하지 않는 경험과 행동들에 관해 호기심을 가져야 한다.

유연한 마음과 민감성을 유지하라

일단 문제 이야기의 영향과 영향력에 대해 알게 되면, 상담자는 그 문제가 내담자에게 영향을 미치지 못했던 때에 귀를 기울여야 한다. 왜냐하면 독특한 자료는 상담자가 귀 기울이지 않거나 주의하지 않으면 알려지지 않은 채로 지나쳐 버리게 되기 때문이다. 내담자는 이런 사건들을 별로 중요하지 않게 생각하고 슬쩍 말하는 경향이 있다.[317] 내담자가 가볍게 던지는 이야기와 슬쩍 지나가는 말로 이야기하는 그곳에

---

317) Allice Morgan, op. cit., 78.

독특한 자료가 묻어 있다. 그러므로 상담자는 내담자가 가볍게 던지는 이야기에 묻어 있는 독특한 자료를 발견할 수 있는 유연한 마음과 민감한 눈과 귀를 발달시켜야 한다.

가장 최근부터 독특한 자료를 찾으라

내담자에게 도움이 되는 것은 최근에 일어난 예외적인 것들이다. 왜냐하면 내담자는 최근의 경험에 대해서는 상세히 기억할 수 있으며, 그것이 최근에 일어난 일이므로 내담자는 그런 일들이 다시 일어날 수 있다고 생각할 수 있기 때문이다.[318] 따라서 새로운 이야기를 구성하는 데에는 가장 최근에 있었던 경험과 행동들을 중심으로 독특한 자료를 찾도록 도와주는 것이 효과적이다.

독특한 자료를 찾는 구체적 방법

내담자가 독특한 자료를 자발적으로 이야기하는 경우가 있다. 독특한 자료는 내담자가 상담 시간에 직접적으로 이야기하기도 한다. 예를 들어, 내담자는 상담을 하면서 자신의 문제에 대해 "항상 그런 일이 일어나는 것은 아닙니다. 문제가 없을 때도 있습니다."라고 직접적으로 그 문제가 일어나지 않았을 때를 말할 수 있다. 이렇게 내담자가 새로운 이야기 구성 과정에 들어가면서 독특한 자료를 모아 두었다가 상담자에게 이야기하는 것은 흔히 있는 일이다.[319]

---

318) Peter Dejong and Insoo Kim Berg, op. cit., 155.
319) Jill Freedman and Gene Combs, *Narrative Couple Therapy... and A Whole Lot More! A Collection of Papers, Essays, and Exercises*, 49.

화이트와 엡스턴은 내담자의 독특한 자료를 세 가지 영역에서 찾을 수 있다고 하였다.[320]

첫째, 과거 이야기의 재방문re-visiting을 통해 탐구할 수 있다.

내담자는 과거 자신의 경험과 행동들을 회상해 본다. 내담자의 회상을 통해 문제와 그 사건과의 관계를 다시 조명해 본다. 이 과정에서 내담자는 자신의 지배적인 문제 이야기로 인해 그동안 인식하지 못하였던 다른 의미들을 발견하게 된다. 이는 사건 속에 하나의 의미만 있는 것이 아니라 여러 의미들이 내포되어 있기 때문이다. 새롭게 의식된 의미들은 내담자가 과거와 현재에 대해 새로운 시각에서 이야기를 할 수 있도록 돕는다.

둘째, 순간 포착을 통해 탐색할 수 있다.

상담자의 대화적 질문들이 내담자의 기억이나 사고를 활성화시켜 주는 경우가 많다. 내담자는 상담자로부터 질문을 받고 자신과 삶에 대해 이야기를 하다 보면, 자신도 모르게 문제에서 벗어나게 된 경험이나 행동들에 대해 이야기하게 된다. 어떤 때는 독특한 자료가 문제 이야기 속에 묻혀 있으므로 그것을 놓치지 않으려면 아주 주의 깊게 들어야 한다. 예를 들어, 내담자가 "언젠가 그와 마음이 맞는 때가 있기는 하였지만 대개는…"이라고 말하면서 문제 이야기를 계속할 때, 상담자가 내담자의 이야기를 주의 깊게 듣고 있었다면, 우리는 '언젠가'라는 부분에 대해 호기심을 가질 수 있다.[321] 그러므로 상담자는 내담자의 문제 중심의 이야기를 들으면서 이러한 순간 포착을 잘해야 한다.

---

320) M. White and D. Epstom, *Narrative Means to Therapeutic Ends*, 15–51.

321) Jill Freedman and Gene Combs, *Narrative Couple Therapy... and A Whole Lot More! A Collection of Papers, Essays, and Exercises*, 49.

셋째, 상상을 통해 미래에 대한 전략을 구상해 봄으로써 탐색할 수 있다. 내담자에게 미래의 이야기를 구성해 보게 한다든지, 앞으로의 행동 양식에 대한 전략을 구상하게 해 보는 것이다. 이러한 것들이 비록 상상한 내용이라 할지라도, 그 속에서 내담자는 자신의 의지나 발전 욕구를 새롭게 발견할 수 있는 동기를 부여받게 된다. 이와 같은 상상은 내담자에게 중요한 독특한 자료를 제공할 수 있다.

독특한 자료를 찾는 가장 좋은 방법은 내담자의 이야기에 주의를 기울이고 적극적으로 경청하는 것이다.

내담자의 이야기를 적극적으로 경청하다 보면, 지배적인 문제 이야기 속에 있는 숨겨진 틈새를 발견할 수 있을 것이다. 상담자가 내담자와의 이야기 속에서 독특한 자료를 찾는 것이, 단순히 독특한 자료를 찾기 위한 질문의 틀을 사용하는 것보다 훨씬 효과적이다.

독특한 자료 발견 단계

독특한 자료 발견 단계는 지배적인 문제 이야기에 대한 예외적인 사건이나 삶을 찾아 그 과정에 맞추어 이야기한다. [그림 6-1]의 도표는 독특한 자료를 찾는 단계를 설명한 것으로, 내담자에게 자신의 지배적인 문제 이야기에 영향을 받지 않은 것들에 대해 질문함으로써 새로운 이야기로 나아갈 수 있는 관문을 열어 주는 나침반 역할을 한다.

그림 6-1 독특한 자료 발견 단계

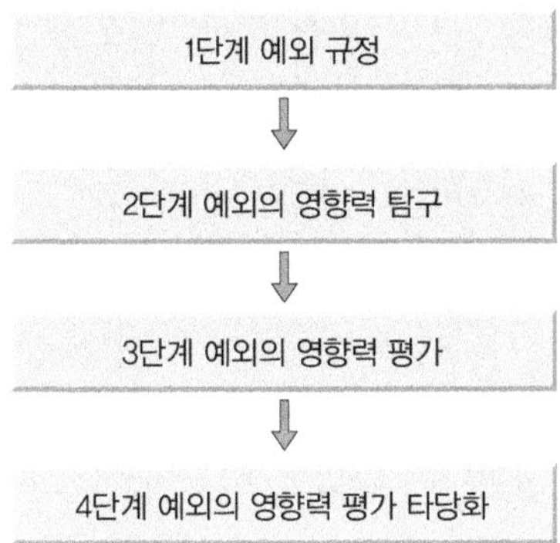

독특한 자료 발견 도표는 다음과 같은 단계로 이루어진다. 경험과 가장 근사한 예외들에 대해 정의를 협의하는 단계, 예외의 영향력을 탐구하는 단계, 예외의 영향력을 평가하는 단계, 예외의 영향력 평가를 타당화하는 단계다.

이러한 과정을 거침으로써 내담자는 새로운 이야기로 나아갈 수 있는 새로운 시각을 가지게 된다.

독특한 자료 발견 질문법

상담자가 내담자에게 독특한 자료를 찾도록 하기 위해서는, 상담자는 아래의 질문 방법과 단계를 숙지하고 있어야 한다. 이 다섯 단계는 독특한 자료를 찾을 수 있는 핵심적인 방법이다.

1단계: 경청한다

상담자가 문제 이야기에서 독특한 자료를 발견하기 위해서는 내담자의

1단계 : 경청한다.
2단계 : 예외의 인식 여부를 확인한다.
3단계 : 예외를 인식하면 그것에 대해 질문한다.
4단계 : 문제 발생 상황과 예외 발생 상황의 차이점을 파악한다.
5단계 : 파악한 차이점을 간략하게 설명한다.

이야기에 귀를 기울여야 한다. 이때 상담자는 문제 중심으로 듣는 것이 아니라, 그 문제가 일어나지 않았던 때를 중심으로 듣고, 그 문제에 대한 내담자의 반응을 주도적으로 들어야 한다.

2단계: 예외의 인식 여부를 확인한다

상담자가 내담자의 지배적 문제 이야기에서 독특한 자료를 찾기 위해서는 먼저 내담자가 자신의 삶에서 문제로부터 벗어났던 예외에 대해 인식하고 있는지 파악해야 한다.

예외 인식 여부를 파악하는 질문은 다음과 같이 할 수 있다. "지난 몇 주 동안 문제가 일어나지 않았거나, 적어도 문제가 심각하지 않았던 때가 있었습니까?" 만약 이 질문에 내담자가 대답을 하지 못한다면 관계성 질문을 할 수 있다. 관계성 질문이란 내담자가 다른 사람의 관점에서 그 문제에 대한 상황을 바라보게 하고, 이야기를 하게 하는 방법이다. "저는 당신의 아내에게 최근 당신의 변화된 점에 대해 묻고 싶습니다. 그러면 아내는 무엇이라고 할까요?"

3단계: 예외를 인식하면 그것에 대해 질문한다

일단 내담자가 예외를 인식하면, 상담자는 그것에 대해 자세하게 질문해야 한다. 이야기 상담자는 문제에 초점을 맞추는 상담자와는 다르다. 문제에 초점을 맞추는 상담자는 '누가, 무엇을, 언제, 그리고 어디서 내담자의 문제가 일어났는가?'를 탐색하는 반면에, 이야기 상담자는 예외가 일어났을 때를 탐구하는 데 관심을 기울여야 한다. 즉 '누가, 무엇을, 언제, 그리고 어디서 예외가 일어났는가?'에 대해 세심하게 귀를 기울여야 한다.[322]

4단계: 문제 발생 상황과 예외 발생 상황의 차이점을 파악한다

상담자가 내담자의 예외에 대해 들으면서, 문제가 발생하는 상황과 예외가 발생하는 상황이 어떻게 다른지에 대해 주의를 기울여서 경청해야 한다. 그러면서 상담자는 이 두 상황 사이의 차이점에 대해 정확히 파악해야 한다.[323]

5단계: 파악한 차이점을 간략하게 설명한다

상담자가 파악한 차이점을 내담자를 위해 쉽고 간략하게 설명하고 요약하는 것이 좋다.[324] 왜냐하면 그 차이점들은 새로운 이야기를 구성하는 데 필요한 기본적인 자료의 일부분이기 때문이다.

독특한 자료를 찾는 질문 틀

독특한 자료를 찾는 것이 어렵다면 독특한 자료를 찾는 질문 틀을 참고하여 사용할 수 있다. 독특한 자료를 찾는 질문 틀은 내담자의 지배적인 구상에 따라 달라질 수 있다. 여러 상황들이 많겠지만 여기에서는 필자가 해결중심상담의 예외 질문 기법을 기초로 만든 것을 이야기

322) Peter Dejong and Insoo Kim Berg, op. cit., 155.
323) Ibid.
324) Ibid.

상담의 독특한 자료를 찾는 질문의 틀로 제시하고자 한다.

독특한 자료는 꼭 과거의 성공적인 어떤 경험을 찾아야 하는 것은 아니며, 문제 이야기에서 나타나는 것과는 다른 방식으로 나타나는 반응을 의미하기도 한다.[325] 독특한 자료를 찾는 질문에서 사용할 수 있는 핵심적인 단어는 '언제'와 '무엇'이다. 이 두 단어를 잘 활용하면 상담자는 내담자의 지배적인 문제 이야기에서 틈새를 찾아낼 수 있다.

시간에 대한 예외 질문

내담자의 문제 이야기는 현 시점에서 볼 때 그의 지배적인 이야기이지만, 그 이야기가 그의 모든 삶의 이야기라고는 할 수 없다. 문제 이야기는 내담자가 단지 그 시간에 겪었던 지배적인 이야기일 뿐이다. '시간은 흐르고 있고, 시간의 흐름에 따라 그의 문제도 변화한다.'는 가정을 상담자는 기억하고 있어야 한다. 상담자는 내담자에게 다른 시간에 대해 이야기하도록 유도하는 것이 독특한 자료를 찾는 데 도움이 될 것이다. 상담자가 다른 시간대에 대해 예외를 찾도록 하는 데 사용할 수 있는 단어가 '언제'이다.

▸▸▸ **질문실습**

… 때는 언제입니까?"

1) 내담자가 이루지 못한 것을 이야기할 때

공식적인 문장 형식

"당신이 ①일이 이루어졌을 때는 언제입니까?"

---

325) 양유성, op. cit., 197.

"당신이 ①일을 해 보았을 때는 언제입니까?"
①에는 내담자의 이야기 속에 묻혀 있는 내담자의 바람과 원함을 말해 주면 된다.

2) 내담자가 불평과 불만을 이야기할 때

공식적인 문장 형식
"당신의 ①일이 일어나지 않았을 때는 언제입니까?"
"당신의 ①일이 나타나지 않았을 때는 언제입니까?"
①에는 내담자의 이야기 속에 묻혀 있는 불평과 불만을 말해 주면 된다.

[상담 사례]

상담자 : "슬기님이 부글거리는 답답한 가운데서도 마음이 좀 가라앉을 때는 언제입니까?"

내담자 : "우리 남편한테 쏟아붓고 난 뒤, 시어머니에 대해 섭섭하거나 속상했던 것을 남편한테 바로 말하고 이해를 받을 때예요."

상황의 차이에 대한 예외 질문

문제 이야기는 어떤 특정한 상황에서 이루어졌기 때문에, 독특한 자료는 다른 상황에 대한 질문에 의해서도 나타날 수 있다.[326] 이럴 때 활용할 수 있는 기법은 반대적인 상황을 서로 대비시키는 것이다. 상황의 차이에 대한 예외 질문은 서로 다른 상황을 대비시켜 예외 상황을 찾도록 유도하는 질문이다. 내담자가 문제를 이야기할 때, 그 문제가 일어나는 상황과 그 문제가 일어나지 않는 상황을 비교하여 차이점을 찾도록 하는 것이다.

326) Ibid., 199.

▸▸▸ **질문실습**

"…의 상황과 …의 상황의 차이점은 무엇입니까?"
즉, "문제가 발생하는 상황과 발생하지 않는 상황의 차이점은 무엇인가요?"

[상담 사례]

상담자 : "그 이전에 어머님이 슬기님께 쏟아부을 때와 최근에 쏟아붓는 일이 발생할 때와 차이점은 무엇입니까?"

내담자 : "그때는 아무한테도 말을 못하고 우리 남편한테 말해도 소용없었는데 요즘은 우리 남편하고 얘기를 하니까 너무 좋아요. 우리 남편이 집이 너무 편하다고 얘기하세요. 그리고 제가 선생님하고 얘기할 수 있어서 정말 도움이 많이 돼요."

상상을 통한 예외 질문: '예측해 보기' 질문

상상을 통한 예외 질문은 주로 예외 찾기를 거부하는 내담자에게 독특한 자료를 찾도록 도와주는 방법이다. 필자는 상담을 하면서 내담자가 상담자의 질문에 대답을 회피하는 것을 경험하였다. 이때 상담자인 나는 참 당황스러웠다. 내담자가 예외 찾기를 거부하였을 때 상담자는 어떻게 해야 할까? 이것이 필자에게는 고민이 되었다. 그래서 필자는 이러한 내담자에게 독특한 자료를 발견하도록 도와주는 방법으로 '예측해 보기'라는 방법을 생각해 보았다.

상담자가 내담자에게 독특한 자료 발견에 대한 질문을 하였을 때 내담자가 "없는데요", "몰라요"라고 대답할 때 상담자는 매우 당황한다. 내담자가 청소년일 경우, 이런 대답을 자주 듣게 된다. 그리고 내담자가 노인인 경우에도 이러한 어려움을 겪게 되는 경우가 있다. 왜냐하면

노인들은 과거의 이야기들을 묻어 버리려 하는 경향이 있기 때문이다. 노인들은 부정적인 문제 이야기가 너무 커서 묻어 버리려 하기 때문에 삶의 예외적인 질문에 대한 대답을 회피하는 경향이 종종 있다.

이럴 때 상담자는 어떻게 독특한 자료들을 끌어낼 수 있을 것인가? 그 방법이 바로 상상을 통해 '예측해 보기'이다. 상상을 통해 '예측해 보기'는 일시적으로 내담자가 자신의 삶에서 예외를 찾을 수 있게 해 준다.

질문실습

"만약 당신이 ①하다면 ②하겠습니까?"

①에는 상담자가 내담자의 이야기를 듣고, 내담자의 지배적인 구상과 관련된 것을 상담자가 상상하여 말해 주면 된다. 이때 주의해야 할 점은 상담자의 '예측해 보기'가 내담자의 이야기와 너무 동떨어진 상상이라면 독특한 자료 발견에 도움이 되지 않는다. 따라서 이 질문은 내담자의 이야기와 관련된 상담자의 상상이어야 한다.
②에는 내담자가 틈새를 발견할 수 있도록 하는 내용이 들어가야 한다. 이럴 때 사용할 수 있는 단어가 '누가',' 무엇',' 어떻게'이다.
"만약 당신의 문제가 다 해결되었다면 무엇을 하고 있겠습니까?"
"만약 당신이 고민하는 문제가 다 해결되었다면 어떻게 하겠습니까?"

[상담 사례]
상담자 : "슬기님, 만약 슬기님이 그동안 남편에게 하고 싶었던 말을 다 이야기한다면 어떻게 될 것 같은가요?"
내담자 : "그러면 내 마음이 시원하겠지요. 그리고 남편은 나의 심정을 이해하겠지요. 지금까지 그렇게 못했거든요. 남편이 뚜렷한 직업이 없기 때문

에 상처를 받을까 봐 하고 싶은 이야기를 다 못했지요. 그래서 내가 이렇게 힘든 거예요. 진짜 남편에게 하고 싶은 말을 다 한다면 속이 후련할 것 같아요."

내담자의 준거 틀을 통한 예외 질문

사람들은 각자 나름대로 사물을 바라보는 방식을 가지고 있다. 사람들이 사물을 바라보는 형식은 각자의 마음속에 형성되어 있는 준거 틀frame of reference의 영향을 받는다. 준거 틀이란 사람들이 사물이나 사건을 바라 보고 해석을 내리는 기준이 되는 틀이다. 이 준거 틀은 사람들이 의식하든 의식하지 못하든 내면세계의 나침반 역할을 하며, 중요한 경험이나 행동들에 대해 의미를 부여할 때 정신적 좌표 역할을 한다.

상담자는 때로 내담자의 준거 틀 안에서 예외를 찾을 수 있다. 내담자의 준거 틀을 통한 예외 질문은 내담자가 이야기하는 문제 상황에 대해 자신이 취하였던 기존과 다른 반응을 찾도록 도와주는 방법이다. 이 질문을 통해 내담자는 지금까지 지배적 문제 구상 가운데 있었던 문제적인 행동에서 벗어나서, 그때 그가 취하였던 다른 준거 틀을 바라볼 수 있게 된다. 이때는 주로 과거로 돌아가서 자신의 다른 준거 틀을 바라볼 수 있게 한다.

질문실습

"그때 당신이 다르게 행동한 것은 무엇입니까?"
"그때 당신은 어떤 식으로 행동했습니까?"

[상담 사례]

내담자 : "3일 전에 가진 술자리에서 완전히 테이프가 끊겨 응급실에 실려 갔습니다. 이 사건으로 인해 제 스스로 심한 자괴감이 들었습니다. 그리고 지금은 아내와 갈등의 골이 굉장히 깊은 상태입니다. 내 인생에서 문제가 되는 곳에는 언제나 술이 있었습니다."

상담자(시간 예외 질문) : "사람들과 술을 마셔도 취하지 않았을 때가 있었을 텐데요?"

내담자 : "예, 분명히 있었지요. 날마다 취하는 것이 아니니까요. 저는 테이프가 끊기는 것이 문제입니다. 테이프가 끊기면 분명히 무슨 문제가 일어나거든요."

상담자(준거 틀 예외 질문) : "당신이 술을 마시고, 테이프가 끊겼을 때와 끊기지 않았을 때 다르게 행동한 것은 무엇입니까?"

내담자(독특한 자료) : "내가 가만히 생각해 보니까 술을 마셔도 테이프가 끊기도록 마셨을 때는 언제나 저녁 식사를 하지 않고 술을 마셨을 때인 것 같습니다. 그러니까 저녁 식사를 하고 술을 마셨을 때에는 테이프가 끊기지 않았던 것 같아요."

다른 사람의 관점을 통한 예외 질문: 관계성 예외 질문

때로는 다른 사람의 관점에서 독특한 자료를 찾게 할 수 있다. 내담자에게 다른 사람의 관점에서 자신의 경험과 행동을 되돌아보게 할 때, 독특한 자료들을 발견하게 되고, 새로운 이야기를 할 수 있는 길을 열게 된다.

질문실습

"만약 ①이라면 ②에 대해 무엇이라 말하겠습니까?"

①에는 내담자에게 있어서 중요한 타자에 대해 말하면 된다.

②에는 내담자의 지배적인 구상에 대해 말하면 된다.

[상담 사례]

얼마 전 필자는 40대 여성을 상담하였다. 그 여인은 두 자녀와 남편을 둔 가정주부였다. 그녀는 결혼하면서부터 지금까지 가족들을 위해서만 살아왔다. 언젠가부터 내담자는 자신의 삶에 대한 회의를 갖게 되었고, 이제부터는 자기를 찾고 싶다고 하였다. 그리고 현재 자신이 겪고 있는 불안과 초조를 해결하고 싶다고 하였다. 이 상황에서 필자는 내담자로 하여금 다른 사람의 관점을 통해 독특한 자료를 발견하도록 하였다.

상담자(관계성 예외 질문) : "만약 지금 이 자리에 당신 남편이 있다고 생각하고 제가 남편에게 당신이 어떻게 행동하기를 원하는지 묻는다면, 남편은 무엇이라 말하겠습니까?"

내담자(독특한 자료) : "이렇게 말하겠지요. '여보, 식사할 때에는 이제 당신도 함께 밥을 먹었으면 좋겠어. 나와 아이들은 각자 알아서 할게.'"

독특한 자료 발견 위치도

상담자는 독특한 자료를 찾는 대화를 통해 내담자에게 자기 삶의 전반적인 부분이 아니라 가장 중요하게 보이는 삶의 영역에 대해서 파악하도록 한다. 상담자는 내담자가 자신의 삶에서 새롭게 발견한 독특한 자료를 가지고 그것이 자신의 삶에 미치는 영향에 대해 파악하도록 도와주어야 한다.

상담자는 내담자가 상담자의 외재화하는 질문에 대해 이야기하는 과정에서 예외적인 사건이나 상황을 듣게 되었을 때, 독특한 자료를 찾는 선호하는 이야기의 위치도를 따라가며 새로운 이야기를 열어 간다.

화이트는 문제를 외재화하는 단계를 네 가지 질문으로 그 내용을 파악한다.[327] 문제를 외재화하는 네 가지 범주를 통해 문제에 대한 조감도를 그린다. 문제를 외재화하는 대화를 만들기 위해서는 문제를 전체적으로 바라보게 하는 조감도가 필요하다. 이 조감도는 외재화하는 대화의 내용을 네 가지 범주의 질문들로서 설명한다. 이것을 위치도position map라고 한다. [그림 6-2]의 위치도는 독특한 자료를 발견하는 대화의 단계를 설명한 것이다.

그림 6-2 독특한 자료 발견 위치도

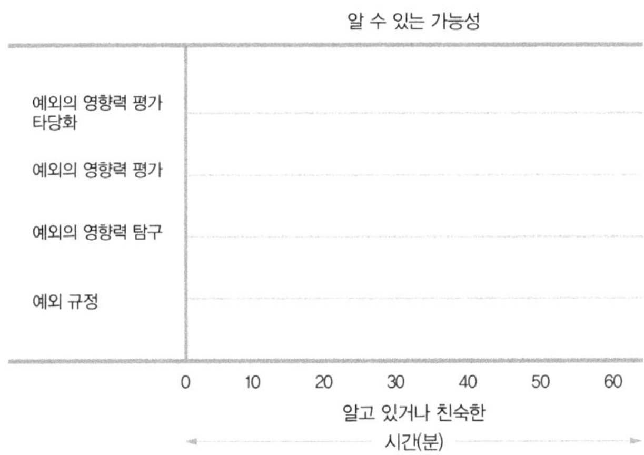

예외 규정

지배적 문제 이야기에서 자신의 경험과 가장 근사한 예외들을 발견하였으면, 그것에 대해 상담자와 내담자가 함께 그 예외가 무엇인지에

327) M. White and D. Epston, *Narrative Means to Therapeutic Ends*, 15.

대해 규정을 내려야 한다. 이렇게 독특한 자료가 규정되었으면, 규정된 독특한 자료에 대해 새로운 이름을 붙이게 한다.

"선생님께서 술을 마셔도 실수하지 않고 이겨 낸 것에 대해 이름을 붙이신다면 무엇이라고 하시겠습니까? 그 이름의 의미는 무엇인지 설명해 주실 수 있습니까?"

"슬기님은 남편에게 자신이 하고 싶었던 말을 속 시원하게 하였을 때가 있다고 하셨는데, 그때 상황에 대해 이름을 붙이신다면 무엇이라고 하실 수 있습니까? 그 이름의 의미는 무엇입니까?"

예외의 영향력 탐구

예외가 내담자에게 미친 영향을 탐구한다. 예외의 영향력을 탐구할 때에는 예외가 내담자 자신에게 미친 영향, 내담자가 다른 사람들과 맺는 관계에 미친 영향, 그리고 가까운 미래에 미칠 영향, 그리고 다른 맥락에서 나타날 영향 등을 질문한다.328)

질문실습

"술을 이겨 낸 상황에 대해 '5.2.7'이라고 하였는데, 이러한 경험이 자기 자신과 인간관계 그리고 자신의 미래에 어떤 영향을 미칠 것 같습니까?"
"슬기님이 남편에게 하고 싶은 이야기를 주저하지 않고 말한다면, 자신에게는 어떤 영향을 미칠 것 같습니까? 남편과 자녀들에게는 어떤 영향을 미칠 것 같습니까? 그리고 이러한 모습이 자신의 미래에는 어떤 영향을 미칠 것 같습니까?

328) 이현경, op. cit., 69.

예외의 영향력 평가

상담자가 내담자에게 문제와의 관계를 평가하도록 요청하면, 내담자는 자신이 선호하는 것을 말하기 시작하는 경우가 많다. 특히 상담자는 내담자가 선호하는 삶의 방향에 관심을 가져야 한다.[329] 내담자가 선호하는 것을 통해 문제의 영향력을 평가할 수 있는 질문이 바로 선호질문preference questions 기법이다. 선호질문은 예외적인 자료가 나타났을 때, 그것을 더 선호하도록 유도하는 질문이다. "이런 방식으로 상황을 다루었을 때 더 나아졌습니까?, 아니면 더 나빠졌습니까?" "그것은 긍정적인 발전이었습니까?, 아니면 부정적인 것이었습니까?"

선호질문은 독특한 자료의 의미를 새롭게 발견하도록 돕고, 지금까지의 지배적인 문제 이야기를 거부하며 새로운 이야기를 이끌어내는 질문이다.

질문실습

"①그것은 당신에게 ②하겠습니까, 아니면 ③하지 않겠습니까?"
"①그것은 당신에게 ②되었습니까, 아니면 ③되지 않았습니까?"

① '그것'에는 내담자가 말한 외재화한 단어를 넣어서 말하면 된다.
②에는 그 문제의 영향에 대한 긍정적인 점을 말하면 된다.
③에는 그 문제의 영향에 대한 부정적인 점을 말하면 된다.

"슬기님의 이러한 것이 슬기님에게는 좋은 것인가요? 아니면 좋지도 않고 나쁘지도 않은 그저 그런 것인가요?"

---

329) Jill Freedman and Gene Combs, *Narrative Couple Therapy... and A Whole Lot More! A Collection of Papers, Essays, and Exercises*, 47.

예외의 영향력 평가 타당화

예외의 영향력 평가에 대한 타당화는 내담자에게 자신의 평가에 대해 명확한 입장을 취하도록 하는 것이다. 이는 내담자의 상상을 통해 이루어진다. 외재화에서 문제 영향력 평가를 타당화할 때 중심적으로 사용하였던 단어가 '왜?'였다면, 예외의 영향력 평가를 타당화할 때 중심적으로 사용할 수 있는 질문은 '어떻게?이다.

내담자는 '무엇을?', '어떻게?'라는 질문을 통해 예외의 영향력에 대해 평가하면서 상상을 통해 앞으로 일어날 과정들에 새로운 의미를 부여하게 될 것이다. 또한 예외의 영향력 평가를 타당화할 때에는 관계성 질문을 사용하면 효과적이다. 즉, 내담자에게 자신의 삶에서 중요한 타자의 눈으로 예외의 영향력 평가에 대해 어떻게 생각하는지 상상을 통해 이야기하도록 한다.

이 과정은 내담자에게 예외에 대한 자신의 평가를 강화시키고자 하는 목적이 있다. 예외의 영향력 평가가 어떻게 타당화되는지에 대해 생각할 수 있는 충분한 시간을 주어야 한다. 내담자에게 자신의 평가를 타당화할 수 있는 시간을 주는 것은 매우 중요하다.

질문실습

"어머니는 현재 이러한 상황을 보시면 어떻게 생각하시겠습니까?"

"당신이 술을 절제하는 모습을 볼 때, 아내는 어떻게 생각하겠습니까? 그리고 아내는 이러한 당신의 모습을 보고 무엇이라고 말할 것 같습니까?"

"당신이 술을 마시지 않는 것은 자신과 가족과의 관계가 회복될 것이라고 하였는데, 그 관계가 회복되면 가족들에게 어떤 도움이 되겠습니까?

제 7 장
재저작 대화

이야기 상담 과정

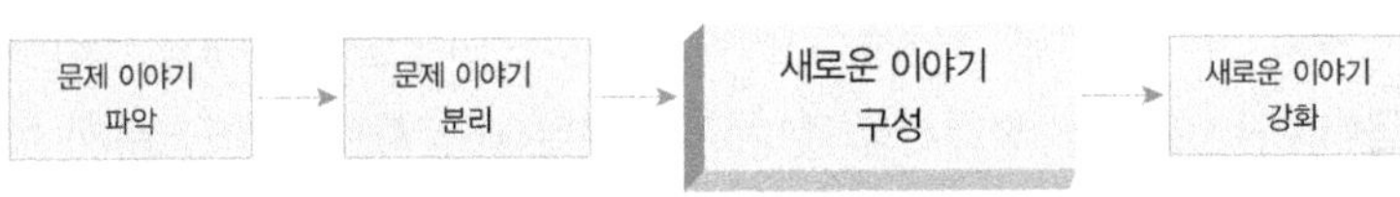

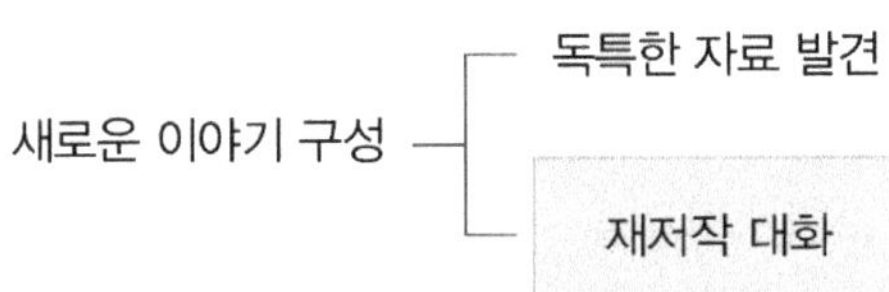

재저작 대화의 개념

재저작 대화는 현재의 역사를 발전시키고, 이야기를 미래로 확대하는 과정이다.[330] 화이트와 엡스턴은 이에 대해 다음과 같이 말했다.

사회과학자들은 관찰을 하고 난 후, 텍스트text의 유추에 관심을 가지는데, 그 이유는 단편적인 행동이 주목을 받는 시점에서는 더 이상 그 행동이 현재 존재하지 않음에도 불구하고 그 행동에 담긴 의미는 시간을 거슬러 살아남기 때문이다. 사람들은 삶을 이해하려고 애쓰면서 자신이 경험한 사건들을 시간을 거슬러 순서대로 배열하고 자신과 주변 세계에 대해 연관성 있는 설명을 하려고 한다.331)

이러한 재저작 대화re-authoring conversation는 독특한 자료와 행위 조망과 정체성 조망을 중심으로 자신의 이야기를 새롭게 만들어 가는 과정이다. 독특한 자료와 조망들은 내담자가 자신의 경험과 행동들을 이야기하는 과정에서 그동안 등한시되었지만 실제로 중요한 사건들과 경험들을 그들의 지배적 이야기에 포함시키도록 돕는다. 이야기의 틈새와 독특한 자료들이 재저작 대화의 출발점이 된다.

독특한 자료는 대화의 처음 단계에서는 불가시적이지만 대안 이야기를 만들어 가는 출발점을 제시해 준다. 상담자는 내담자로 하여금 문제 이야기에 대한 대안적 이야기와 보다 나은 자기 자신에 관한 이야기를 발전시킬 수 있도록 돕는다. 새로운 이야기 구성 과정을 도표로 나타내면 [그림 7-1]과 같다.

내담자가 선호하는 질문을 통해 독특한 자료를 찾게 되면, 그 독특한 자료는 새로운 이야기를 발전시킬 수 있도록 돕는다. 이러한 기틀을 마련하는 데 있어, 행위 조망과 정체성 조망의 질문을 활용한다. 행위 조망과 정체성 조망의 질문은 내담자에게 자신의 삶과 경험에 재참여하고, 과거의 삶과 경험에 대한 상상력과 호기심을 동원하여 의미를 부여하고 확대하는 데 도움이 된다.

---

330) Ibid., 53.

331) M. White and D. Epston, *Narrative Means to Therapeutic Ends*, 9.

그림 7-1 새로운 이야기 구성 과정

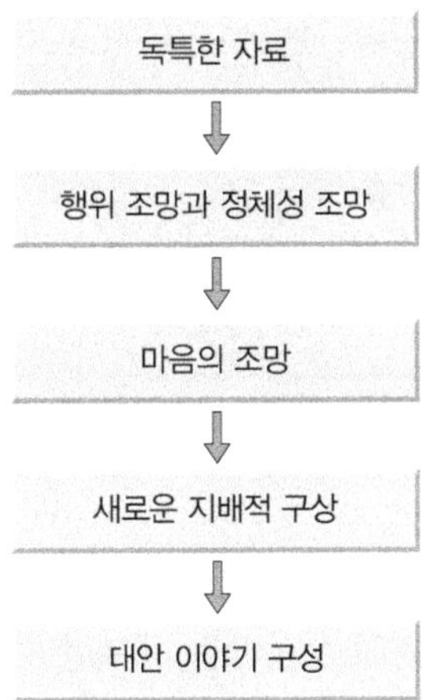

새로운 이야기는 지배적 문제 이야기의 대안 이야기이다. 대안 이야기alternative story는 지배적인 문제 이야기와는 다른 새로운 이야기로서 내담자의 삶을 바꿀 수 있는 이야기이다. 이 이야기는 과거의 삶에서 독특한 요소나 예외 상황을 발견하여 이것을 중심으로 미래에 자신이 살아갈 수 있는 이야기이다. 따라서 재저작 대화는 독특한 자료를 통해 산을 끼고 있거나 비탈길을 올라가 자신의 삶을 관조觀照하면서 새로운 이야기를 구성하는 것이다.

새로운 이야기 속에 놓이는 큰 경험과 행동은 내담자의 삶을 달라지게 만드는데, 내담자는 그 경험과 행동들을 상담자에게 말함으로써 의미가 실행performance된다. 그래서 이야기 상담에서의 대화는 의미를 실행하는 의식적 공간을 만들기 위해 작업하는 것을 생각하게 한다. 사람들은 자신이 경험한 사건을 말함으로써 그것을 다시 체험한다. 이러한

그림 7-2 재저작 대화의 과정

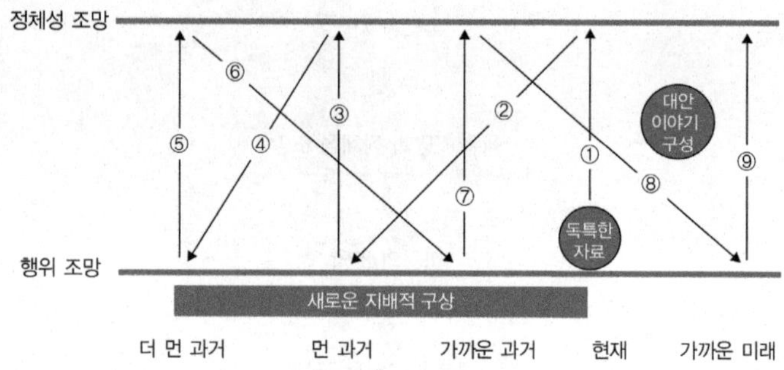

작업을 용이하게 하기 위해 상담자는 풍부한 이야기로 발전시키는 질문을 한다.332) 이것을 이야기 상담에서는 공간을 여는 질문opening space questions이라 한다. 공간을 여는 질문 또한 내담자에게 예외적인 이야기를 찾도록 도와주는 질문이다. 상담자는 내담자가 자신의 삶이 항상 불행했다고 느낄 때, 그 지배적인 느낌과는 반대로 행복했던 때를 기억나게 하는 질문을 던짐으로써 새로운 생각이나 느낌을 가지도록 해 줄 수 있다.

이와 같이 재저작 대화를 하면 현재 삶에서 발생한 것이 무엇이며, 그것이 과거에 어떻게 발생했으며, 그리고 그 모든 것의 의미가 무엇인지 이해하는 데 도움이 된다. 이러한 방법을 통해 재저작 대화는 내담자에게 자신의 삶과 과거에 대한 극적인 재참여를 장려하고, 그들의 삶과 관계가 보다 더 적극적으로 개입하도록 하는 방법을 제시해 준다.333)

---

332) Jill Freedman, and Gene Combs, *Narrative Couple Therapy... and A Whole Lot More! A Collection of Papers, Essays, and Exercises*, 50.

333) M. White, "Workshop Notes, 9" 2005. 9. 21. Published on Dulwich Centre 웹 사이트 www.dulwichcentre.com.au/articles/mwworkshopnotes. 2008. 11. 19. 검색.

새로운 지배적 구상 만들기

내담자가 독특한 자료를 찾는 동안 새로운 이야기의 구성 요소를 회상하고, 삶의 경험들과 행동들을 조망할 수 있는 방법으로 '새로운 지배적 구상 만들기'를 제시할 수 있다. 앞서 살펴본 바와 같이 '지배적 구상'은 자석과 같은 역할을 한다. '지배적 문제 구상'이 형성되면 그 이후의 사건들은 이 지배적 문제 구상에 의해 해석되고 의미가 부여되게 된다. 그러므로 빈약한 이야기에서 풍부한 이야기를 서술하기 위해서는 새로운 지배적 구상을 만들어야 한다.

새로운 지배적 구상을 만드는 출발점이 바로 독특한 자료이다. 다시 말해, 독특한 자료가 이야기를 재저작하는 데 시작점이 된다. 독특한 자료에 나타난 사건, 등장인물, 배경 그리고 구상에 대한 회상과 기억을 구조화함으로써 새로운 지배적 구상을 형성할 수 있다.

그림 7-3 새로운 지배적 구상 만들기

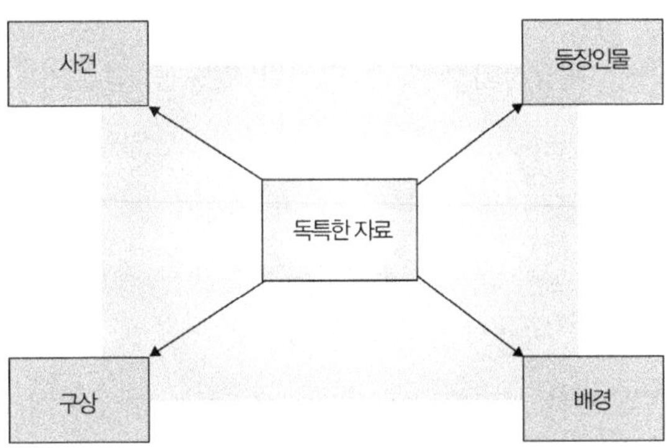

새로운 지배적 구상을 만들기 위해서는 먼저 상담자는 내담자로 하여금 독특한 자료를 이야기하게 한다. 이때 상담자는 내담자에게 독특한 자료에 이름을 붙이게 하면 효과적이다. 내담자는 독특한 자료에 이름을 붙이는 활동을 통해 독특한 자료가 더욱 명료화될 수 있다. 이렇게 한 후, 상담자는 내담자에게 이야기의 구성 요소, 즉 사건, 등장인물, 배경, 구상을 중심으로 생각나는 것을 이야기하게 한다. 이 방법을 통해 내담자들은 새로운 지배적 구상을 구조화할 수 있고, 새로운 이야기를 구성할 수 있는 방법을 터득할 수 있게 된다.

재저작 대화를 위한 전제

윈스레이드J. M. Winslade와 몽크G. D. Monk는 그들의 책 『Narrative Counseling in School』에서 새로운 이야기를 엮어 내기 위한 제안을 하고 있다.334) 필자는 이 제안을 기초로 상담자가 재저작 대화를 하기 위해 가져야 할 자세를 다음과 같이 제시하고자 한다.

- 탐색한 독특한 자료를 강화하는 질문을 하라. 독특한 자료를 탐색하였다면, 내담자가 어떻게 그러한 행동을 성취하게 되었는지에 대해 질문하는 것이 필요하다. 어떻게 그 일을 해냈는지에 대해 설명하도록 요청하는 것은 내담자 자신이 자기 삶의 행위자라는 것을 경험하도록 도와준다. 이러한 질문은 행위 조망에서 내담자의 능동성을 조망해 보도록 도와준다.
- 탐색한 독특한 자료와 유사한 최근의 행동을 조망해 보도록 질문하라. 재저작 대화는 내담자에게 인생 전반을 돌아보면서 긍정적

334) John M. Winslade, and Gerald D. Monk, *Narrative Counseling in School*, 84–85.

인 지배적 구상을 가지게 하는 것이다. 내담자에게 자신의 삶을 조망할 때, 먼저 가까운 과거에서부터 먼 과거에 이르기까지 인생을 조망해 보도록 하여야 한다. 독특한 자료를 출발점으로, 실타래를 풀어가듯이 최근의 경험과 행동에서부터 시작하여 점점 먼 과거까지 질문하면서 내담자가 자신의 삶을 조망할 수 있도록 돕는다.

● 탐색한 독특한 자료의 순서sequence에 대해 질문하라. 탐색한 독특한 자료의 전후 관계에 대해 질문하는 것은 중요하다. 즉, 이러한 행동에 앞서거나 뒤따르는 생각이나 감정에 대해서 이야기하도록 도와주어야 한다. 내담자가 이러한 행동을 하기 위해서 어떻게 준비를 했고, 그 후에는 어떻게 느끼고 생각했는지에 대해 질문하는 것이다.

행위 조망과 정체성 조망

새로운 이야기는 지금까지 내담자의 삶을 지배해 온 문제 이야기와는 매우 다른 이야기이다. 새로운 이야기는 과거의 경험 속에서 문제가 된 이야기와는 다른 이야기를 찾는 과정이다.

이에 대해 밍크L. Mink는 다음과 같이 언급하였다.

"사람은 한 사건 자체를 손 안에 넣어 만지는 것은 불가능하다. 어떤 사건에 대한 이해는 그 사건에 대해 이야기하는 것을 통해 가능하다. 따라서 동일한 사건이라도 여러 가지 해석과 이야기가 가능하다. 하나의 사건에 대한 서로 다른 이야기는 각각의 진실을 말하고 있는 것이다. 한 사건에 대한 서로 다른 해석과 이야기는 단지 다른 측면이나 높이가 다른 전망대에서 바라본 모습을 각자가 그려 내고 있을 뿐이다. 그러므로 동일한 사건이라고 하더라도 그것을 바라보는 사람들이 각자 '그것은 무엇을 의미하는가?'라는 관점과 해석에 의해 의미가 달라진다."335)

이와 같이 동일한 사건이라도 그 사건이 '무엇을 의미하는가?'라는 질문은 상담자와 내담자에게 매우 중요하다. 이러한 의미 발견을 통해 새로운 이야기가 형성된다.

새로운 이야기는 행위 조망landscape of action과 정체성 조망landscape of identity336)에 의해 구성된다. 화이트M. White는 브루너J. Bruner의 서사적 은유 연구에서 이 개념을 차입했다. 문학 텍스트text의 구조와 의미를 만들어 내는 지적 활동의 구조 사이에는 유사성이 있다. 서사의 구조는 일상의 삶에서 의미를 부여하는 행위를 이해하게 하는 주요한 틀을 제공한다.

조망landscape은 경치를 전체적으로 바라보듯이 각각의 사건들을 한 눈에 들어오도록 나열해 주는 것이다. 즉, 내담자의 삶의 사건들이 한 눈에 들어오도록 연결하여 독특한 자료들을 세밀화하고 구체화해 나감으로써 이것이 가능해진다. 이것은 내담자의 빈약한 이야기가 풍부한 이야기로 전환되는 시점이다. 이 전환점은 과거의 사건들에 대한 새로운 관점을 제공해 준다. 즉, 예전에는 내담자가 자신의 과거 문제를 과거 속에서 보았다면, 이제는 그것을 현재에서 바라보고 또 그 과거에 내포되어있는 미래를 보는 것이다.

---

335) L. Mink, "Narrative from as a Cognitive Instrument," in R. H. Canary & H. Kozicki (eds), *The Writing of History: Literary From and Historical Understanding* (Madison, WI: University of Wisconsin Press, 1978), 145-146.

336) 마이클 화이트의 초기 저서에서는 '의식의 조망'이라 하였는데, 그 이후의 저작에서는 '정체성의 조망'으로 변경하였다. 마이클 화이트는 '의식'이라는 용어가 가지고 있는 혼란을 피하기 위해 '정체성'으로 대체했다. 따라서 필자는 마이클 화이트의 후기 저작에 따르며, '정체성의 조망'이라고 할 것이다.

이 과정은 과거를 재방문함으로써 이루어지는데, 이는 마치 새로운 안경을 쓰고 과거를 되돌아보는 것과 같다. 기독교적으로 보면 이는 하나님의 뜻에 따라 과거의 삶을 조망하는 과정이다.

이야기는 행위 조망과 정체성 조망으로 구성된다. 화이트는 '의식'이라는 용어가 가지고 있는 혼란을 피하기 위해 이를 '정체성'으로 대체하였다.

행위 조망은 이야기의 소재이고, 구상과 주제로 이루어진 일련의 사건들로 구성된다. 행위 조망은 내담자가 독특한 자료를 찾았을 때, 문제를 불러일으켰던 행동에 대해 이름을 붙이거나 그 특징을 부각시킴으로써 그 행동의 의미를 구체적으로 찾아볼 수 있도록 돕는 것이다. 이때 '어떻게' '무엇'이라는 질문을 통해 내담자의 행위를 조망할 수 있다. 때때로 내담자 자신이 만족해하는 사건과 경험에 초점을 맞출 수 있다. 행위 조망은 사건, 환경, 순서, 시간, 구성의 요소들로 설명된다.

정체성 조망은 이야기의 저자와 독자, 그리고 주인공의 의식을 드러내 보이고, 행위 조망 사건들에 대한 그의 사고와 반응으로 구성되어 있다. 이는 사건에 대한 의미부여, 사건의 의도와 목적에 대한 추론, 그리고 다른 주인공들의 성격과 정체성에 대한 결론들로 구성된다.

행위 조망과 정체성 조망은 한 개인의 역사를 되돌아보는 과정이다. 한 개인의 과거 역사를 재조명하는 것은 현재 삶의 역사를 발전시키고, 미래에 대한 삶의 이야기를 확장하는 데 도움을 준다. 따라서 이 행위 조망과 정체성 조망은 내담자의 문제 이야기에서 새로운 이야기로 나아가는 전환점이 된다. 자신의 삶을 전체적으로 조망해 봄으로써 그 삶 속에서 새로운 삶의 의미를 부여할 수 있게 된다.

조망은 높은 곳에서 경치를 전체적으로 바라보는 것이다.337)

과거의 삶에 대한 새로운 의미 부여는 문제 이야기에서 새로운 이야기로 나아갈 수 있는 전환점이 된다. 행위 조망과 정체성 조망은 내담자의 삶의 사건들이 한눈에 들어오도록 연결하여 독특한 자료들을 세밀화하고 구체화해 나가는 데 도움이 된다. 행위 조망과 정체성 조망은 내담자의 빈약한 이야기가 풍부한 이야기를 구성하는 계기를 마련해 준다. 이 전환점은 과거의 사건들에 대한 새로운 관점을 제공해 준다. 예전에는 내담자가 자신의 문제를 과거 속에서 보았다면 이제는 그것을 현재에서 바라보고 또 그 과거에 내포되어 있는 미래를 바라보는 것이다.

이러한 과정은 과거 재방문하기를 통해서 이루어지는데, 이것은 마치 사람이 새로운 안경을 착용하고 과거를 되돌아보는 것과 같다. 예를 들어, 오디오나 라디오로 연주를 들을 때, 마치 현장에서 실제로 듣는 듯한

337) Yann Arthus–Bertrand. 웹 사이트 www.yannarthusbertrand.com. 2008. 11. 19. 검색.

자신의 삶을 현재-과거-미래의 순서대로 조망하기338)

느낌인 임장감presence feeling과 실제감이 풍부한 영상인 입체 영화를 보기 위해서는 특수 안경을 착용해야 하는 것과 같다.

이와 같이 이야기는 행위 조망과 정체성 조망으로 구성된다. 삶의 이야기는 이 두 가지 조망에 의해 구성되기 때문에 상담자가 내담자의 삶에서 새로운 이야기를 구성할 때 두 가지를 탐색하는 것이 도움이 된다.

행위 조망과 정체성 조망의 개념은 사람들의 일상생활에서의 의미 만들기meaning-making와 개인적인 이야기의 구성, 그리고 일상적인 행위를 통한 자신들의 정체성 형성의 이해와 관련이 있으며, 더 나아가 개인적인 이야기 재발전과 정체성의 재구성인 치료적 과업과도 연결된다. 그리고 행위 조망과 정체성 조망은 풍부한 이야기 발전에 공헌하는 치료적 이야기들의 더 세밀하고 깊은 발전을 위한 하나의 토대가 되며, 하나의

338) 웹 사이트 photo.net/gallery/photocritique. 2008. 2. 13. 검색.

지도map를 제공한다.[339] 이와 같이 행위 조망과 정체성 조망은 내담자 자신도 잊고 있었던 자신에 대해 새로운 관점을 제시해 준다.[340] 그리고 상담 과정 중에 새로운 이야기가 발전되었을 때, 행위와 정체성 조망의 관점은 풍부한 이야기를 이끌어낼 수 있다.

행위 조망과 정체성 조망을 통해 발견된 틈새gap는 내담자가 메워야 할 부분이다. 여기서 틈새란 이야기의 전후 관계가 잘 연결되지 않는 부분을 의미한다. 행위와 정체성 조망에 있는 틈새를 내담자가 의식하고, 내담자의 삶과 경험을 통해 이 틈새를 메우는 과정에 참여할 수 있도록 다양한 기법을 동원한다.[341] 행위와 정체성 조망의 개념은 이야기 구조의 맥락 안에서 의미를 생산해 내는 활동에 참여하는 사람들의 이해에 초점을 맞춘다. 이 개념들은 치유적 대화의 발전에 기초를 제공한다.

행위 조망

행위 조망은 내담자가 그의 삶에서 실제로 어떤 일이 일어났는지, 그리고 그것이 어떻게 일어났는지를 바라볼 수 있도록 돕는 것이다.[342] 화이트는 행위 조망을 적극적이고 전략적인 관점에서 정의하였다.

> "행위 조망은 시간의 흐름과 특정한 구상에 따라 연결된 사건들의 경험으로 구성된다. 행위 조망은 사건events, 순서sequence, 시간의 경과time, 구상plot으로 구성되어 있다. 이러한 것들은 사람들에게 기본적인 이야기의 구조를 제공한다. 이 중 하나라도 빠지면, 사람들은 어떤 이야기도 만들어 내지 못할 것이다. 이러한 요소들을 종합한 것이 행위의 관점이다."[343]

339) M. White, *Maps of Narrative Practice*, 81.
340) M. White, *Re-Authoring of Lives*, 31.
341) M. White, *Maps of Narrative Practice*, 77f.
342) M. White, *Re-Authoring of Lives* (Adelaide, Australia: Dulwich Centre Publications, 1995), 31.

따라서 행위 조망은 이야기의 재료로서 구상과 주제로 이루어진 일련의 연속적인 사건들로 구성된다.[344] 내담자가 행위 조망을 통해 독특한 자료를 찾았을 때, 문제를 불러일으켰던 행동에 대해 이름을 붙이거나 그 특징을 부각시키는 등의 방법으로, 행동의 의미를 구체적으로 찾아볼 수 있도록 돕는다. 그리고 행위 조망은 그 당시 일어났던 사건을 새로운 관점으로 바라보며 재구성하는 과정이다.

행위 조망 속에서 상담자는 내담자와 '능동적 자아agentive self'를 구축하는 데 관심을 기울여야 한다. 즉, 상담자는 떠오르는 이야기 속에서 '개인적 능동성'을 지지하는 측면을 강화하는 관점에서 질문을 해야 한다.[345] 행위에 대한 조망을 할 때 유용한 질문은 '누가, 무엇을, 언제, 어디서, 어떻게'와 같은 질문들이다. 특히 상담자는 '무엇'과 '어떻게'라는 질문을 통해 내담자가 자신의 행위를 조망하도록 도울 수 있다. 때때로 내담자가 만족해하는 사건과 경험에 초점을 맞출 수 있다.

등장인물의 행동에 대한 조망

등장인물의 행동에 대한 조망은 '무슨 일이 어떤 순서로 일어났고, 등장인물은 누구인가?'라는 질문들을 포함한다.[346] 상담자는 내담자의 문제 이야기와 어울리지 않는 최근의 사건을 정확하게 파악하는 것이 중요하다. 다음으로 행위 조망을 이루는 사건, 순서, 시간, 구상에 대한 공식적인 질문들을 알아본다.

---

343) Ibid.
344) M. White, *Maps of Narrative Practice*, 80.
345) Jill Freedman, and Gene Combs, *Narrative Couple Therapy... and A Whole Lot More! A Collection of Papers, Essays, and Exercises*, 51.
346) Ibid.

● 사건에 대한 조망

사건에 대한 조망은 어떤 사건에 대해 조망해 보는 것이다. 사건에 대한 조망의 공식적인 질문은 다음과 같다. 이때 사용할 수 있는 주된 단어는 '무슨what'이다.

- 사건 조망에 대한 질문

  "그때 무슨 일이 있었습니까?" 혹은 "그때 무슨 일이 일어났습니까?"

● 순서에 대한 조망

순서에 대한 조망은 어떤 사건의 전후관계에 대해 조망하는 것이다. 이것은 가까운 과거에 있었던 유사한 행동들에 대해 탐색하는 것이다. 이러한 행동에 앞서거나 뒤따르는 생각이나 감정에 대해 탐색하는 것이다. 내담자가 이러한 행동을 하기 위해 어떻게 준비를 했고, 그 후에는 어떻게 느끼고 생각했는지에 대해 질문하는 것이다. 사건의 순서에 대한 조망의 공식적인 질문은 다음과 같다. 이때 사용할 수 있는 주된 단어는 '무슨'이다.

- 순서 조망에 대한 질문

  "그 사건을 전후해서 무슨 일이 있었습니까?" 혹은 "그 일을 전후해서 무슨 일이 일어났습니까?"

● 시간에 대한 조망

시간에 대한 조망은 언제 사건이 발생하였는지에 대해 조망해 보는 것이다. 시간 경과에 대한 조망의 공식적인 질문은 다음과 같다. 이때 사용할 수 있는 주된 단어는 '언제'와 '얼마나'이다.

- 시간 조망에 대한 질문

  "언제 그 일이 일어났습니까?" 혹은 "그 일은 얼마나 지속되었습니까?"

● 구상에 대한 조망

구상에 대한 조망은 사건, 순서, 등장인물의 상호관계를 조망해 보는 것이다. 구상에 대한 조망의 공식적인 질문은 다음과 같다. 이때 사용할 수 있는 주된 단어는 '어떻게' 또는 '어떤 이유로'이다.

– 구상 조망에 대한 질문

"어떻게 그 일이 일어났습니까?" 혹은 "어떤 이유로 그 일이 일어나게 되었습니까?"

등장인물의 능동성에 대한 조망

이야기 상담에서는 행위 조망을 통해 내담자가 사람들과의 관계에서 '능동적 자아agentive self'를 구축하는 데 관심을 두고 있다. 행위 조망은 독특한 자료 속에서 개인적 능동성을 지지하는 측면을 강화하려는 관점에서 질문을 한다. 재저작하는 행위 자체가 개인적 능동성을 요구하고 이를 보여주며, 대부분의 사람은 이 작업에서 자신의 능동성을 경험한다. 따라서 상담자는 내담자에게 자신의 능동성을 명백히 인식할 수 있도록 여러 방식으로 내담자들이 성취한 것과 그것을 해낸 과정에 대해 질문한다.[347] 내담자가 어떻게 이런 행동을 성취하게 되었는지를 질문한다. 이와 같은 질문을 통해 내담자가 자신을 그 행동의 행위자로 보지 않거나, 다른 누군가를 행위자로 지목할 때에도 질문을 하는 것이 유익하다. 이 질문은 내담자가 자신을 삶의 행위자로 경험하도록 도와준다.[348]

내담자의 이야기에서 발견된 독특한 자료들은 문제와 관련된 내담자

347) Ibid.
348) John M. Winslade and Gerald D. Monk, *Narrative Counseling in School*, 75.

의 능력을 증명하는 증거들이며, 이는 내담자가 어떤 사람인가에 대한 새로운 이야기의 출발점으로 활용될 수 있다. 상담자는 이러한 연결을 통해 과거와 현재의 일련의 승리가 내담자에게 무엇을 의미하는지에 질문함으로써 그 의미를 구체화한다. 질문 기법은 행위 조망을 더욱 촉진하는 데 유익하다. 능동성 조망에 대한 질문을 사용할 수있는 주된 단어는 '어떻게'이다.

상담자가 '어떻게'라고 물을 때, 상담자는 내담자가 독특한 자료를 창출할 수 있는 능동적 주체라는 강력한 가정을 바탕으로 내담자와 협력하는 태도를 취한 것이다. 이러한 능동적 주체에 대한 감각이 결여된 이야기는 무기력하고 억압적인 이야기로 흐를 위험이 있다. 따라서 상담자는 내담자와 함께 내담자 자신을 능력 있고, 창조적이며 효과적인 존재로 경험할 수 있는 이야기를 구성하는 작업을 한다.349)

이때 사용할 수 있는 효과적인 질문은 다음과 같다:

"그것을 어떻게 그렇게 할 수 있었나요?"

"어떻게 그 상황을 다른 방법으로 생각하게 되었나요?"

"당신은 어떻게 새로운 느낌을 가지게 되었나요?"

이러한 질문들은 대부분 이야기 형식으로 대답할 수 있게 하여 내담자가 자신을 더 명확하게 이해하도록 돕는다.

- 능동성 조망에 대한 공식적인 질문

  "어떻게 그 일을 할 수 있었습니까?"

  "그럼에도 불구하고 어떻게 지금까지 견뎌냈나요?"

---

349) Jill Freedman, and Gene Combs, *Narrative Couple Therapy... and A Whole Lot More! A Collection of Papers, Essays, and Exercises*, 272.

현재 상황과 연결하는 질문

과거의 행위에 대한 조망을 현재 상황과 연결하여 행위를 조망하여 보는 것이다. 현재에서 과거의 행위와 비슷한 행위들을 조망하여 보는 것이다. 과거와 현재를 지그재그식으로 왕래함으로써 삶의 이야기를 전체적으로 조망하여 볼 수 있게 된다.

- 현재 상황과 연결하는 공식적인 질문

  "최근에 이와 비슷한 상황이 있었나요?"

  "최근에 이와 비슷한 사건이 있었나요?"

  "이 사건이 이전의 어떤 것을 생각나게 해 주나요?"

  "지금 당신의 이와 같은 능력을, 과거 당신이 가장 잘 알고 있었던 때가 언제였나요?"

우리들이 과거와 현재의 행위를 전체적으로 조망해 보면, 여러 사건들 가운데 사고와 생각을 전환시킬 수 있는 의미 있는 사건이 나타나는 시점을 발견하게 된다. 이러한 의미 있는 사건이 발생하는 그때를 중심으로 좀 더 구체적이고 자세한 이야기를 이끌어 내, 그 이야기를 새로운 이야기로 만들어 간다면 도움이 될 것이다.

정체성 조망

화이트는 브루너J. Bruner를 따라서 이야기가 펼쳐지기 시작하는 것을 '행위 조망'이라고 불렀다. 그러나 사람들의 관심을 정체성 조망으로 향하도록 질문을 하는 것이 유용하다고 하였다. 행위 조망을 통해 새로운 이야기가 생생하게 나타난다고 하더라도 그것이 의미를 가지려면 정체성 조망으로까지 발전되어야 한다.350) 즉, 행위 조망을 통해 독특한 자료와 사건이 뚜렷하게 나타난다 하더라도 그 자체만으로는 새로운 이야기를 발전시키기 어렵다. 그것이 새로운 이야기로 발전되려면 독특한 자료에 대해 새로운 의미가 부여되어야 한다.

정체성 조망은 독특한 자료에 의미를 부여하는 작업이다. 사람들이 자신의 삶의 이야기를 통해 그 이야기 속에 나타난 사건들에 정체성 조망을 통해 의미를 부여한다. 행위 조망이 사건을 재구성하는 것이라면, 정체성 조망은 그 사건에 대해 재해석하고 새롭게 의미를 구성하는 것이다. 따라서 정체성 조망은 사건에 대한 의미부여라고 할 수 있다.

화이트는 정체성 조망에 대해 다음과 같이 설명하고 있다.

> 사람들은 어떤 사건을 이야기할 때, 이 사건에 사회적 관계 속에서 자신의 특성, 동기, 욕망 등을 반영시키면서 이야기할 것이다. 또한 사람들은 이 사건의 어떤 특정한 관계들의 특성에 관해 무엇을 말하는지를 생각할 것이다. 그러므로 정체성이나 의미의 관점은 행위의 관점을 통해 펼쳐지는 사건들을 성찰함으로써 만들어진 해석과 관련된다.[351]

즉, 정체성 조망은 사람들이 자신의 행위와 관련된 것을 알고, 생각하거나 느끼는 것뿐만 아니라 모른 채, 생각하지 않거나 느끼지 못하는 것까지 포함된다. 이 정체성 조망은 이야기 주인공들의 양심을 특징으로 하며, 행위 조망에서 나타나는 사건들에 대한 반영 - 이들 사건에 대한 그들의 의미 있는 태도, 사건들을 형성하는 의도와 목적에 대한 추론, 그리고 사건들을 통해 다른 주인공들의 정체성과 특징에 대해 도출된 결론들 - 으로 구성된다.[352]

---

350) Ibid.
351) M. White, *Re-Authoring of Lives*, 31.
352) M. White, *Maps of Narrative Practice*, 80.

정체성 조망은 내담자와 등장인물의 의식을 드러내고, 행위 조망에 대한 그들의 사고와 반응으로 구성된다. 이것은 사건에 대한 의미 부여, 사건의 의도와 목적에 대한 추론, 다른 등장인물들의 성격과 정체성에 대한 결론들로 이루어진다.

상담자는 행위에 대한 조망을 통해 탐색된 자료를 가지고 질문기법을 통해 정체성에 대해 조망하도록 한다. 정체성 조망은 사람들이 행위 조망에서 나타난 경험과 관련된 의미, 소망, 의도와 신념, 헌신, 동기, 가치를 엮어서 새로운 이야기를 만들어 나가는 가상의 영역을 의미한다. 다시 말해, 사람들은 행위 조망에서 이야기한 경험이 암시하는 바를 정체성 조망에 반영한다.[353]

정체성 조망을 위한 질문의 핵심은 사건에 대한 '의미'를 발견하는 것이다. 어떤 행위 조망에서 나타난 사건에 대해 새로운 의미를 부여하려는 것이 정체성 조망의 역할이다. 정체성 조망을 탐색하기 위한 기법을 '의미 부여 질문'이라고도 한다. 이 질문의 의도는 내담자가 자신의 행위를 조망하면서 그에 따른 생각과 감정, 신념을 되돌아보게 하는 것이다.

내담자의 이야기 속에서 등장하는 인물들의 관점을 조망하는 것은 내담자가 그 사건을 다양한 관점에서 바라볼 수 있도록 돕는 과정이다. 내담자의 이야기 가운데 설정된 환경이나 배경 그리고 사건들 속에 등장하는 각 인물들의 관점에 대해 질문을 하여, 내담자가 그 사건을 여러 관점에서 조망할 수 있도록 유도하는 것이다. 이 과정에서 내담자는 이야기에 등장하는 인물들이 되어, 각 인물들의 관점에서 사건을 이해하

353) Jill Freedman, and Gene Combs, *Narrative Couple Therapy... and A Whole Lot More! A Collection of Papers, Essays, and Exercises*, 52.

고, 자신의 관점과 비교할 수 있게 된다. 이때 등장인물에는 내담자 자신도 포함된다. 이러한 과정에서는 '무엇', '어떻게'와 같은 질문을 통해 내담자의 행동이나 감정을 조망할 수 있도록 돕는다. 때때로 내담자 자신이 만족하는 사건이나 경험에 초점을 맞추기도 한다.

예시: 등장인물의 관점에 대한 조망 질문

"등장인물 000은 그 점에 대해 어떻게 생각하겠습니까?"
"등장인물 000은 그 사건을 어떻게 바라보겠습니까?"
"등장인물 000은 그 점에 대해 무엇이라고 말하겠습니까?"

정체성 조망의 질문에는 가정법 문장이 사용된다. 예를 들어, '만약 ~라면', '마치 ~라면', '가능하다면', '아마도'와 같은 표현들이 포함된다. 이러한 표현들은 정체성 조망을 위한 중요한 질문 방식이다.[354]

예시: 정체성 조망 질문

"당신은 그것을 무엇이라고 생각하십니까?"
"그 사람과의 관계가 어떻다는 것을 의미합니까?"
"당신은 그러한 경험을 통해 무엇을 배웠습니까?"
"지금 당신에게 그것은 어떤 의미입니까?"
"이 사건은 무엇을 의미하고 있습니까?"

이때 상담자의 질문은 상담자가 선호하는 답을 강요하는 방식이 아니라, '나는 알지 못한다. 그래서 나는 당신을 알고 싶다.'는 호기심을 바탕으로 해야 한다. 이렇게함으로써 내담자는 자신의 목소리를 보다 적극적이고 명확하게 표현할 수 있는 공간을 가지게 된다.

---

354) M. White, *Maps of Narrative Practice*, 100.

내적 상태 이해와 의도적 상태 이해

화이트는 내적 상태 이해의 개념을 다음과 같이 정의한다.

> 내적 상태 이해 internal state understandings는 사람의 행위를 정체성의 중심에서 발견되어야 하는 특정한 요소들이나 혹은 자아 본질의 표출로 묘사된다. 예를 들어, 내적 상태 이해의 관점에서 볼 때 사람들의 표현은 무의식적 동기, 본능, 욕구, 바람, 기질, 성격, 개인적인 특성 등으로 나타난다. 말하자면, 내적 상태 이해는 사람들의 장점이나 자원 등의 표출로 해석될 수 있다.
>
> 이러한 이해의 전통에 의하면, 이러한 요소들이나 본질들은 보편적으로 사람들의 조건 속에서 그 정도가 다르게 나타난다. 삶이라는 것은 이러한 요소들이나 본질의 직접적인 표현 또는 이 요소들과 본질들의 왜곡은 이루어진다. 이러한 왜곡은 보통 역기능 또는 정신 병리라고 불린다. 20세기로 접어들면서 내적 상태와 내적 심리기제에 관한 이러한 개념들은 '무의식 unconscious mind'의 특별한 개념을 생성시켰다.355)

이러한 사고는 서구 사회 속에 보편화되었고, 내적 상태 개념은 근대적 사고방식으로서 오늘날 전문 심리학 혹은 대중 심리학 이론에 편만해 있다. 이 내적 상태의 개념과는 대조적으로, 정체성의 의도적 상태 이해intentional state understandings의 개념은 성격 동인성의 개념에 의해 구분된다.

> 의도적 상태 이해는 사람을 개인적으로, 그리고 다른 사람과의 관계 속에서 삶의 의미와 고난에 능동적인 중재자이자 화해자로 묘사한다. 이러한 개념들은 수 세기에 걸쳐 있는 통속적인 심리학의 특징이다. 어떤 문화든지 그 문화 속에서 전통적으로 내려오는 통속적인 심리학이 있다. 사람들은 이 통속적인 심리학을 매일의 삶에 적용한다.

---

355) Ibid., 101-102.

사람들은 자기의 삶과 다른 사람들의 행위를 이해하고자 하는 노력에 통속 심리학의 의도적 상태 개념을 사용한다. 이 의도적 상태 개념들은 사람들이 매일의 삶 속에서 가치 있다고 생각하는 것을 추구하고, 그들의 목표를 달성하기 위해 능동적으로 자신의 존재를 변화시켜 가는 것과 관련이 있다.356)

그러므로 재저작 대화는 출발의 조건과 상관없이 의도적 상태 이해와 관련된 정체성 결론들의 생성으로 이동한다.

재저작 대화의 위치도

내담자의 이야기에는 행위 조망과 정체성 조망이 있다. 이 두 가지 조망을 근거로 하는 작업은 지도map를 통해 이루어진다. 이야기 상담에서는 지도가 필수적이다. 그 이유는 지도를 활용하여 이야기의 구조를 명확히 하고, 대안적인 이야기의 실마리를 유지하며, 그 실마리를 통해 풍성한 이야기를 만들어가기 때문이다.

지도는 상담자와 내담자가 행위의 관점과 정체성의 관점을 오갈 수 있도록 돕는다. 이를 위해 상담자는 비구조적인 질문loitering questions을 사용하며, 시간의 흐름에 따라 내담자와 상호작용하면서 높은 수준으로 대화의 깊이를 확장시킨다.

행위 조망은 사건을 일정한 순서에 맞추어 주제에 따라 기술하는 방식이다. 지도는 내담자와 가족, 연령, 성별, 주체성 등의 요소를 고려하며, 사건이 시간에 따라 전개되는 과정을 반영한다. 시간이 경과함에

356) Ibid., 103–105.

따라 이야기 속에 모순되는 내용을 조정하며, 내담자가 자신의 경험을 보다 잘 이해할 수 있도록 돕는다.357)

화이트는 재저작 대화의 지도를 [그림 7-4]와 같이 제시하고 있다.

그림 7-4 재저작 대화의 도표358)

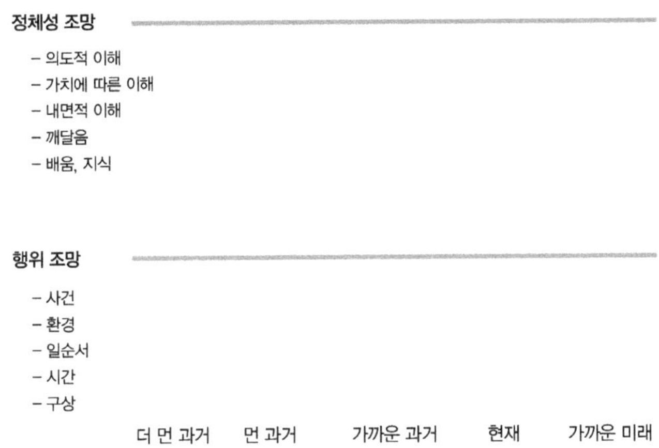

새로운 이야기는 새롭게 발견한 독특한 자료를 바탕으로 행위 조망과 정체성 조망을 끊임없이 오가며 구성된다. 행위 조망에서는 이야기 속에서 나타난 새로운 사건을 통해 무엇인가를 발견하고, 정체성 조망에서는 그 사건들을 재해석하며 새롭게 의미를 부여하는 과정이 중심이 된다.

행위 조망과 정체성 조망에 대한 질문은 반복적으로 제기되며, 화이트는 이를 지그재그 형식의 질문이라고 하였다. 재저작 대화에서 지그재그 형식의 질문은 다음과 같이 나타낼 수 있다.

357) M. White, *Reflections on Narrative Practice: Essays Interviews* (Alelaide, Austaila: Dulwich Centre Publications, 2000), 이현경, op. cit., 76.

358) M. White, *Maps of Narrative Practice*, 84−85.

그림 7-5 재저작 대화의 위치도

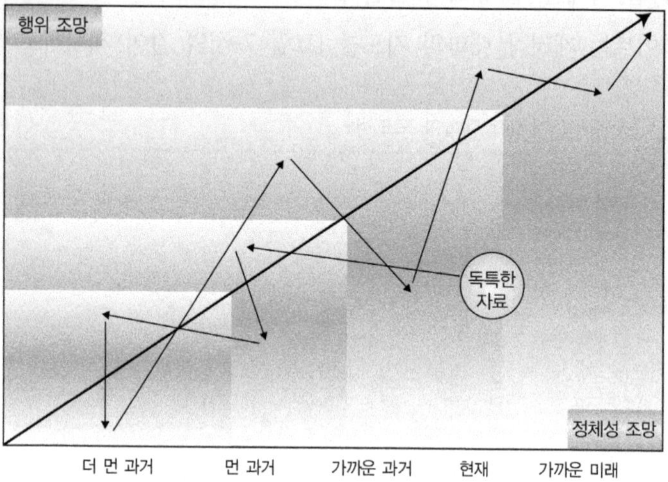

재저작 대화의 과정

재저작 대화는 독특한 자료를 바탕으로 숨겨져 있던 과거를 되돌아보고, 그 안에서 독특한 자료와 맞는 새로운 이야기를 발견하고 창조하는 과정이다. 재저작 대화는 사건, 등장인물, 배경, 줄거리 등을 독특한 자료를 통해 새롭게 조명해 보는 과정이다.

[그림 7-6]의 재저작 대화의 도표는 화이트의 책 『Maps of Narrative Practice』와 워크북 『Re-authoring Conversations Map』에서 인용된 내용을 필자가 변형하여 사용한 것이다.

이처럼 독특한 자료는 과거의 이야기 속에 숨겨져 있던 이야기들을 새롭게 조명하여, 그 이야기들을 다른 시각으로 바라보게 하는 등대 역할을 한다.

그림 7-6 재저작 대화의 도표[359]

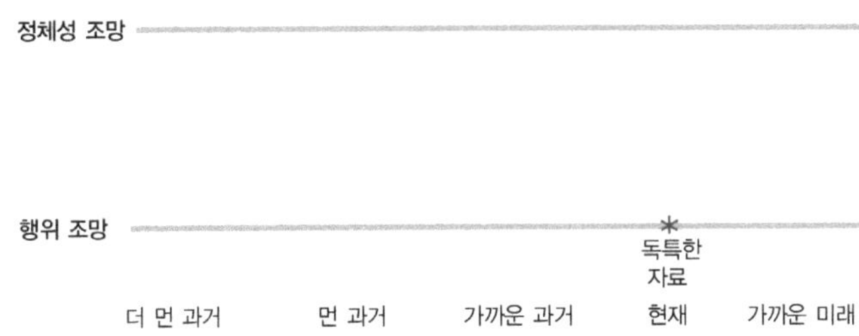

독특한 자료가 발견되더라도, 지배적 문제 구상은 여전히 강력한 영향력을 미친다. 왜냐하면 내담자의 문제 이야기는 독특한 자료를 통해 새로운 이야기를 구성할 수 있는 틈새를 제공하지만, 아직 그 자료는 새로운 이야기를 지탱할 충분한 정보량을 갖추지 못했기 때문이다.

이러한 상황에도 불구하고 독특한 자료는 새로운 지배적 구상을 만들어 가는 기초 자료를 제공한다. 독특한 자료는 내담자의 삶에서 긍정적인 이야기를 수집하고 분석하여, 새로운 이야기를 구상해 가는 데 필요한 자료를 제공한다. 또한 독특한 자료는 그 사람의 현재, 과거, 그리고 미래의 이야기를 행간行間을 통해 읽으면서, 새로운 이야기 구상을 위한 길라잡이 역할을 한다. 독특한 자료

베틀[360]

359) M. White, *Maps of Narrative Practice*, 84−85.
360) 웹 사이트 www.yahoo.co.kr 2008. 8. 13. 검색.

를 통해 과거의 이야기를 재조명하는 과정은 또한 남다른 즐거움을 선사한다.

이러한 만남은 현재와 과거의 삶을 조망하는 것에서 시작된다. 새로운 이야기를 구성하는 데 등대 역할을 하는 독특한 자료는 현재와 과거뿐만 아니라 미래의 이야기까지도 전망하게 한다. 따라서 새로운 이야기의 구성은 독특한 자료에서 출발한다. 출발점에서의 독특한 자료는 '독자적인 현상singular phenomenon'으로서의 자료이다.

재저작 대화는 현재에서 가까운 과거로, 가까운 과거에서 더 먼 과거로, 다시 현재로 이렇게 현재와 과거를 오가며 질문을 하는 과정이다. 이러한 과정을 통해 새로운 이야기가 구성된다. 상담자는 행위 조망과 정체성 조망을 자유롭게 오가며 내담자가 새로운 이야기를 구성할 수 있는 공간을 만들 수 있도록 도와준다.

재저작 대화의 과정은 우리의 할머니들이 베틀을 사용하여 무명, 모시, 삼베, 명주 등을 짜던 방식과 유사하다. 씨실과 날실을 제대로 엮어 놓았듯이, 이야기의 씨실과 날실을 엮어 가는 과정이다. 이 씨실과 날실의 역할이 바로 행위 조망과 정체성 조망이다. 베틀이라는 새로운 지배적 구상을 중심으로 날실인 행위 조망과 씨실인 정체성 조망에 의해 이야기들이 새롭게 엮어져 가면서 새로운 이야기가 만들어진다.

재저작 대화의 질문법

내담자가 새로운 이야기를 구성하도록 돕기 위해서, 상담자는 다음과 같은 재저작 대화의 질문 방법 및 단계를 숙지하고 있어야 한다. 이 일곱 단계는 재저작 대화를 진행하는 데 필요한 핵심적인 방법이다.

1단계: 삶을 조망한다.
2단계: 삶을 재구성한다.
3단계: 삶을 재해석한다.
4단계: 유사한 삶을 회상 → 재구성 → 재해석
→ 의미부여를 (반복적으로) 한다.
5단계: 새로운 지배적 구상을 만든다.
6단계: 새로운 지배적 구상에 새로운 이름을 붙인다.
7단계: 미래를 전망한다.

1단계: 삶을 조망한다

타임머신을 타고 시간이라는 차원의 세계에서 과거나 미래로 여행하듯, 자신의 이야기를 재저작하기 위해서는 먼저 과거의 삶들을 되돌아보아야 한다. 김번영은 이것을 '재방문하기re-visiting'[361] 라고도 한다. 상담자는 내담자가 탐색한 독특한 자료를 통해 과거로 여행할 수 있도록 도와주어야 한다. 과거로의 여행은 현재의 삶에서 가까운 과거의 행위 조망에서부터 시작한다.

2단계: 삶을 재구성한다 – 행위 조망

2단계에서는 과거로 여행을 떠나면서, 독특한 자료를 사용하여 빈약한 이야기 속에 있던 사건, 등장인물, 배경, 구상 등을 해체하고, 그동안 삶에서 중요하게 생각하지 않았던 사건들을 재구성하는 과정이다. 사건들을 재구성할 수 있는 효과적인 방법으로는 구조화된 집단상담에서 활용되는 '생애도표'를 사용할 수 있다. 이때 상담자는 내담자로 하여금 사건들을 중심으로 도표를 그리게 한다. 생애에서 가장 기뻤던 사건과

361) 김번영, op. cit., 188.

그림 7-7 삶의 이야기 : 생애도표

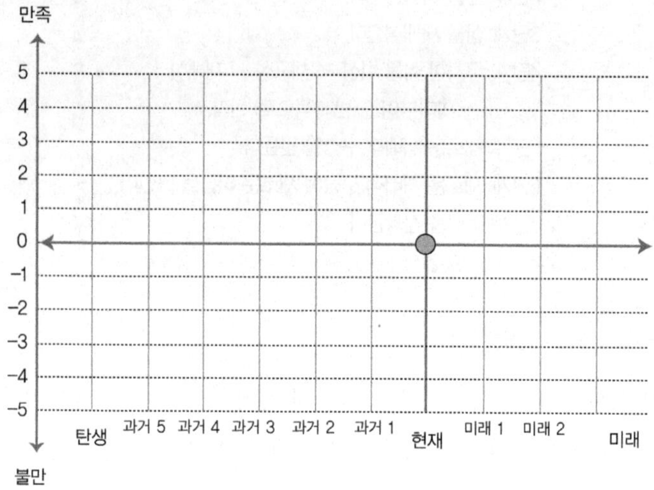

고통스러웠던 사건들을 구분하고, 그 강약에 따라 숫자로 도표에 표시하게 한다.

내담자가 자신의 생애에 일어났던 각각의 사건들을 한눈에 볼 수 있도록 생애도표를 작성하게 되면, 내담자는 자신의 삶을 전체적으로 조망할 수 있게 된다. 또한 객관적으로 재해석할 수 있는 공간이 만들어진다.

이때 상담자는 다음과 같이 말할 수 있다. "태어나서 이 자리에 오기까지, 순간순간 애써 살아온 나는 기뻤던 일, 슬펐던 일, 고통스러웠던 일을 겪으면서도 최선을 다해 지내 왔습니다. 어제의 모습이 오늘의 나를 만들었고, 앞으로의 생애를 더욱 알차게 살 수 있도록 삶을 돌아보며 새롭게 계획하는 시간입니다."

3단계: 삶을 재해석한다 – 정체성 조망

상담자는 내담자에게 생애도표를 그리게 한 후, 도표에 나타난 내용을 바탕으로 내담자에게 사건을 중심으로 이야기할 수 있도록 질문을 한다. 각각의 사건에 대해 내담자가 재해석하면서 자신의 삶을 전체적으로 그려볼 수 있게 된다. 이때 상담자는 주로 '무엇을', '어떻게'라는 질문을 사용하여 내담자에게 각각의 사건들을 재해석할 수 있도록 돕는다. 내담자가 행동 조망을 통해 각 사건들을 재구성하고, 그 사건들에 대해 재해석한 후 자신에게 주는 의미가 무엇인지 물어보아야 한다.

4단계: 유사한 삶에 대한 회상 → 재구성 → 재해석 → 의미부여를 (반복적으로) 한다

새로운 지배적 구상이 자석처럼 작용을 하여, 그와 유사한 사건과 경험들을 찾아 새롭게 재구성하고 의미를 부여하게 된다. 이러한 과정은 반복적으로 진행되면서 대안 이야기가 창조된다.

5단계: 새로운 지배적 구상을 만든다

상담자는 내담자에게 생애 가운데 가장 결정적인 사건이 무엇인지, 그리고 그 사건이 자신의 삶에 어떤 의미를 주었는지 질문하여 내담자가 이야기할 수 있도록 한다. 이러한 과정을 통해 내담자는 새로운 지배적 구상을 만들어 갈 수 있게 된다.

6단계: 새로운 지배적 구상에 새로운 이름을 붙인다

상담자는 내담자에게 새롭게 만든 지배적 구상에 대해 새로운 이름을 짓게 한다. 상담자는 내담자로 하여금 새로운 지배적 구상에 새로운 이름을 붙일 수 있도록 질문을 던진다. 새로운 지배적 구상에 이름을 붙이는 것은 그 구상을 더욱 확고하고 명료하게 만들기 위한 과정이다. 이 새로운 이름을 통해 그 의미를 구체화하고 이야기를 풍성하게 한다.

7단계: 미래를 전망한다

사람들은 지배적인 문제 이야기에서 자신의 과거를 자유롭게 구성할수록, 그들은 문제의 영향을 덜 받는 미래를 기대하고 설계할 수 있다.[362) 대안 이야기가 구체화되기 시작하면, 상담자는 내담자에게 새로운 이야기에 적합한 다가올 변화들을 상상해 보게 하여 이야기의 초점을 미래로 옮긴다.[363) 이야기의 초점을 미래로 옮길 때 내담자의 상상력을 활용 한다. 내담자는 상상력을 통해 자신의 경험을 재구성하게 된다.

따라서 상담자는 질문을 통해 내담자의 대안적 이야기를 발전시켜 나가야 한다. 이 질문들은 내담자의 산 경험들을 새롭게 바라보도록 유도하고, 그들의 마음을 열게 하며 상상력을 동원시킨다. 또한 그들에게 의미 있는 자료들을 사용하도록 돕는다. 내담자는 대화가 진행 되면서 종전에는 등한시했던 삶의 측면들과 관계성에 관심을 가지게 되고, 매력을 느끼게 된다.[364)

상담자는 내담자에게 새롭게 형성된 대안 이야기가 미래의 삶에 어떤 영향을 줄 것인가라는 질문을 통해 대안 이야기를 확대해 나갈 수 있다. 즉, 새로운 이야기가 지속적으로 발전할 수 있도록 상담자는 내

---

362) Jill Freedman and Gene Combs, *Narrative Couple Therapy... and A Whole Lot More! A Collection of Papers, Essays, and Exercises*, 54.

363) Michael P. Nichols and Richard C. Schwartz, *The Essentials of Family Therapy*, 271–272.

364) M. White, *Maps of Narrative Practice*, 61.

담자에게 새로운 이야기가 미래의 삶에 어떤 영향을 미칠 것인지 생각해 보도록 한다. 특히 미래에 대한 자신의 정체성과 진로, 그리고 환경이 어떻게 변화될 것인가에 대해 생각해 보도록 유도한다.

이렇게 내담자는 자신의 삶을 역사적으로 되돌아보며, 새로운 이야기는 이제 과거, 현재 그리고 미래를 아우르는 온전한 이야기가 된다.[365)]

1단계: 현재에서 행위 조망

첫 번째 단계에서의 독특한 자료는 삶을 나타내고 있는 사건들 중의 하나로서의 자료이다. 따라서 1단계에서는 현재 시점에서 내담자의 가까운 행동에 대한 조망을 촉진하는 질문을 한다. 이 질문을 통해 내담자 이야기는 사건, 순서, 시간, 줄거리로 구성되긴 하지만, 이 이야기는 아직 미완성된 이야기이다. 행동에 대한 조망을 통해 비록 작은 것이라 할지라도 성공적인 결과를 가져온 부분이나 문제에 가려져 볼 수 없었던 부분을 볼 수 있게 된다. 이를 '독특한 자료의 발견'이라고 한다.[366)]

1단계 행위 조망은 [그림 7-8]과 같이 내담자가 선호하는 사건을 발견하고, 그 사건과 연결된 다른 사건들을 발견하는 작업이다.

- 행위 조망 질문 1

  "현재의 삶에서 이와 유사한 사건이나 경험이 있었습니까?"

  "어떤 점에서 유사하다고 생각하십니까?"

---

365) Michael P. Nichols and Richard C. Schwartz, *The Essentials of Family Therapy*, 272.

366) 이인숙·김춘경, "노년기 우울과 죽음불안 감소를 위한 생애 회고적 이야기치료 집단 프로그램의 효과," 5.

그림 7-8 재저작 대화 위치도 1

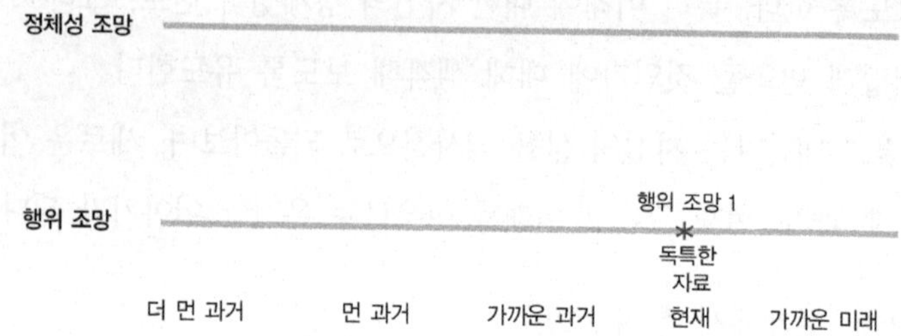

2단계: 현재에서 정체성 조망

이 단계에서는 과거의 삶에서 발견된 행위를 정체성 조망으로 살펴본다. 행위 조망에서 발견된 사건에 대해 의미를 발견하도록 하는 것이 정체성 조망이다.

이 과정은 새롭게 발견된 사건들에 대한 행동을 멀리서 바라보면서, 과거의 시간 가운데서 그 사건에 대한 새로운 의미를 발견하기 위해 조망해 보는 것이다. 이를 통해 지배적 문제 이야기 가운데 있을 때는 미처 발견하지 못했던 사건들을 재구성하고 재해석하면서 의미를 새롭게 부여하는 것이다.

그림 7-9 재저작 대화 위치도 2[367)]

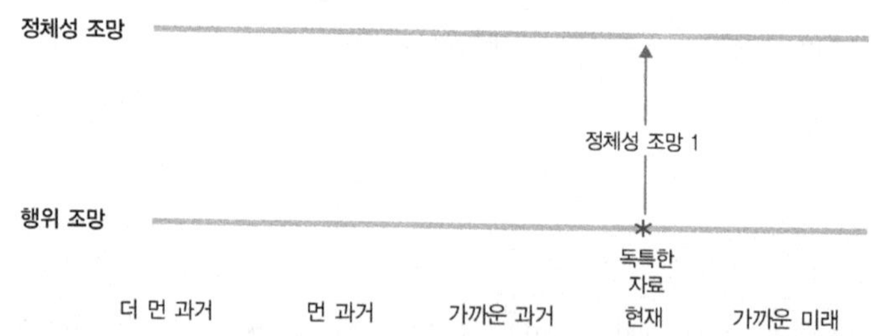

이렇게 함으로써 내담자는 자신에게 있어서 중요한 타자와의 삶과 가치를 일치시킨다.

● 정체성 조망 질문 2

"당신에게 있어 중요했던 그 사건(독특한 자료)에 대해 당신 자신에게 떠오르는 것은 무엇입니까?"

또는 "당신이 소중하게 생각하였던 것은 무엇입니까?"

3단계: 현재에서 먼 과거로의 행위 조망

이 단계는 2단계에서 발견된 정체성 조망을 통해 다른 행위 조망을 하는 것이다. 이때 먼 과거에 있었던 다른 유사한 행동에 대해 조망할 수 있도록 질문을 한다.

정체성 조망으로 하나의 행위에 대한 새로운 의미 발견은 또 다른 행위 조망을 가능하게 한다. 이때는 이전의 독특한 자료 찾기와 강조점이 다르다. 이 시점에서는 가치 추구와 관련하여 과거에 잊었던 자신의

그림 7-10 재저작 대화 위치도 3 [368]

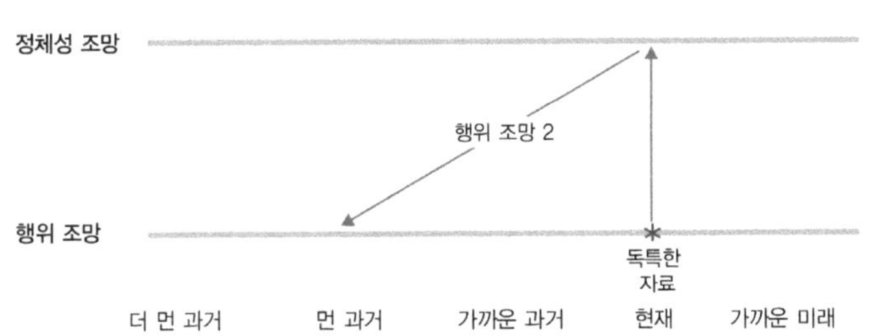

367) M. White, *Maps of Narrative Practice*, 84–85.
368) Ibid.

행위들을 긍정적인 측면에서 조망하여 보면서 새로운 의미를 발견해 나가는 것이다. 즉, 사건의 주도적인 특징을 발견하는 것이다.

- 행위 조망 질문 2

  "당신에게 소중하였던 것에 대한 하나의 반응이었던 행동에 관하여 당신이 이야기할 수 있는 또 다른 이야기들이 있습니까?"

4단계: 현재에서 먼 과거로의 정체성 조망

이 단계는 주도적인 사건을 다시 가치관에 따라 이해하는 단계이다. 또한, 내담자가 가지고 있는 가치관 중심으로 내담자의 내적 상태를 이해하는 단계이다.

그림 7-11 재저작 대화 위치도 4[369)]

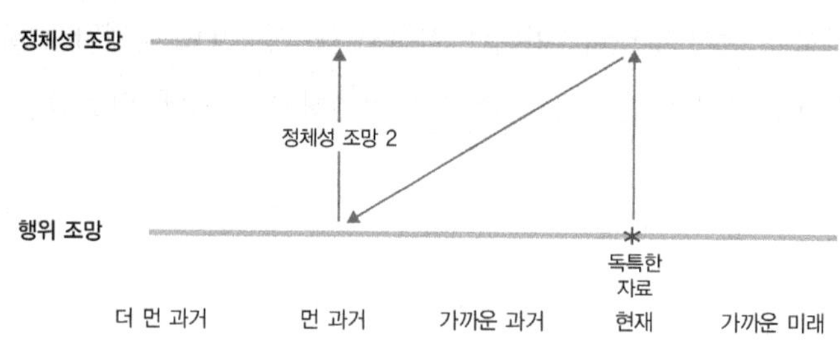

- 정체성 조망 질문 2

  "당신의 그러한 행동이 시사하는 바는 무엇입니까? 그러한 행동이 반영하는 것은 무엇이라고 추측할 수 있겠습니까?"

369) Ibid., 86-87.

5단계: 먼 과거에서 더 먼 과거로의 행위 조망과 정체성 조망

5단계에서는 이전 단계와 같은 방법으로 이루어진다. 내담자로 하여금 더 먼 과거에서 다른 새로운 이야기를 발견하게 하고, 그러한 이야기가 시사하는 바를 발견하게 한다.

그림 7-12 재저작 대화 위치도 5[370)]

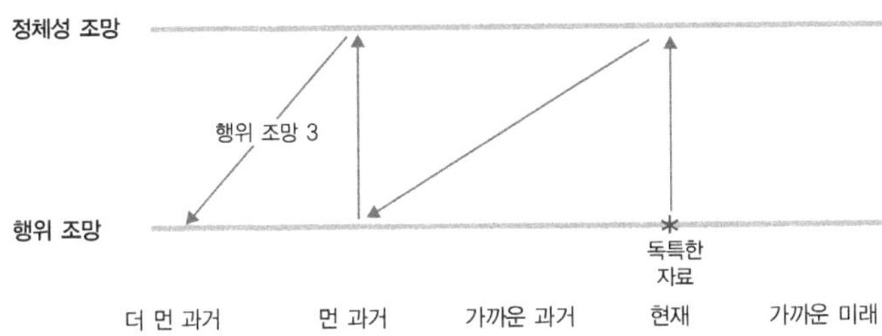

그림 7-13 재저작 대화 위치도 6[371)]

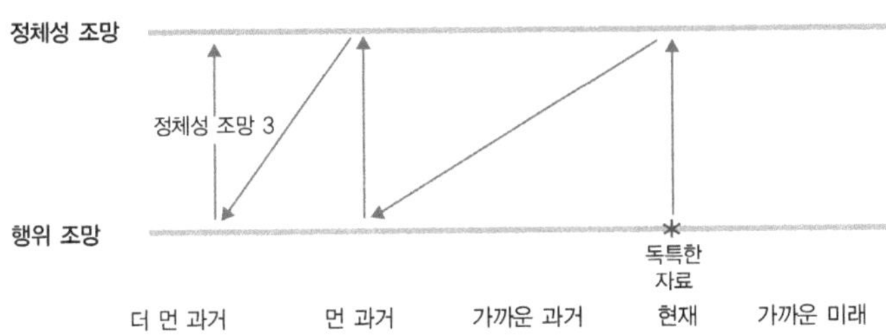

6단계: 더 먼 과거에서 가까운 과거로의 행위 조망과 정체성 조망

이 단계에서는 더 먼 과거에서 가까운 과거로 행위 조망과 정체성 조망을 한다. 이를 반복하여 새로운 지배적 구상을 구성해 나간다.

370) Ibid., 88-89.
371) Ibid., 89-90.

그림 7-14 재저작 대화 위치도 7

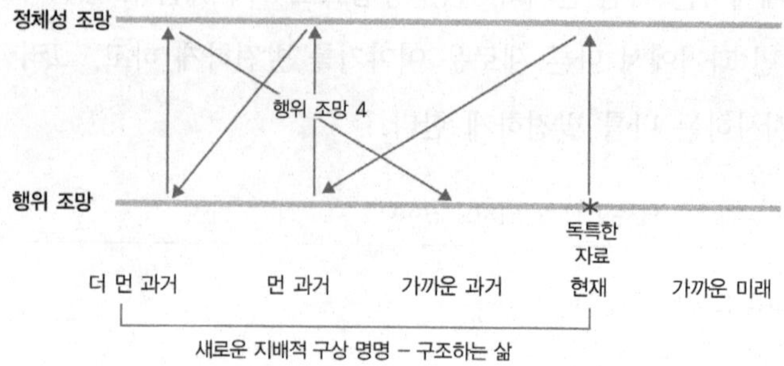

그림 7-15 재저작 대화 위치도 8

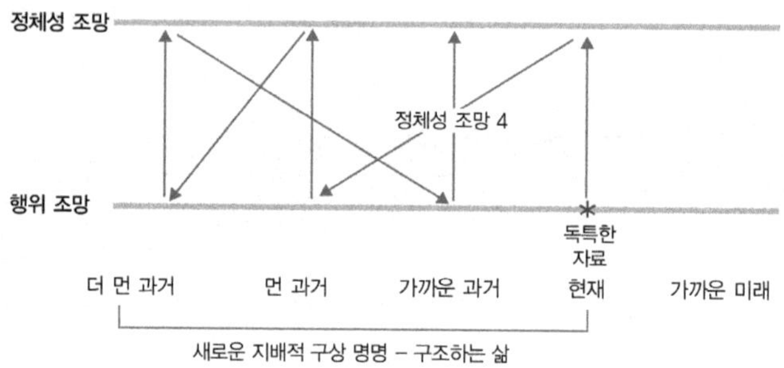

7단계: 새로운 지배적 구상 만들기 - 반대 구상 명명

이 단계에서는 독특한 자료를 통해 이전의 지배적 문제 구상을 해체하고, 새로운 지배적 구상을 만들어야 한다. 내담자가 빈약한 이야기를 할 때, 그 이야기 속에 지배적 문제 구상이 존재한다. 내담자의 지배적 문제 구상에 의해 빈약한 이야기들이 형성된 것이다. 그러나 현재에서 더 먼 과거로의 행위 조망과 정체성 조망을 통해 새로운 지배적 구상이 만들어진다.

그림 7-16 새로운 지배적 구상 만들기

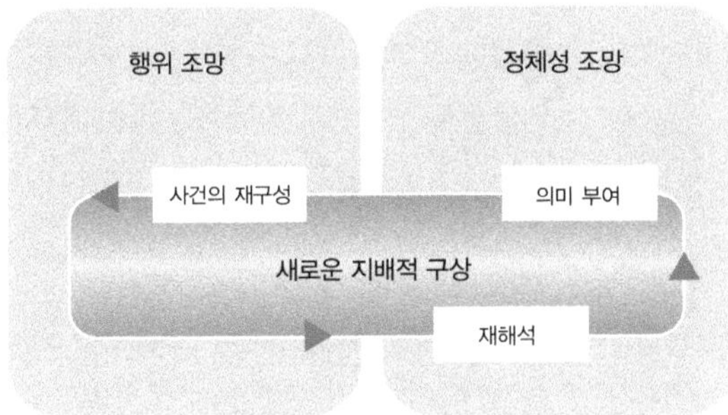

새롭게 만들어진 지배적 구상에 의해 새로운 이야기들이 엮이면서, 새로운 이야기가 발전하게 된다. 이전에는 무시되었고, 중요하게 생각하지 않았던 이야기들이 새로운 지배적 구상에 의해 새로운 이야기로 변형된다.

새로운 지배적 구상에 이름을 붙임으로써 그 구상을 더욱 명확하게 할 수 있다. 새로운 지배적 구상은 내담자를 구조하는 삶salvaging life의 이야기가 된다. 이러한 작업을 통해 지배적 문제 구상에 대항하는 반대 구상counterplot을 만들어 낸다. 반대구상은 과거 이야기에 깊은 뿌리를 두고 있다.

8단계: 가까운 과거에서 미래로의 행위 조망과 정체성 조망 - 대안 이야기 수립

이 단계에서는 정체성 조망을 통해 발견된 행위 조망의 새로운 의미를 발견한다. 이렇게 반복적인 행위 조망과 정체성 조망을 통해 미래에 대해 전망할 수 있게 된다. 이를 통해 새로운 지배적 구상으로 조망하게 된 행위 조망들에 대해 새로운 의미를 부여하는 것이다.

그림 7-17 재저작 대화 위치도 - 미래 전망 9

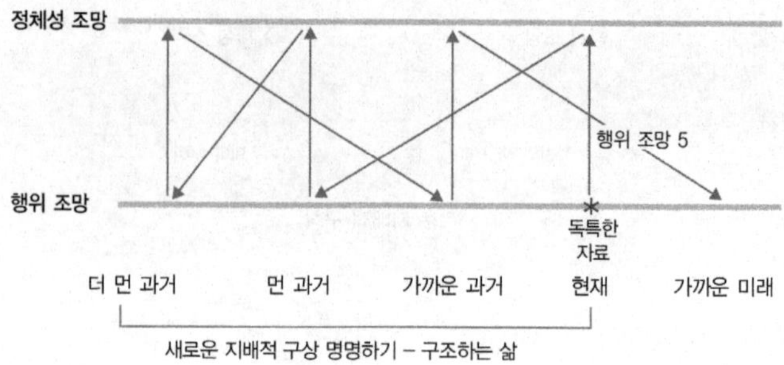

행위 조망을 통해 선호하는 사건을 발견하면, 그 사건을 시간을 거슬러 올라가 또 다른 선호하는 사건과 연결하려는 경향이 있다. 이렇게 함으로써 사건에 대한 다양한 의미가 형성되며, 이러한 과정을 통해 내담자가 선호하는 새로운 이야기로 나아갈 수 있는 가능성이 풍부해진다.

그림 7-18 재저작 대화 위치도 10 372)

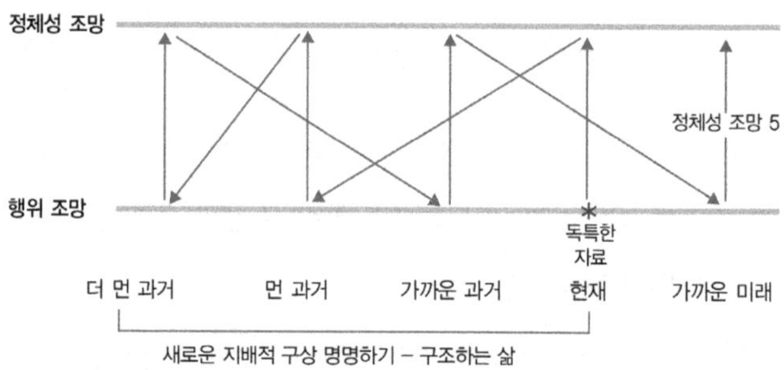

372) Ibid., 94–95.

이와 같이 행위 조망과 정체성 조망은 가상적으로 미래의 삶을 전망할 수 있는 관문 역할을 한다. 이러한 관문을 통해 대안 이야기가 만들어질 수 있는 기틀이 마련된다.

| 상담 사례 적용 예 |

내담자 : "우리 남편이 변하고 있어요. 처음으로 제가 시키지도 않았는데, 우리 시어머니한테 냉동실에 만두를 빚어 놓은 것을 자기가 꺼내서 갖다 드렸어요."

상담자 : "처음이란 게, 그럼 이전에는 그런 행동을 스스로 하지 않으셨던 거예요?"

내담자 : "예. 제가 갖다 드리고 오라고 해야 어머니한테 겨우 갔다 오고, 한번 들여다보라고 해도 잘 안 했어요."

상담자 : "남편의 그런 자발적인 행동을 처음 보고, 슬기님은 어떠셨어요?"

내담자 : "너무 감사하고 좋았어요. 변하고 있다는 게요. 얼마 전부터 성경 읽기도 시작했어요. 저도 그 바람에 같이 읽기를 시작했고요."

상담자 : "슬기님은 남편의 변화로부터 자신의 기쁨과 소망을 더 가지시게 되었네요?"

내담자 : "예. 그러고 보니 그러네요. 공부방 중등부 학생들 수업은 없앨려고요. 인원도 적고, 일은 많고. 우리 남편이 영어를 가르치는데 아이들하고 수준이 안 맞아요. 애들이 별로 반응이 안 좋아요. 조금 잘하는 아이가 한 명 있는데, 그 아이는 우리 남편과 수준이 맞아요. 그 아이 중심으로 영어 과외만 하려는 아이들 소그룹을 짤까 생각 중이에요. 우리 집에서 떨어져 있어서 그렇지, 우리 남편만 괜찮다면 물어보니까 괜찮대요. 그래서 그 아이 집에서 그룹을 짜서 하면 어떨까 생각 중예요."

상담자 : 슬기님의 앞이 보이지 않을 정도의 답답함이 남편의 변화되는 모습으로 인해 이제는 조금씩 안정감을 찾아가는 것 같군요."

내담자 : “보니까 아이들 수업 때문에 너무 매여서 수요예배도 금요 기도회도 못 가고 제 삶이 너무 힘들고…. 주일학교도 제가 심방하면서 전도하는 게 힘이 나요. 집에선 답답하다가 밖에 나오면 언제 그랬냐는 듯이 좋아져요.”

상담자 : “슬기님이 자신이 뭘 원한다는 것을 아시게 되었군요. 전도와 심방을 남편과 함께하는 것으로 힘을 많이 얻고 자신의 모습도 변화되는 기대도 생기시는 것 같아요.”

내담자 : “예. 돈은 어차피 하나님이 주실 것 같아요. 답답하긴 하지만…. 우리 시어머니와 시누이 관계가 문제지만요.”

상담자 : “전략이 필요할 것 같아요. 시누이와 시어머니 사이의 관계를 슬기님 에게 모두 전가시키는 것에 대해서…. 슬기님이 새롭게 힘을 얻어가는 과정에 이름을 붙인다면 뭐가 좋을까요?”

내담자 : “음……, ‘ 분리’요. 제가 하고 싶은 것을 전도나 학생들을 돌보는 것과는 좀 분리하고 싶어요. 그래야 저도 힘이 나고요. 그래서 성경 읽기도 시작했는데 (호호) 우리 남편은 거의 2주 만에 성경 1독을 다 해 가는 것같아요.” (이하 생략)

과정4

새로운 이야기 강화

이야기 상담의 과정 및 기술

과정 1 문제 이야기 파악

문제 이야기 파악

과정 2 문제 이야기 분리

외재화 대화

과정 3 새로운 이야기 구성

독특한 자료 발견

재저작 대화

과정4 새로운 이야기 강화

회원 재구성 대화

인정 의식

제 8 장

회원 재구성 대화

이야기 상담 과정

문제 이야기 파악 → 문제 이야기 분리 → 새로운 이야기 구성 → **새로운 이야기 강화**

우리는 현재 이야기 상담 과정 중 '새로운 이야기 강화 과정'에 와 있다. 새로운 이야기 강화는 이야기 상담 과정을 통해 구성된 새로운 이야기가 내담자의 삶에 영향을 끼치고, 이를 확장시키는 것이다. 이 과정에서 사용하는 기법에는 회원 재구성 대화와 인정 의식이 있다. 인정 의식 안에는 외부 증인 세우기, 반영 팀 구성, 문서와 편지 쓰기, 의식과 축하 행사 등이 있다.

회원 재구성 대화의 개념

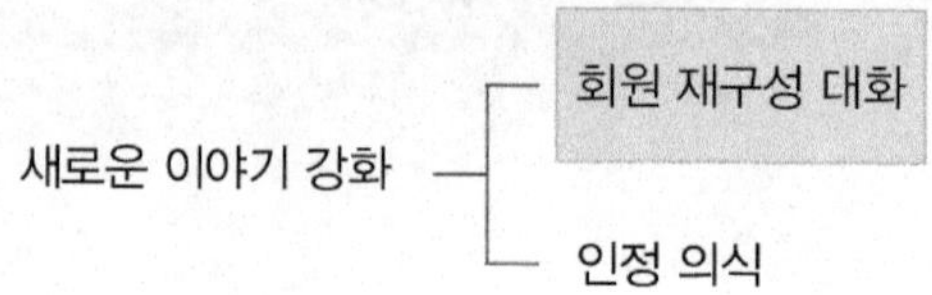

회원 재구성

'회원 재구성re-membering'의 개념은 원래 문화인류학자인 마이어호프B. Myerhoff(1935~1985)에 의해 만들어진 신조어이다.373) 마이어호프는 're-membering'이라는 용어를 '회상의 특별한 유형special type of recollection'을 기술하는 데 사용하였다.374) 마이어호프는 캘리포티아 베니스 바닷가에서 그들의 회원 중 한 사람이 죽은 것에 대한 연장자 공동체의 반응에 관한 논문을 썼다. 그녀는 공동체가 죽은 자에게는 공동체의 일원으로서 명예를 주는 것과 생존자에게는 공동체로의 소속감을 강화시키는 것에 대한 '인정 의식definitional ceremonies'을 통해서 그러한 죽음의 의미를 받아들일 수 있다고 주장했다.

이 같은 회원 재구성은 단순한 과거의 회상이나 추억에 잠기는 것보다는 훨씬 더 큰 의미가 있다. 그것은 존속하는 공동체에 죽은 사람이

373) Barbara Myerhoff, "Life History Among the Elderly: Performance, Visibility and Remembering," in J. Ruby, ed., *A Crack in the Mirror: Reflexive Perspectives in Anthropology* (Philadelphia: University of Pennsylvania Press, 1982); and Barbara Myerhoff, "Life Not Death in Venice: Its Second Life," in V. Turner and E. Bruner, eds., *The Anthropology of Experience* (Chicago: University of Illinois Press, 1986).

374) Shona Russell and Maggie Carey," Re-membering: Responding to Commonly Asked Questions," *The International of Narrative Therapy and Community Work*, 2002, No. 3, 24.

바바라 마이어호프

회원으로서 재결합하는 것을 포함한다.[375]

그녀에 의하면 "사적이고 집단적인 삶이 적절하게 재구성된다면 해석학적 의미를 가진다. 그것은 충분하고 풍부한 이야기이다. 그것은 공유하는 신념, 상징들과 특별한 역사적 사건들과의 연결고리를 포함한다."[376] 그녀가 사용한 회원 재구성은 단지 회원의 자격이나 과거의 회상을 의미하는 것을 넘어 과거 - 현재 - 미래를 투사하여 봄으로써 회원들 간의 재결합을 의미하는 개념이다.

마이이어호프의 이러한 작업은 화이트에 의해 회원 재구성이 치료 가치를 가지고 있다는 사실이 인정받으면서 빛을 발하게 되었다.[377] 화이트는 1989년과 1997년에 사람들의 정체성은 '삶의 클럽club of life'으로 불릴 수 있는 무언가에 의해 형성된다는 생각을 발전시켜, 1997년에 이야기 상담에 '회원 재구성'이라는 용어를 도입하였다.[378] 그에

375) Loraine Hedtke and Jone Winslade, "The use of the subjunctive in re-memberingconversations with those who are grieving." *OMEGA*, 2004-2005. Vol. 50(3): 198.

376) B. Myerhoff, "Life History Among the Elderly: Performance, Visibility, and Remembering," in J. Rudy (Ed.), *A Crack in the Mirror: Reflexive Perspectives in Anthropology* (Philadelphia: University of Pennsylvania Press, 1982), 111.

377) Loraine Hedtke and Jone Winslade, op. cit., 198.

378) Shona Russell and Maggie Carey, op. cit., 24.

의하면 한 사람의 이야기에서 중요한 인물들과 자신의 과거와의 재결합은 목적이 있고 의미심장한 통합이다. 이것은 의식의 일상적인 다른 행위에서 느끼는 감정들이나 일시적인 영상들처럼 수동적이고 파편적인 것이 아니다.

이러한 그의 이해는 재구성이 마치 클럽이나 화합과 같은 이미지를 갖게 한다.[379] '삶의 클럽'에 대한 은유는 어떻게 우리가 자신을 경험할 수 있게 되는가에 관한 주제에서 자기 자신이 특별한 역할을 감당하는 구성원의 일원으로 보기 때문에 가능한 것이다. 따라서 한 개인이 클럽의 한 회원으로 속해 있다는 생각은 새로운 치료 가능성을 제시해 준다.

're-membering'과 'remembering'

're-membering'단어에서 re와 membering 사이에 하이픈(-)이 들어간 것은 이야기 상담에서 중요한 의미와 용도를 지닌다.[380] 이 단어는 사전에 등재되지 않는 'membering'이라는 단어가 'member'와 'ing'가 결합하여 형성된 신조어이다.

're-membering'을 제대로 이해하려면, 이 단어에 내포된 의미를 정확히 파악할 필요가 있다. 're-membering'은 're'와 'member'라는 단어가 하이픈에 의해 연결된 형태이다. 이 하이픈은 자격membership의 개념보다는, 과거에 대한 단순한 회상이 아니라, '다시 결합re-membering' 한다는 의미를 강조한다. 're-membering'과 'remembering'의 차이를 이해하는 데 중요하다.[381]

---

379) M. White, *Maps of Narrative Practice*, 136.
380) Allice Morgan, op. cit., 107.

'회원 재구성re-membering의 의미는 첫째, 새로운 관점에서 회원의 자격을 재구성한다는 것이다. 사람들이 자신의 삶의 이야기에 영향을 끼친 과거와 현재의 회원들을 다른 관점에서 새로운 의미를 부여하여 새로운 관계를 구성하는 것이다. 둘째, 're-membering'은 사람들의 과거와 현재에서 관계를 맺었던 중요한 사람들과의 관계를 다시 재구성하는 과정으로, 기억을 되살리고 풍부하게 하며 발전시키는 것이라고 할 수 있다.

're-membering'은 단순히 기억하거나 회상하는 것만을 의미하는 것이 아니라, 자신의 '삶의 클럽'의 회원 자격을 신중하게 재정의하는 작업을 포함한다.[382] 're-membering'은 과거 속에 있는 인물을 분석하고 판단하면서 새로운 자격 부여에 대해 심의하는 선별 작업 자체이다.

마이어호프와 두 명의 센터 회원들[383]

381) Shona Russell and Maggie Carey, op. cit., 24.
382) Ibid.
383) 웹 사이트 www.jwa.org. 2008. 10. 28. 검색.

회원의 자격을 재구성하는 대화를 통해 빈약한 이야기의 주인공은 배제시키고, 풍부한 이야기의 주인공을 끄집어내는 과정을 통해 지지그룹으로 옮겨지게 된다. 즉, 회원들의 자격을 심의하는 작업re-membering을 통해 지지 그룹remember으로 형성된다. 회원 재구성re-membering은 지지 그룹remember의 관문 역할을 한다.

회원 재구성 대화와 자아정체성

회원 재구성의 개념은 후기 사회구성주의의 영향을 받았다. 회원 재구성 대화에서는 먼저 '자기self '에 대한 개념이 정립되어야 한다. '자기'에 대한 후기 사회구성주의자들의 관점은 개별적인 '자기'를 가정하는 것이 아니라 오히려 관계의 상호 연관성 망을 가정한다.384) 거겐K. Gergen은 "우리 자신이 관계를 만들기보다는 오히려 우리들의 관계가 자신을 만든다."고 하였다.385) 그에 의하면 '자기'는 인지나 감정으로 표현되는 일종의 환원 불가능한 심리적 · 내적인 실체라기보다는 오히려 사회 구성이라는 의미에서 이해되어야 한다.386) 즉, '자기'는 고정된 것이 아니라 관계를 통해 새롭게 구성될 수 있는 것이다.

따라서 회원 재구성 대화에서의 전제는 한 사람의 회원 클럽이 자아정체성 구성을 위한 기준점 역할을 한다는 것이다.387) 즉, 사람들은 여러 회원 자격을 가지고 있으며, 이 회원 자격은 다른 사람들의 경험에 영향을 주고 있다. 사람들은 다른 사람과 맺는 관계 경험을 통해 '자

384) Shona Russell and Maggie Carey, op. cit., 25.
385) Kenneth J. Gergen, *Realities and Relationships: Soundings in Social Construction* (Cambridge: Harvard University Press, 1994).
386) Lynn Hoffman, "가족치료를 위한 재귀적 관점," 28.
387) Loraine Hedtke and Jone Winslade, op. cit., 199.

기' 개념이 형성된다. 즉, 다른 사람들이 나를 어떻게 바라보는지, 다른 사람들은 나를 어떻게 생각하는지, 다른 사람과의 관계를 통해 나는 나 자신을 어떻게 경험하고 있는지, 나는 다른 사람의 삶에 어떻게 참여하고 있는지 등이 자아정체성을 형성하는 데 영향을 주고 있다.

대주교 투투D. Tutu도 "사람은 다른 사람을 통해 사람이 된다."[388] 고 말하면서 '자기'에 대한 개념을 다른 사람과 관계를 맺는 경험을 통해 형성된다는 것을 간결하게 묘사하고 있다. 따라서 자기에 대한 개념은 어떤 특정한 한 사람의 목소리에 의해 형성되는 것이 아니라 다양한 목소리에 의해 형성된다.

회원 재구성 대화는 '자기'에 대한 개념이 다른 사람들과의 관계를 통해 형성된다는 관점에 근거하고 있다. 자기에 대한 개념은 고정되어 변화 불가능한 것이 아니라 새로운 관계를 통해 충분히 새롭게 형성될 수 있는 것이다. 따라서 회원 재구성 대화는 사람들과의 관계성 속에서 자아정체성이 형성된다는 것을 바탕으로 하는 이야기 상담 기법이다.

회원 재구성 대화와 이야기

이야기 상담의 기본 전제 중 하나는 사람들의 경험이 실제로 다양하고 풍부하다는 것이다. 그러나 그 경험을 이야기할 때 이야기는 하나의 관점으로만 바라 보게 되어 단편적이 될 수 밖에 없다. 왜냐하면 사람들은 자신의 삶을 이야기할 때, 그 이야기에 모든 사건과 경험을 담을 수 없기 때문이다.

화이트는 회원 재구성 대화를 새로운 이야기를 강화하기 위해 '특별

388) J. D. Morrison, "South African Journey," *Social Work Networker: National Associational of Social Workers, Illinois Chapter*, vol xxxxi, no. 2, March, 5–7.

한 형식의 기억'을 사용하는 이야기 상담의 한 방식이라고 정의하고 있다.[389] 이를 통해 볼 때, 회원 재구성은 내담자와의 대화를 통해 내담자의 기억 속에 있는 경험을 재구성하는 작업이다.

사람들의 기억 속에는 그들의 삶의 이야기와 관련된 사람들이 있다. 그중에는 삶을 힘들게 하는 억압의 대행자가 있는 반면, 위로와 용기를 주는 대행자도 있다. 일반적으로 삶이 힘들고 아픈 것으로 기억 될 때, 억압의 대행자가 크게 부각되며, 위로와 용기를 주었던 대행자는 잊혀지거나 중요하게 다뤄지지 않는다. 따라서 회원 재구성 대화를 통해 기억 속에 있는 억압의 대행자를 위축시키고, 위로와 용기를 주는 대행자의 이야기에 관심을 기울이며 재조정하는 것이다.[390] 이러한 회원 재구성 대화를 통해 사람들은 누가 자신이 누구인지를 말해 줄 사람이며, 어떤 목소리가 인정되어야 할지 알게 된다.[391]

그렇다면 우리는 "회원 재구성 대화는 이야기 상담 실제와 어떻게 관련이 있는가?"라는 질문을 할 수 있다. 이야기 상담은 자신이 선호하는 정체성의 이야기를 확장하는 데 목적이 있다. 사람들은 자신이 선호하는 이야기나 영역에 서 있는 기회가 주어졌을 때, 그들은 자신의 삶에서 취하기를 원하는 행동이 무엇인지를 보다 더 쉽게 바라볼 수 있을 것이다. 회원 재구성을 통해 내담자가 선호하는 자기 정체성의 영역에서 중요한 인물과 함께 서게 되는 것이다. 이러한 연결들은 그들이 선호하는 행동을 할 수 있는 많은 지원들을 제공한다. 따라서 회원 재구성 대화는 핵심 자기core self의 개념보다는 삶의 제휴association of life에

389) M. White, *Narrative of Therapists' Lives* (Adelaide: Dulwich Center Publications, 1997), 22.
390) Ibid., 23.
391) Ibid.

기초한 정체성 개념에 의해 형성된다. 삶의 제휴는 한 사람의 과거, 현재, 그리고 투사된 미래의 정체성들과 특정한 인물들이 그 사람의 정체성을 만드는 데 영향을 주는 목소리들로 구성된다.[392] 여기서 개인의 정체성은 핵심 자기보다는 삶의 관계성에 근거해 있다는 것이 이야기 상담의 기본 생각이다. 삶의 관계성은 중요한 인물들과 그 사람의 과거, 현재, 미래의 정체성으로 구성되어 있다. 중요한 인물들의 목소리는 내담자의 정체성을 형성하는 데 영향력을 미친다.

화이트에 의하면, 회원 재구성 대화는 내담자에게 중요한 인물[393]들을 기억 속에서 찾아내어 중요한 인물들의 눈으로 내담자 자신의 정체성을 밝히고, 그것을 새로운 이야기 안에 넣어 두는 것이다.[394] 회원 재구성 대화에 의해 내담자는 지금까지 자신이 보지 못했던 '자기'에 대해 새롭게 인식하도록 도움을 받는다. 자기에 대해 새롭게 인식하는 작업이 내담자의 기억 속에 있는 경험들을 재해석하도록 한다. 경험에 대해 재해석하면서, 내담자는 자신의 자아정체성 형성에 영향을 주었던 인물들을 상상을 통해 새롭게 만나게 되며, 그 사람의 관점으로 자신의 이야기를 평가하고 반응하도록 한다.

내담자에게 중요한 타자의 관점으로 자신의 삶을 바라보게 하였을 때, 예전과는 다른 내용의 기억들을 만들 수 있으며, 자신의 정체성을 새롭게 형성하는 데 도움을 받을 수 있다. 이처럼 회원 재구성 대화는 내담자의 자아 정체성 형성에 영향을 주었던 중요한 사람들을 과거의 기억 속에 묻어 두지 않고, 현재의 삶의 이야기로 초청하여 새로운 자아

---

392) M. White, *Maps of Narrative Practice*, 129.
393) 중요한 타자란 내담자의 정체성 형성에 영향을 끼쳐 왔던 인물들을 의미한다.
394) M. White, *Narrative of Therapists' Lives*, 23.

정체성을 구성하는 데 도움을 주는 것이다.

이와 같이 회원 재구성 대화는 내담자가 자신의 자아정체성 형성에 관여하였던 인물들의 권한을 박탈하기도 하고, 권한을 새롭게 부여하기도 하면서 내담자 자신이 주도권을 행사하는 기법이다. 내담자가 자신이 주도적으로 자신의 삶의 관계에서 긍정적인 영향을 끼친 어떤 인물들의 지위는 높이고, 부정적인 영향을 끼친 다른 인물들의 지위는 낮추는 조정 작업이다. 따라서 회원 재구성 대화는 단지 수동적인 회상이 아니라 목적이 있는 권한 재조정 작업이다.

회원 재구성 대화에서의 중요한 인물

사람들의 삶에서 기억될 수 있는 영향력 있는 사람들과 자신의 정체성을 동일시하는 것에 대해서는 많은 선택들이 있다. 회원 재구성 대화에서 자신의 정체성과 동일시하는 중요한 인물들은 내담자와 직접적인 관계를 가질 필요는 없다. 그들은 영화나 소설 속의 인물일 수도 있고, 사람이 아닌 동물이나 장난감일 수도 있다. 예를 들면, 영화나 드라마에 등장하는 인물이거나 중요한 책의 저자가 될 수 있다. 그리고 어릴 때 좋아하던 애완동물이거나 장난감이 될 수도 있다.395)

따라서 회원 재구성 대화에서 인물들은 내담자의 삶에 영향을 끼친 가까운 사람, 책에서 읽었던 위인, 혹은 자신이 존경하거나 닮고 싶은 인물들 중에 지금도 자신의 삶에 영향을 끼치고 있다고 생각하는 사람에 대해 이야기를 하는 것이다. 물론 이러한 인물들 가운데 내담자 자신이 가지고 있는 종교에서의 신이나 신앙적인 인물들이 될 수도 있다.

---

395) M. White, *Maps of Narrative Practice*, 129.

회원 재구성 대화의 시점

회원 재구성 대화는 특정 상황에서 내담자의 경험을 탐구하고 그 과정을 통해 내담자의 내면을 재구성하려는 목적을 갖는다. 이 대화를 시작하는 첫번째 시점은 내담자가 자신의 과거 삶에서 긍정적인 영향을 미친 중요한 사람을 이야기하기 시작할 때이다.396) 이때, 과거의 중요한 사람의 관점에서 질문을 던질 수 있다. 예를 들어, "만약 이 자리에 중요한 그 사람이 있다면, '내가 당신에 대해 질문한다면 그 사람은 그 상황에 대해 어떻게 평가할까요? 당신의 삶에 대해 뭐라고 말할까요?'라고 묻는다면, 그 사람에게 내담자에 대해 말해 줄 것을 요청할 수 있다."

두 번째 시점은 내담자가 자신의 삶의 문제의 특별한 상황을 언급할 때, 이 때 내담자가 문제 해결을 위해 사용하는 기술skill이나 지식에 대해 이야기하도록 할 때 유도할 수 있다.397) 예를 들어, "당신은 그 문제를 해결하기 위해 무엇을 했는가? 행동을 취하기 위해 어떤 생각을 했는가? 이 특정 기술의 역사에 대해 설명할 수 있는가? 이 사고나 행동방식을 이끌어낸 특별한 사람이 있는가?"

세 번째 시점은 내담자가 자신의 삶에 대해 부정적인 결론을 내리려 할 때 발생한다. 즉 내담자가 자신의 삶을 '희망이 없고, 아무런 가치도 없으며, 어리석고, 증오스럽다'고 평가할 때이다.398) 이때, 내담자가 이러한 부정적인 자기 평가를 재구성할 수 있도록 돕는 방법을 고려할 수 있다.

---

396) Shona Russell and Maggie Carey, op. cit., 25.
397) Ibid.
398) Ibid.

회원 재구성 대화의 의의

회원 재구성 대화는 한 사람이 자신의 삶의 이야기에 영향을 주었거나 지금도 주고 있는 중요한 인물들을 지금-여기here and now에 초청하여, 그 사람의 시각에서 자신의 실제적인 모습과 가치관을 찾아내고 이를 평가하는 데 의의가 있다.

회원 재구성 대화의 목적과 유익을 살펴볼 때, 두 가지 의의가 있다.

먼저, 회원 재구성은 다양한 목소리를 가진 정체성의 개발과 과거에서 미래에 이르는 삶의 일관성 확립을 돕는다.[399] 회원 재구성을 통해 삶이 현재에서 과거로 돌아가고, 미래로 나아가서 새로운 이야기를 강화하는 하나의 과정으로 주어진다는 것이다.

둘째, 회원 재구성은 치유적 대화와 관련이 있는데, 이것은 서구 사회의 지배적인 인간상인 자기소유, 자기만족, 자아실현과 같은 고립화된 자아에서 탈피할 수 있는 기회를 제공하기 때문이다. 회원 재구성 대화는 이러한 현상을 교정할 수 있으며, 사람들이 자신의 정체성을 이해하고 형성하는 데 대안적 통로를 제공해 준다.[400]

따라서 회원 재구성 대화는 삶을 공동체적 관점에서 바라보게 하며, 다양한 목소리를 가진 정체감을 신장시켜 준다. 이는 수동적 수용자로서의 개인이 상호 관련성을 가진 능동적 인간으로 변화되는 것을 의미한다.

즉, 회원 재구성 대화는 수동적인 회상이 아니라 자신의 삶에서 중요했던 인물들과 자신의 정체성에 의도적으로 관여하는 과정이다. 회원 재구성 대화를 통해 특별히 내담자에게 자신의 삶을 다른 중요한

---

399) M. White, *Maps of Narrative Practice*, 137.
400) Ibid.

인물의 관점에서 되돌아보게 함으로써, 새로운 삶의 회원들을 재구성하여 긍정적인 자기 개념을 형성하도록 돕는다.

회원 재구성 대화의 유익한 점

회원 재구성 대화는 내담자가 삶의 클럽 회원들의 자격을 재조정하기 위하여 내담자의 선택권을 열어 준다.[401] 이러한 대화는 다른 사람이 우리의 삶과 우리 자신의 이해를 강조하며, 정체성의 인식 발달을 돕는다.[402] 회원 재구성 대화를 통해 내담자는 자신이 삶의 주인이 되어 정체성을 발달시켜 나간다.

회원 재구성 대화는 내담자가 자신의 삶에 어떤 인물이 들어올지에 대해 자격을 결정할 수 있도록 한다. 지금까지 내담자는 자신의 삶의 이야기에 관여하는 인물들의 자격을 주도적으로 결정하지 않았다. 내담자의 삶은 빈약한 이야기를 서술하는 인물들의 목소리에 의해 좌지우지되어 왔다. 따라서 회원 재구성 대화를 통해 내담자는 자신의 삶의 이야기에 주인이 되도록 한다. 즉, 내담자는 자신의 이야기를 새롭게 구성하고 강화하기 위해 자신의 삶에 관여한 인물들의 자격을 스스로 결정하게 된다.

회원 재구성 대화는 내담자가 새로운 이야기를 더 풍부하게 나눌 수 있도록 한다. 이 대화는 새로운 이야기의 역사를 더욱 풍부하게 만드는 데 기여할 수 있다. 중요한 인물들이 알고 있는 사건들은 새로운 이야기의 다른 사건들과 연결될 수 있다. 이러한 연결을 통해 새로운 이야기 안에서 사건들을 함께 엮으면 풍부한 이야기를 나눌 수 있게 된

401) Shona Russell and Maggie Carey, op. cit., 24.
402) M. White, *Maps of Narrative Practice*, 138.

다.[403] 따라서 회원 재구성 대화는 내담자가 소속된 삶의 클럽에서 회원 자격을 재조정하거나 개선할 수 있도록 돕고, 더 나아가 사회적으로 고립되거나 격리되지 않도록 돕는다.

회원 재구성 대화의 원리

회원의 자격을 재구성하는 대화는 치유적 대화이다. 화이트는 '회원 재구성'이라는 은유의 고찰을 통해 치유 의미를 말하였다. 화이트가 제시한 회원 재구성 대화의 치료적 맥락[404] 을 중심으로, 필자는 회원 재구성 대화의 원리를 다음과 같이 제시한다.

불러내라 Evoke

'삶'을 하나의 '회원제' 클럽으로, '정체성'을 '삶의 제휴'로 불러낸다. 이것은 자신의 삶에 영향을 끼쳤던 기억 속에 있는 회원들을 되살려내는 것이다.

공헌하라 Contribute

고립된 자아의 특징이 되는 하나의 목소리로 된 정체성보다는 다양한 목소리로 표현하는 것이 의미를 발견하는 데 도움이 된다. 다양한 목소리는 사람들에게 자신의 삶과 다른 사람의 소중한 주제와 연결되는 것을 발견하게 한다.[405]

---

403) Ibid.
404) M. White, *Maps of Narrative Practice*, 137–139.
405) Ibid., 138.

가능성을 열어 두라 Open

회원 자격을 수정할 수 있는 가능성을 열어 둔다. 중요한 이야기들은 대개 몇 명의 회원들의 자격이 상향 조정되고 존중되는 반면에, 어떤 이야기들은 몇몇 회원들의 자격이 철회되거나 박탈되는 것에 영향을 미친다. 회원 재구성 대화를 통해 일부 회원들의 자격을 개선하거나 강등, 유지 또는 취소하기도 하는 것처럼, 개인의 정체성과 관련하여 일부 목소리에는 권위를 부여하고, 일부 목소리에는 자격을 박탈하는 방식으로 진행된다.[406]

충분히 기술하라 Richly describe

삶의 주요한 관계에서 함께 만들어 내는 정체성과 삶의 지식들과 생활 기술들에 대해 선호하는 생각들을 충분히 기술한다. 이러한 관계를 검토할 때, 정체성과 지식 그리고 기술에 대한 설명은 구체적으로 탐구할 수 있다. 이 탐구 과정에서는 중요한 발견, 현실화, 결론, 학습, 문제해결 사례 등을 충분히 기술한다. 이것은 그들의 삶에서 인정받고 있다는 느낌을 증가시키고, 인생을 어떻게 살것인지에 대한 구체적인 제안을 준비하는 데 기반을 마련해 준다.[407]

제공하라 Provide

중요한 사람과 그들의 삶의 관계에 대해서 쌍방적인 이해를 제공하라. 이 쌍방적인 이해는 한 사람의 수동적인 수용자로서의 정체성을 바꾸어 놓고, 개인의 주체적인 감각을 부활시키는 데 공헌의 상호성을 강조

---

406) Ibid.
407) Ibid.

한다.[408] 즉, 공헌의 상호성 안에서 개인의 인격적인 기능이 부활되는 것을 강조한다.

격려하라 Encourage

회원의 자격을 재구성하는 대화는 과거에 대한 수동적인 회상이 아니라, 과거의 중요한 사람들과 현재 삶의 정체성에 중요하거나 앞으로 중요할 것이라고 짐작되는 사람을 재발탁하는 것을 격려하는 것이다.[409]

회원 재구성 대화의 단계 및 위치도

그림 8-1 회원 재구성 대화의 단계

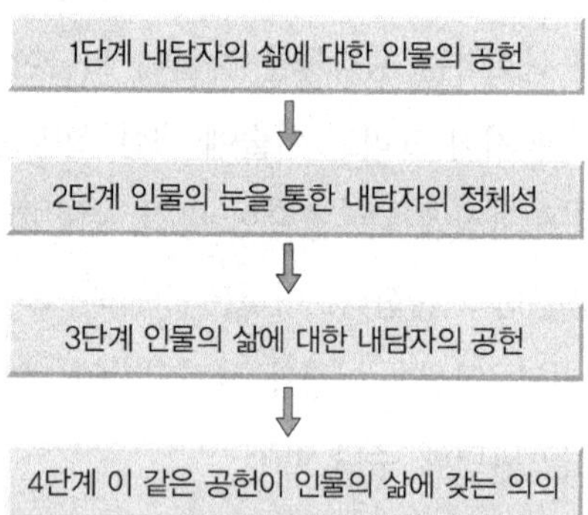

회원의 자격을 재구성하는 대화는 종종 다음과 같은 두 가지 질문들로 시작한다.[410] 이러한 질문을 통해 내담자는 자신의 삶의 이야기를 새롭게 구성해 간다.

408) Ibid., 138–139.
409) Ibid., 139.
410) Ibid.

1. 첫 번째 질문: 중요한 인물이 내담자의 삶에 끼친 공헌(영향)을 재진술하도록 질문한다.

- 내담자는 중요한 인물이 자신의 삶에 공헌한 것에 대해 재진술한다. 내담자는 중요한 인물이 자신의 삶에 무엇을 공헌했는지에 대해 자세히 설명한다.

  상담자의 질문 : "그 당시 그 사람은 당신의 어떤 점을 진가로 인정했습니까?"

- 내담자는 자신의 삶에서 중요한 인물의 관점을 통해 자신의 정체성을 기술한다. 내담자는 자신의 정체성 문제와 관련해 이 인물의 의식 속으로 들어간다. 이러한 의식의 이동을 통해 자신은 누구인지, 그리고 자신의 삶이 어떤지에 대한 느낌을 기술하고, 이러한 정체성과 느낌을 어떻게 형성하고 소유하는지에 대해 설명한다.

  상담자의 질문 : "그 사람은 당신의 이런 점에 대해 어떻게 알게 되었습니까?"

2. 두 번째 질문: 내담자가 이 인물의 삶에 끼친 공헌(영향)을 재진술하는 질문들이다.

- 내담자 자신이 중요한 이 사람의 삶에 공헌한 것에 대해 재진술한다.

  상담자의 질문 : "그 사람은 당신을 알게 되어 그의 삶이 어떻게 달라졌습니까?"

- 내담자 자신이 누구인지, 또는 내담자의 삶에서 이 인물과 형성된 관계성이나 형성될 잠재성에 대해 풍부하게 기술한다.

  상담자의 질문 : "이 공헌의 성격에 대해 내가 이해하는 데 도움이 될만한 어떤 이야기를 그 사람이 해 줄 수 있겠습니까?"

이러한 내용을 위치도로 나타내면 다음과 같다.

그림 8-2 회원 재구성 대화의 위치도[411]

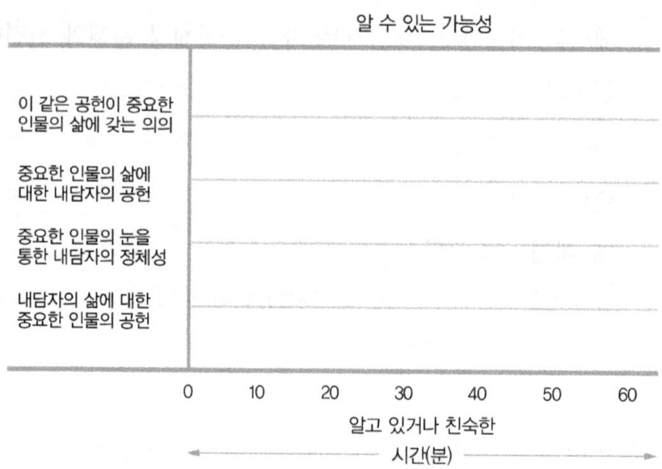

회원 재구성 대화의 위치도를 기초로 개발된 회원 재구성 대화의 방법 및 단계는 다음과 같다.

411) Ibid., 140.

회원 재구성 대화의 질문법

화이트는 앞의 두 가지 질문(1과 2)을 중심으로 회원 재구성 대화 질문을 4단계로 제시하였다. 필자는 화이트가 그의 책 『Maps of Narrative Practice』에서 소개하고 있는 제시카의 상담 사례[412]를 도식화하여, 회원 재구성 대화의 단계 및 질문법을 아래와 같이 제시한다. 이 다섯 단계는 회원 재구성 대화를 할 수 있는 핵심적인 방법이다.

1단계 : 내담자의 정체성 형성에 긍정적 영향을 끼쳤던 중요한 인물을 찾는 질문을 한다.
2단계 : 중요한 인물이 내담자의 삶에 공헌한 것에 관한 질문을 한다.
3단계 : 중요한 인물의 눈으로 본 내담자의 모습이나 정체성에 관한 질문을 한다.
4단계 : 내담자가 중요한 인물의 삶에 공헌한 것과 방법에 관한 질문을 한다.
5단계 : 이 공헌이 중요한 인물의 정체성에 끼친 영향의 함축성에 관한 질문을 한다.

1단계: 내담자의 삶에 중요한 인물을 찾기 위한 질문을 한다

내담자의 삶에서 중요한 인물은 내담자가 이야기한 특정한 기술이나 특성, 능력의 면에서 기억되는 사람들이다.[413] 이때 자격 있는 회원은 현재 살아 있는 사람이 될 수도 있고, 아닐 수도 있다. 그는 내담자와 직접적인 관계를 맺고 있는 사람일 수도 있고, 아닐 수도 있다. 내담자

412) Ibid., 129－133.
413) Allice Morgan, op. cit., 108.

의 과거 속의 사람일 수도 있고, 아닐 수도 있다. 그는 사람일 수도 있고, 아닐 수도 있다. 따라서 상담자는 내담자의 삶에서 중요한 인물은 여러 면으로 넓게 퍼져 있음을 알아야 한다.

일반적으로 내담자의 삶에 있어서 중요한 인물들은 내담자의 이야기 속에 숨어 있다. 그러므로 상담자는 상담하는 가운데 내담자에게 있어서 중요한 인물이 누구인지 들을 수 있는 민감성을 지녀야 한다. 상담자는 내담자에게 자신이 발견한 인물이 내담자에게도 중요한 인물이라고 생각하는지 확인해 보는 것이 필요하다. 이때 사용할 수 있는 상담 기술이 내용확인 기술이다.[414]

만약 상담자가 내담자의 이야기 가운데 중요한 인물을 발견하지 못하였다면, 다음과 같은 질문을 통해 중요한 인물을 찾아낼 수 있다.

질문

① 당신의 그 상황을 가장 잘 이해할 수 있는 사람은 누구입니까?
② 당신이 방금 말한 내용에 대해 누가 나에게 설명해 줄 수 있습니까?
③ 당신의 삶에서 가장 중요한 사람은 누구입니까?
④ 현재 당신에게 지지와 격려를 보내고 있는 사람은 누구입니까?
⑤ 당신이 지금 말하는 것을 듣고 가장 기뻐할 사람은 누구입니까?
⑥ 현재 당신에게 가장 큰 힘이 되는 사람은 누구입니까?
⑦ 당신은 누구를 가장 존경합니까?
⑧ 어린 시절, 당신이 닮고자 했던 위인은 누구입니까?

414) 내용확인 기술에 대해서는 박민수의 『마음을 움직이는 대회의 기술』 책을 참조하기 바란다.

2단계: 중요한 인물이 내담자의 삶에 공헌한 것에 관한 질문을 한다

상담자는 내담자에게 질문을 통해 중요한 사람이 자신의 삶에 공헌한 것에 대해 이야기하도록 유도한다. 내담자가 자신의 삶에 영향을 미친 인물에 대해 생각하고, 그 인물이 자신의 정체성에 어떤 긍정적인 변화를 주었는지 인식하도록 돕는다.

예를 들어, 제시카는 40대 여성으로 어린 시절과 청소년기에 부모로부터 학대를 받았다. 그로 인해 그녀는 자신에 대해 매우 부정적 정체성, 즉 "가치 없는 사람"이나 "소망 없는 그녀의 삶"을 갖게 되었다.

화이트는 제시카에게 질문을 통해 자신의 이야기를 탐색하도록 유도하였다. 제시카는 아홉 살 때, 이웃 아주머니가 2년 동안 그녀를 돌보아 주었다는 사실을 이야기했다. 이웃 아주머니는 제시카가 배고플 때 먹을 것을 주었고, 바느질과 뜨개질을 가르쳐 주기도 했다는 이야기를 나누었다.

화이트는 제시카에게 그 이웃 아주머니가 그녀의 삶과 정체성에 긍정적인 영향을 깊이 반영하도록 격려했다.[415] 제시카는 이 과정을 통해 과거의 상처를 극복하고, 이웃 아주머니의 공헌을 자신의 삶의 중요한 부분으로 받아들이게 되었다.

질문

① 이 사람과의 관계에 대해 이야기해 주시겠어요?
② 이 사람이 당신한테 어떻게 중요한 존재인가요?
③ 이 사람은 당신의 삶의 어떤 부분에 영향을 미쳤나요?

415) M. White, *Maps of Narrative Practice*, 129

④ 이 사람의 어떤 면이 당신의 삶에 영향을 미쳤나요? 그 사람의 말, 행동, 모습, 태도 등 어떤 면이 당신의 삶에 영향을 끼쳤나요?

⑤ 이 사람과 같이 있을 때, 당신은 자신과 세상에 대해 어떤 점을 좀 더 명확하고 확실하게 알게 되나요?

⑥ 이 사람은 당신이 어떤 가치나 의도, 열망 등을 행동으로 옮기도록 만드나요?

⑦ 이 사람이 당신의 마음과 정신에서 생생하게 함께 있을 때, 일상생활은 어떻게 달라지게 될까요?

3단계: 중요한 인물의 눈으로 본 내담자의 정체성에 관한 질문을 한다

상담자는 내담자에게 중요한 인물이 내담자를 어떻게 생각할지 상상하게 한다. 이때 사용할 수 있는 표현이 가정적인 표현들이 있다. 예를 들어, '마치, 처럼, 만약, 그렇다면, 있다면, 혹시, 한다면' 등이 있다.416) 이러한 가정법 용어들을 사용하면 상상한 내용을 더 구체적으로 그려낼 수 있다. 이들을 활용하면 내담자의 과거 기억 속에 숨어 있는 인물들을 다시 불러내어, 회원 재구성 대화에 충분한 융통성을 부여할 수 있다.

특히 '누가, 무엇을, 어디에서, 언제, 어떻게, 왜'라는 질문으로 시작하면 중요한 세부 사항을 더 풍부하게 이끌어 낼 수 있다. 예를 들어, "그들이 왜 그렇게 생각할까?", "그들은 언제 이 생각을 처음 했을까?" "그들은 무엇이라고 말할까?", "내가 그들에게 물어보면 뭐라고 말할까?", "왜 그들은 그렇게 말할까?"와 같은 질문을 던질 수 있다.417) 이러한 질문들을 통해 내담자는 자신의 존재 가치에 대해 긍정적 생각을 갖게 된다.

---

416) Loraine Hedtke and Jone Winslade, op. cit., 208.
417) Ibid.

질문

① 만약 당신이 그 사람의 눈으로 당신을 바라본다면, 당신은 자신을 어떻게 설명할 수 있을까요?
② 이 사람은 다른 사람들에게는 간과되어진 당신의 가치를 무엇이라고 말할까요?
③ 이 사람은 다른 사람들이 모르는 당신의 존재에 대해 무엇을 알고 있을까요?
④ 당신은 이 사람과 같이 있을 때 자신의 어떤 점을 알게 되나요?

4단계: 내담자가 중요한 인물의 삶에 공헌한 것에 관한 질문 한다

4단계에서는 내담자가 다른 사람의 삶에 공헌한 것에 대해 이야기하도록 유도한다. 이 단계에서 상담자는 내담자에게 중요한 인물의 관점에서 자신을 바라보며, 그들이 내담자의 긍정적인 특성을 어떻게 인식하고 수용할 수 있을지를 생각해 보게 한다. 내담자는 자신의 공헌이 타인의 삶에 미친 긍정적인 영향을 돌아보며, 자신의 가치와 영향력을 재조명하는 기회를 갖는다.

질문

① 당신은 이 사람에게는 매우 중요한 일에 함께하는 일에 응하였나요? 아니면 거절하였습니까?
② 당신은 이 사람의 관점을 수용하였나요? 아니면 거절하였습니까?
③ 이 사람이 당신에게 소중한 것을 줄 수 있었던 것을 당신은 존중하였나요? 아니면 모욕적으로 반응하였습니까?

5단계: 이 공헌이 중요한 인물의 정체성에 미친 영향에 대해 질문을 한다

5단계에서의 질문은 내담자가 중요한 인물의 삶에 공헌한 부분을 발전시키고 더 나은 반영을 유도하는데 도움을 준다, 또한, 중요한 인물의 정체성에 어떻게 반응하는지 보여 준다. 이러한 반응은 내담자의 공헌이 중요한 사람의 목적과 가치에 미친 영향을 드러낸다. 더불어 내담자의 반응이 그 사람이 자신의 삶을 어떻게 이해하게 하게 되는지에 대해서도 중요한 통찰을 제공한다.

질문

① 이러한 존중이 그 사람의 삶에 미칠 영향에 대해 생각해 보았습니까?
② 당신은 이것이 그 사람의 목적에 어떤 영향을 미칠 것이라 생각합니까?
③ 이것이 그 사람에게 소중한 가치들을 강화할 수 있을까요?
④ 당신의 존재방식(위 질문에 대한 대답에서 설명된 방식)이 그 사람의 삶에 어떻게 기여할 수 있습니까?
⑤ 이 관계에서 당신의 정체성은 어떻게 형성된다고 생각합니까?

제 9 장
인정 의식

이야기 상담 과정

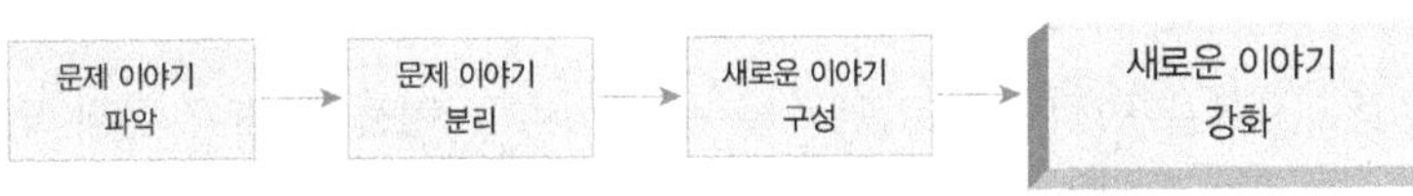

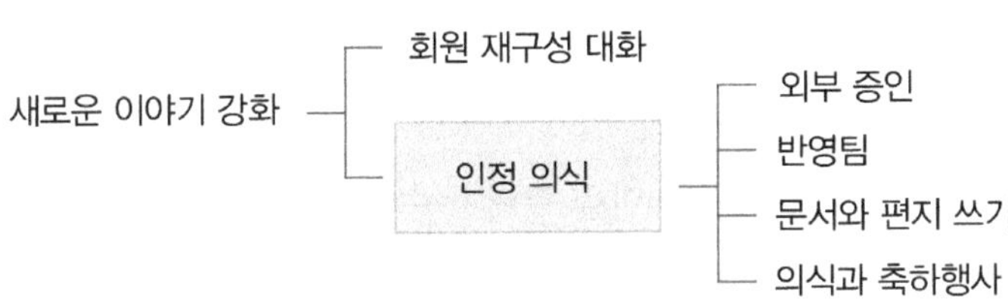

인정 의식 이해

이야기 상담에서는 청중들이 중요한 역할을 한다. 새로운 이야기가 강화되기 위해서는 누군가의 지지가 필요하기 때문이다. 이를 위해 내담자의 주변 사람들이 도움을 주어야 한다. 상담자와 내담자뿐만 아니라, 내담자를 위로하고 격려하는 주변 사람들의 역할이 중요하다. 엡스턴D. Epston은 외재화를 강조하면서 지지 그룹의 중요성도 강조한다. 새로운 이야기가 더욱 강화되려면 내담자의 회원 재구성 작업이 필요하다. 예를 들어, 담배를 끊기 위해서는 담배를 피지 않는 사람들이 모여야 하며, 이들이 지속적으로 만남을 가지며, 서로 증언해 주어야 한다. 이야기 상담에서는 이를 인정 의식definition ceremony이라고 한다.

인정 의식은 사람들이 세상을 살아가며, 자신의 경험에 의해 형성된 의미와 지식을 바탕으로 이야기를 재구성하고, 이를 통해 자신과 인간관계를 형성한다는 전제에서 출발한다.[418] 새로운 이야기를 구성한 내담자에게는 그 이야기를 현실적으로 실현시키고 유지할 수 있는 지지 그룹support group이 필요하다. 새롭게 형성된 지지 그룹은 내담자의 지배적인 문제 이야기를 부정하고, 새로운 이야기를 적극적으로 지지하며, 그 이야기에 가치와 의미를 부여할 수 있어야 한다. 이를 위해서는 회원 재구성 대화를 통해 내담자에게 회원들의 자격을 재구성하고, 새로운 가치를 입증하는 증인 공동체를 형성해야 한다. 이 증인 공동체는 내담자의 실패한 삶을 회복시키고 그들의 이야기를 인정하는 의식을 거행해야 한다.

---

418) D, Epston, M. White and K. Murray, "새롭게 쓰는 치료의 제안: 로즈의 인생에 대한 새로운 진술," in Sheila McNamee and Kenneth J. Gergen, *Therapy as Social Construction*, 187.

이야기 상담은 상담자 혼자서 진행하는 것이 아니라 협력적인 상담이다. 즉, 이야기 상담은 상담자, 내담자 그리고 지지 그룹이 함께 이루어 가는 과정이다. 이야기 상담에서는 내담자가 새롭게 발견한 이야기를 지지하고 격려하는 인정 의식이라는 독특한 방법을 사용한다. 인정 의식을 통해 내담자가 발견한 새로운 이야기는 윤택해지고 더욱 풍부해진다. 따라서 이야기 상담에서는 내담자가 발견한 새로운 이야기를 강화시키는 것이 중요하다. 이러한 과정을 통해 내담자의 새로운 이야기는 풍부해지고, 이야기의 지지체계가 구축된다.

지지 그룹은 지지와 격려를 제공한다.419)

내담자의 새로운 이야기를 강화시키는 방법은 새로운 동맹을 결성하는 것이다. 즉, 새로운 지지 그룹을 형성하는 것이다. 인정 의식에서 가장 중요한 지지 그룹은 청중이다. 상담에 초청된 청중이 내담자의 새로운 이야기를 경청하고 인정하는 것이 중요하다.

청중은 내담자의 새로운 이야기를 풍부하게 서술할 수 있도록 돕는데 중요한 역할을 한다. 이는 내담자가 가지고 있던 빈약한 이야기가 사회적 상호작용에 의해 구축되었기 때문이다. 즉, 빈약한 이야기는 내담자 자신의 과거에 연결되고, 다시 다른 사람들의 이야기로 연결되어

---

419) 웹 사이트 www.creativeenergyblog.files.wordpress.com. 2008. 12. 23. 검색.

있기 때문이다.

이와 같이 내담자의 새로운 이야기도 사회적 상호작용에 의해 강화될 때 그 이야기는 더욱 확장될 수 있다. 내담자가 발견한 새로운 이야기를 더욱 강화하고 확장하기 위해서는 다른 사람이 들려주는 이야기를 들어야 한다. 내담자 자신 외에 다른 사람이 새로운 이야기를 지지해 주는 이야기를 들어야 한다.

이를 위해 인정 의식에서는 새로운 이야기를 지지해 줄 청중을 찾는 것이 중요하다.

지지 그룹은 외부 증인과 반영팀으로 구성된다. 이 그룹들은 상담과정에서 각각 다르게 운영되지만, 내담자의 새로운 이야기를 강화하고 윤택하게 한다는 하나의 목적을 지향하고 있기 때문에 어느 하나가 다른 것과 관계없이 독립적으로 운영된다고 보기는 어렵다.420)

인정 의식의 개념

이야기 상담은 마지막으로 내담자를 초대하여 상담을 통해 얻었거나 다시 살아난 지식을 상기시키고 기록으로 남김으로써 종료된다. 이러한 깨달음은 내담자가 자신이나 다른 사람 또는 인간관계에 대해 새롭게 도달한 것이나 스스로의 인생을 새로운 방향으로 내디딜 수 있게 된 문제 해결을 위한 지식을 의미한다.421)

이를 위해서는 청중의 역할이 중요하다. 상담자 이외에 초대받은 청중은 새로운 이야기에 대한 '인정자'가 된다. 인정자는 회원 재구성 대

420) Ann Cattanach, ed., *The Story So Far: Play Therapy Narratives* (London: Jessica Kingsley Publishers, 2002), 217.

421) D, Epston and M. White, "Consulting your consultants: the documentation of alternative knowledge," *Dulwich Centre Newsletter*, 4. 1990.

화를 통해 얻어진다. 회원 재구성 대화는 새로운 이야기의 청중으로서 역할을 해 줄 수 있는 '인정자'를 찾는 과정이다.

회원 재구성 대화를 통해 내담자의 새로운 이야기를 강화해 줄 수 있는 회원들을 상담에 초청하고, 이들이 새로운 이야기에 대한 청중과 증인으로서의 역할을 하도록 하는 것이 바로 인정 의식이다.

'인정 의식'이라는 용어는 문화인류학자인 마이어호프가 사용한 것으로서, 공동체가 소집한 전통적인 의식적 회합을 의미한다. 이 의식에서 공동체 구성원들은 자신들의 삶을 계속해서 말하고 전통적인 의식을 거행할 수 있는 기회를 갖는다. 이러한 과정을 통해 공동체 구성원들은 자신들의 정체감을 형성할 수 있다. 특히 소외된 그룹의 사람들은 이 의식을 통해 그들의 정체성, 가치, 생동력을 회복할 수 있다.

인정 의식은 결혼식에 하객으로 참여하는 것과 같다.422)

422) Miguel Angel Bautista의 작품. 웹 사이트 photo.net/photodb/folder 2008. 11. 8. 검색.

즉, 문제를 가지고 있는 내담자 외에 청중들로 하여금 치유적 대화로 이끌도록 하는 기법이다.[423] 인정 의식 대화법의 특성은 청중이 목격자로 참여하며, 특히 상담자와 내담자 사이의 대화에 참여하는 과정을 만드는 것이다. 초청된 청중들은 서로 다른 입장에서 내담자의 이야기를 듣고, 마음에 와 닿는 자신의 이야기를 서술하게 된다.

인정 의식을 통해 내담자가 사용한 특정한 기술이나 인정의 과정에서 내담자의 삶에 대한 일이나 신념 등을 탐구하게 된다.[424] 이때 청중이 어떤 방식으로든 내담자의 새로운 이야기에 그들의 삶이 연결될 수 있다면, 이는 새로운 이야기에 활력을 불어넣고 이야기를 풍부하게 해 주는 데 도움이 될 수 있다.

인정 의식을 결혼 예식과 함께 생각하면 이해하기 쉽다. 결혼 예식에서 초청된 사람들은 예식에 참여한다. 결혼 예식에 초청된 사람들은 결혼 증인으로서 참여한다. 하객들은 신랑과 신부의 결혼을 목격하며, 또한 결혼 예식을 통해 자신의 결혼 생활에 대해 되돌아보는 경우가 많다.

하객들은 단지 결혼의 증인으로서 참여하는 것이 아니라, 결혼 예식을 통해 과거 자신의 결혼 예식을 회상하고, 지금까지의 결혼 생활을 돌아보며 미래의 결혼 생활을 전망하게 된다. 따라서 결혼 예식에 초청된 사람들은 단순히 증인으로서만 아니라 참여자로서도 역할을 한다.

따라서 인정 의식은 내담자가 발견한 새로운 이야기를 내담자 자신에게만 하는 것이 아니라, 다른 사람에게 들려주고, 또한 다른 사람들로 부

---

423) Shona Russel and Maggie Carey, *Narrative Therapy* (Adelaide, Australia: Dulwich Centre Publications, 2004), 65.

424) 이현경, op. cit., 43.

터 새로운 이야기에 대해 지지와 격려를 받는 과정이다. 이러한 배경은 이야기 상담에서 개인의 정체성은 이야기를 통해 형성된다는 개념에 기반을 두고 있다. 그 이야기들은 개인의 이야기일 뿐만 아니라, 다른 사람들이 들려주는 이야기에 의해서도 형성된다. 따라서 새로운 이야기를 더욱 윤택하게 하고 강화하기 위해서는 다른 사람들로부터 새로운 이야기에 대한 여러 이야기들을 듣는 것이 중요하다. 이를 통해 새롭게 발견한 자아정체성을 더욱 견고하게 하고, 강화할 수 있다.

결혼 예식은 신랑 · 신부와 함께 하객이 증인으로 참여하는 예식이다.[425]

인정 의식에서는 초청된 청중들이 중요한 역할을 한다.[426] 청중들은 두 그룹으로 나뉜다. 하나는 외부 증인들로서, 이들은 내담자를 지지하기 위한 사람들이다. 따라서 내담자의 이야기를 잘 이해하고, 공감적

425) 웹 사이트 www.pushby.com. 2008. 10. 28. 검색.
426) M. White, *Maps of Narrative Practice*, 180f.

표현을 할 수 있는 사람들이어야 한다. 예를 들면 가족들, 친구들, 이웃들, 종교 단체의 구성원 등으로 구성될 수 있다.

다른 하나는 반영팀으로, 이는 적절한 경험이나 전문적인 지식을 제공할 수 있는 전문가들로 구성된다. 예를 들어, 상담자, 사회복지사, 내담자가 겪고 있는 문제와 동일한 아픔을 경험한 사람들 등으로 구성된 그룹이 이에 해당된다.

인정 의식의 필요성

내담자는 상담이 종결된 이후에도 그 문제로 인해 다시 힘들어할 때가 종종 있다. 이러한 문제를 예방하기 위해서는 그 문제에 대해 지속적으로 지지하고 격려해 주는 사람이 필요하다. 이야기에는 말하는 사람뿐만 아니라 듣는 사람도 중요한 역할을 한다. 사람들끼리 이야기하고, 그 이야기를 다시 들으면서 그들의 삶은 변할 수 있다.427) 이를 위해 이야기 상담에서는 내담자가 발견한 새로운 이야기에 대해 지지하고 격려하는 방법으로 '인정 의식'을 개발하였다. 인정 의식은 재저작 대화를 통해 구성된 새로운 이야기를 더욱 확장하고 풍성하게 하는 이야기 상담만의 독특한 기법이다.

브루너E. Bruner는 '말하고 다시 말하기'의 중요성을 다음과 같이 강조하였다. 브루너의 이 말을 화이트는 자주 인용하였다.428)

> "의식은 실행되어야 하고, 신화는 낭송되어야 한다. 이야기는 말해져야 하고, 소설은 읽혀야 하며, 연극은 공연되어야 한다. 이러한 실행, 낭송, 말하기, 읽

427) Jill Freedman and Gene Coms, 『이야기 치료의 이론과 실제』, 141.
428) Ibid.

기, 공연 등은 원본을 변환시키는 것이다. 표현은 추상적인 원본이 아니라 이 원본을 현실화하는 활동에서 구성되고 형성된다."[429]

내담자의 새로운 이야기는 어떻게 보면 추상적이면서도 아직 현실성이 없는 이야기일 수 있다. 또한 내담자는 새로운 이야기에 대해 스스로 확실성을 가지지 못할 수도 있다. 이러한 새로운 이야기는 내담자와 청중들 간의 '말하고 다시 말하기'를 통해 더욱더 명료화되며 현실성 있는 이야기로 변환된다.

후기 구조주의에서 나온 인정 의식은 사회화 과정으로부터의 반영reflection의 매개체를 활용하여 내담자의 자아정체성을 끌어내는 능력을 가진다. 이것은 단순한 인간관계가 아니라, 내담자와 다른 사람과의 관계 안에서 자아정체성을 만들고 유지하게 한다. 이 자아정체성은 역사와 문화의 상호작용으로부터 형성되고 가꾸어지며 성장된다. 이것은 자연적으로 발생하는 것이 아니다.[430]

그러므로 내담자가 발견한 새로운 이야기에 대해서 누군가 지지를 해 주어야 한다. 이렇게 할 때 내담자는 자신이 새롭게 발견한 이야기에 대해 자신감을 갖고 그 이야기를 더욱 강화해 갈 수 있다. 새로운 이야기가 강화되기

새로운 이야기가 확장되기 위해서는 증인들의 지지와 격려가 필요하다.[431]

429) Edward Brunner, Experience and its expressions. in *The Anthropology of Experience*, ed. E. Brunner and V. Turner (Chicago: University of Illinois Press, 1986), 7.

430) 이현경, op. cit., 225.

431) 웹 사이트 www.scicom.in. 2008. 10. 28. 검색.

위해서는 주변에 있는 사람들이 도와야 한다. 상담자뿐 아니라 주변에서 내담자를 위로하고 격려해 주어야 한다. 왜냐하면 내담자는 자신이 발견한 새로운 이야기에 대해 한 사람보다는 많은 사람에게서 지지와 인정을 받을 때 더 큰 효과를 얻을 수 있기 때문이다.

그래서 이야기 상담에서는 지지 그룹을 강조한다. 내담자가 새로운 삶의 이야기를 해 나갈 수 있는 새로운 삶의 회원들이 필요하다. 예를 들어, 술을 끊기 위해서는 술을 먹지 않는 사람들이 모여야 하며, 그 공동체의 사람들이 지속적으로 내담자에게 증인이 되어 지지 그룹이 되어야 한다.

인정 의식의 효과

인정 의식은 새로운 이야기를 풍부하게 하고 확장시키는 데 도움이 된다. 인정 의식을 통해 대안적 이야기를 더욱 굳건하게 구축할 수 있다. 다음은 인정 의식의 효과들이다.

새로운 이야기를 현실적인 이야기로 변환한다

내담자의 이야기를 듣고 재진술re-telling하는 과정은 새로운 이야기를 더욱 윤택하게 하고 풍성하게 할 뿐 아니라, 그 이야기가 생동력이 있는 현실적인 이야기로 변환되는 데 중요한 역할을 한다. 새로운 이야기에 대한 다시 말하는 과정을 거치며 내담자는 자신의 긍정적인 자아정체감을 형성해 갈 수 있다.

사고의 전환을 가져온다

내담자가 자신의 새로운 이야기에 대해 다른 사람으로부터 다시 들을 때, 사고의 전환이 일어날 수 있다. 일반적으로 사람들은 새로운 이야기를 발견했을 때, 그것을 실행하려는 용기보다는 불안과 두려움이 앞설 때가 많다. 이때, 청중을 통한 지지와 격려는 내담자가 새로운 이야기에 대한 확신을 가지는 데 큰 도움이 된다. 그로 인해 자아정체감 형성에도 긍정적인 영향을 미친다.

내담자 자신의 삶을 반영하게 한다

제3자를 통해 내담자가 자기 자신에 대한 이야기를 듣는 것은 자신의 삶을 객관적으로 바라볼 수 있는 기회를 가지는 것이다. 내담자가 자신의 삶이나 자신 문제를 주관적인 입장에서 바라볼 때는 그 문제에 함몰되어 있을 수밖에 없지만, 청중이 되어 자신의 이야기를 듣고 재진술하는 경험은 내담자가 자기 자신을 있는 그대로 바라볼 수 있도록 한다. 이를 통해 내담자는 자신을 사랑하고 인정할 수 있는 힘을 기를 수 있다.

청중들의 이야기도 바꿀 수 있다

인정 의식은 외부 증인들에게도 새로운 경험을 제공한다. 내담자의 삶의 이야기를 듣고, 그것을 재진술하는 과정은 외부 증인들에게도 자기 자신을 돌아보는 기회를 갖게 한다. 청중들은 내담자의 이야기를 통해 자신들의 삶과 경험을 되새기며, 사고의 전환을 경험한다

내담자 자신의 삶을 반영하게 한다

제3자를 통해 내담자가 자기 자신에 대한 이야기를 들어 본다는 것은 자신의 삶을 객관적으로 바라볼 수 있는 기회를 가지는 것이다. 내담자가 주관적인 입장에서 자신의 삶이나 자신의 문제를 바라볼 때, 그

문제에 함몰될 수밖에 없지만, 자신이 청중이 되어 자신의 이야기를 듣게 될 때, 그 이야기를 객관적으로 바라볼 수 있는 기회를 가지게 된다.

이렇게 내담자가 자신의 삶을 말하는 자가 아닌, 듣는 사람의 입장에서 참여하는 경험은 자기 자신을 사랑하고 인정할 수 있는 힘을 준다.

청중들의 이야기도 바꿀 수 있다

인정 의식은 외부 증인들에게도 새로운 경험을 제공한다. 내담자의 삶의 이야기를 듣고, 재진술하는 과정은 외부 증인들에게도 자신의 삶을 되돌아보는 기회를 갖게 한다. 인정 의식에 참여한 청중들은 단순히 내담자의 이야기를 듣는 것을 넘어, 자신의 겪었던 삶과 경험을 돌아보게 되고, 그로 인해 자신의 삶을 수정하고 보완할 수 있는 기회를 가지게 된다.

청중들이 내담자의 이야기를 들으면서, 잊혔던 삶과 경험들을 돌아보는 기회를 갖고, 자신의 삶에 새로운 의미를 부여하며, 자신의 삶을 새롭게 이야기할 수 있게 된다. 결국, 내담자의 이야기에 청중으로 참여하면서, 자신의 삶의 이야기를 새롭게 구성하는 기회를 가지게 된다. 이는 청중들의 삶을 더욱 풍부하고 윤택하게 만드는 데 도움이 된다.

따라서 이야기 상담은 내담자에게만 도움이 되는 것이 아니라, 상담자와 증인으로 참여하는 청중들에게도 도움이 되는 상담이다. 이야기 상담에서의 인정 의식은 상담자와 내담자, 그리고 내담자와 증인으로 참여하는 청중들 간에 도움을 주고 도움을 받는 관계를 형성한다. 이 과정을 상호 간에 긍정적인 영향을 주고받으며, 상담을 통해 긍정적인 방향으로 변화를 주는 상담이라고 할 수 있다.

인정 의식을 통해 내담자의 이야기를 들으면서 외부 증인들도 자신의 이야기가 바뀔 수 있다.

이는 내담자의 고민을 해결하는데 큰 도움을 준다. 인정 의식은 다음 세 가지를 통해 내담자의 변화를 돕는다.432)

● 빈약한 이야기에서 분리시킨다: 내담자가 자신의 인생이나 인간관계에서 빈약하게 만들어왔던 지식이나 이야기에서 분리되도록 돕는다.
● 과거 사건에 대항하도록 돕는다: 내담자가 자신을 계속 지배해 온 사건이나 문제들에 대한 이야기에 대항할 수 있도록 돕는다.
● 대안적 관점으로 재구성하도록 격려한다: 내담자가 희망적인 결과를 초래할 수 있는 대안적 지식이나 이야기의 관점에서 자신의 인생을 다시 쓸 수 있도록 격려한다.

인정 의식에서 유념해야 할 사항

상담자는 초청된 청중들과 함께 인정 의식을 거행할 때 다음의 사항들을 유념해야 한다.

사전에 내담자에게 동의를 구해야 한다

인정 의식은 상담자 외에 다른 사람을 상담에 참여하게 하는 것이므로 사전에 내담자에게 동의를 구해야 한다. 내담자가 자신의 삶을 다른 사람들 앞에서 이야기한다는 것은 결코 쉬운 일이 아니며, 상담 윤리의 비밀유지 원칙에 따라서도 동의를 얻는 것이 중요하다.

상담자는 청중을 초청할 때 이에 대해 충분히 내담자에게 설명을 해야 하고, 그로부터 동의를 얻어야 한다. 만약 내담자가 거절할 경우,

---

432) D. Epston, M. Epston and K. Murray, "새롭게 쓰는 치료의 제안: 로즈의 인생에 대한 새로운 진술," 187−188.

이를 인정하고 받아들여야 하며, 인정 의식은 강요해서는 안 된다. 전적으로 내담자의 선택에 달려 있다.

내담자에게 인정 의식에 대해 설명을 할 때 다음과 같은 문장을 사용하면 상담에 도움이 될 것이다.

"우리가 상담을 할 때 다른 사람들이 이야기를 듣고, 그들이 이것에 대해 다시 말해 주는 것이 우리들의 대화에 도움이 될지도 모릅니다." 이때 '우리에게 도움이 된다.'라고 말하지 않고 '우리들의 대화에 도움이 된다.'라고 말하는 것이 좋다.433) 이는 내담자와 함께 대화를 강조하는 방식이다.

'내담자와 함께' 말하는 것이다

인정 의식에서 청중들은 '내담자에 대해' 말하는 것이 아니라 '내담자와 함께' 말하는 것이다. 상담에 대한 이 사고의 전환은 상담자와 내담자 그리고 청중들이 새로운 의미와 현실을 함께 만드는 과정에 초점을 맞추게 한다.

인정 의식에서 중요한 점은 이야기를 새롭게 만드는 것이 아니라, 새로운 이야기를 더욱 풍부하게 강화시키는 것이다. 내담자가 재저작 대화를 통해 발견한 새로운 이야기는 상담자와 청중들의 협력에 의해 지지를 받고, 강화되며 풍성해진다.

화이트는 내담자와 함께 이야기하는 과정을 '투명성 확보'라고 하였다. 이 투명성 확보를 위해서는 청중들이 기존의 고정된 대화 방식을 해체하는 작업을 해야 한다.434) 이는 내담자의 이야기를 들으며 그들

433) Tom Andersen, "가족 이미지에 대한 반영," 91.
434) M. White, *Re-Authoring Lives: Interviews and Essays*, 197.

의 경험, 관심사, 의도를 반영하여 이야기하는 과정을 통해 이루어진다. 이러한 해체 작업은 자신의 경험과 연결시켜 받아들이는 과정에서 성취될 수 있다.[435] 또한, 상담자와 내담자간의 위계질서를 해체하기 위해서는, 청중들이 내담자의 이야기를 들으면서 짐작한 것에 대해 질문을 하도록 초청하는 방식도 효과적이다.

모든 대화를 내담자 앞에서 하는 것이다

인정 의식은 이전의 전문가들 간의 상담 피드백에서 탈피한다. 이전에는 상담이 끝난 후, 내담자는 상담실에 기다리고, 상담자와 다른 전문가들은 일방경이 설치된 관찰실에서 상담 내용과 진행 과정에 대해 논의하고 평가하였다. 전문가들 간의 토의를 마친 후, 내담자에게 상담에 대한 평가나 의견을 전달한다. 이 과정에서 내담자는 상담자와 전문가들의 토론에 대해 전혀 참여할 수 없게 되어, 상담의 마지막 부분에서 내담자는 상담의 주체가 아닌 객체가 되는 경향이 있다. 결국 내담자는 단지 전문가들의 평가나 진단을 들어야 하는 입장에 놓이게 된다.

이 방식 상담자가 내담자보다 전문가라는 우위를 전제로 하며, 그 문제에 대한 해결 방법을 내담자보다는 상담자가 더 잘 알고 있다는 믿음에 기반한다. 그러나 이러한 전제는 이야기 상담의 기본 원칙, 즉 내담자가 자신의 문제와 이야기에 전문가라는 원칙에서 벗어나는 것이다.

따라서 인정 의식은 내담자를 제외한 상태에서 이루어지는 상담의 과정을 해체하기 위해 내담자가 보고 듣는 앞에서 진행한다. 전문가들의 객관적인 판단이나 진단을 피하고, 내담자가 인정 의식에 참여함으로써 자기 자신을 객관적으로 볼 수 있는 기회를 제공하려는 목적을

---

435) M. White, *Narratives of Therapists' Lives*, 99.

가지고 있다.

칭찬이나 축하를 하는 것이 아니다

인정 의식은 단지 새로운 이야기에 대한 칭찬이나 축하가 아니라는 점을 유념해야 한다. 칭찬은 종종 힘의 불균형을 전제로 한다. 칭찬은 한 사람이 우위에 있는 위치에서 상대방에게 이야기하는 것이다. 이때 칭찬을 받는 사람은 상대적으로 낮은 위치에 놓일 수 있으며, 불평등한 관계가 형성될 수 있다. 또한 칭찬은 상대방의 삶과 행동을 통제하는 수단으로 사용될 수도 있다.

따라서 인정 의식은 칭찬이나 축하를 하기 위한 예식이 아니라, 오히려 지금까지의 대화를 해체하는 작업을 통해, 상담자와 내담자가 동등한 입장에서 자신의 위치와 삶을 돌아보고, 이를 통해 자아정체감을 확장해 가는 과정이다. 칭찬이 아니라 자기 반성과 자기 인식을 돕는 과정이 중요한 것이다.

내담자를 전문가로 인정하는 대화를 해야 한다

사실 이야기 상담에서는 내담자가 자신의 문제에 대한 해답을 가지고 있기 때문에, 증인들은 내담자가 이야기를 끌어낼 수 있도록 도와주는 역할을 해야 한다. 상담자나 청중들이 내담자보다 힘이나 권력 면에서 우위에 있어서는 안 된다는 것이 중요하다. 상담자와 청중은 내담자가 자기 이야기를 구성해서 해답을 찾도록 돕는 역할을 해야한다. 따라서 상담자와 청중은 내담자보다 우위에 있어서도 안 되며. 전문가의 역할을 해서는 안 된다. 대신 상담자와 청중은 내담자가 자신의 삶의 전문가임을 인정하는 방식으로 대화를 이끌어 가야 한다.

‘삶의 이야기를 나눔’이어야 한다

일반적으로 인정 의식은 내담자의 ‘자기노출’과 관련된 것으로 오해받는 경향이 있다. 상담자가 내담자의 이야기를 듣고 자신의 삶을 성찰할 것을 요구할 때, 청중들은 마치 자기노출을 권장하는 것으로 오해할 수 있다. 그러나 인정 의식은 청중들의 자기노출이 아니다. 자기노출은 일반적으로 전문가 중심의 실천에서 나타나는 의사소통의 한 방식으로, 노출하는 당사자가 주체의 초점으로 드러나는 경우가 많다.

그러나 인정 의식에서의 ‘탈중심적 나눔de-centered sharing’436) 이 자기노출을 대신한다.437) 이러한 나눔은 내담자를 대화의 중심에 두고 진행되어야 한다.

인정 의식에서 탈중심적 나눔이 되기 위해서는 내담자가 중심이 되는 의사소통을 해야 한다. 이를 위해서는 상담자나 청중들은 확신을 가지고 질문을 하거나 소감을 표현하는 것은 피해야 한다. 또한 상담자나 청중은 내담자에게 ‘무엇이 옳다’라고 단정지어서 말해서는 안 된다. 대신 ‘나는 알지 못한다’는 자세와 겸손한 자세로 말을 해야 한다. 청중들이 내담자에게 강압적으로 자기 지식을 강조하는 것보다는, 미지의 것은 미지의 것으로 남겨 두는 것이 훨씬 효과적이다.

인정 의식의 규칙

인정 의식의 규칙은 톰 앤더슨과 프리드먼과 콤스의 이론을 바탕으

---

436) 탈중심적 나눔은 현재 인정 의식의 중심이 되는 사람들의 삶에서 풍부한 서술이 나타나는 데 기여하는 것을 목적으로 하는 의도적인 나눔을 의미한다(M. White, *Narratives of Therapists' Lives*, 99).

437) 고미영, 『이야기 치료의 이론과 실제』, 236.

로 필자가 재구성한 것이다.

내담자가 말하는 내용에 근거해야 한다

인정 의식은 내담자가 재저작 대화 중에서 말하는 내용에 근거해서 이루어져야 한다. 인정 의식에 참여하는 청중들은 상담 중에 자신이 들은 내용과 이러한 내용에 대한 자신의 반응을 중심으로 대화에 참여해야 한다.438)

훈계가 되어서는 안 된다

새로운 이야기를 한다는 이유로 도덕적 이야기나 설교를 하는 것은 청중들이 할 일이 아니다. 이러한 반응은 연속적인 이야기를 구성하는 데 방해가 될 수 있다.

긍정적인 언어로 바꾸어 표현한다

인정 의식에 참여한 청중들은 내담자에 대해 부정적인 언어를 사용하는 것 대신, 긍정적인 언어로 재진술해야 한다. 왜냐하면 우리는 어떤 사건이나 경험에 대해 옳고 그름에 대해 단정적인 판단을 할 수 없기 때문이다.

따라서 청중들이 재진술할 때에는 단정적이거나 부정적인 언어를 사용하는 것 대신, 긍정적이거나 자기 생각을 전하는 언어를 사용하여야 한다. 예를 들면, 사람들이 내담자에게 내담자의 어떤 사건에 대해 증인의 역할을 할 때 "나는 내담자의 그 사건에 대한 생각을 이해할 수가 없어요."라고 말하는 것은 이미 판단과 비판이 들어가 있는 것이다.

---

438) M. White, Michael White Workshop Notes, 웹 사이트 www.dulwichcentre.com.au September 21st 2005. 16.

이렇게 판단적이고 부정적인 언어를 사용하는 것은 내담자의 이야기를 풍부하게 하기보다는 오히려 문제 중심으로 되돌아 가게 하는 경향이 있다.

따라서 자신의 생각을 내담자에게 전달하려면, "제가 보기에 그 사건에 대해 내담자가 이렇게 생각하면 어떨까요?"와 같이 긍정적이고 제안적인 언어를 사용하는 것이 중요하다.

청중들의 시선은 청중들에게만 향하게 한다

이 규칙은 일방경이 설치된 관찰실에서 이루어지는 상담이 아니라 개방형으로 이루어지는 상담에 적용된다. 청중들의 시선은 상담자나 내담자에게 두어서는 안 된다. 청중들의 시선을 내담자와 상담자에게 두면 내담자는 자신이 계속 이야기해야 한다는 부담감을 느낄 수 있다. 청중들은 서로 간의 대화에 집중하는 형태를 취해야 한다. 이때 내담자와 상담자는 단지 청중들의 이야기를 들어야 한다. 이렇게 함으로써 상담자나 내담자는 청중들의 이야기를 통해 자신을 객관적으로 바라볼 수 있게 된다. 청중들은 참여한 다른 청중들에게 시선을 향해야 하며, 서로 주고받는 대화 형식을 취해야 한다.

청중들이 시선을 청중들에게 향하는 이유는 내담자를 시선으로 구속하지 않으려는 배려와 함께, 내담자에게 청중들의 재진술을 듣지 않아도 되는 자유를 주기 위함이다.

내담자에 대해서만 말하게 한다

상담은 상담자의 눈앞에 있는 사람을 대상으로 하여 그를 변화시키는 과정이다. 따라서 인정 의식에서 청중들이 명심해야 할 점은 인정 의식의 대상이 바로 청중들의 눈앞에 있는 내담자라는 것이다. 그러므로 청중들은 눈앞에 있는 내담자에 대해서만 이야기해야 한다.

설명하기보다는 질문을 한다

인정 의식에서 설명하기보다는 질문하는 것이 상담의 전반적인 분위기를 형성되고, 내담자의 목소리를 존중하는 맥락을 만들어 낸다.[439] 질문은 닫힌 질문이 아니라 열린 질문이어야 한다.

인정 의식의 단계

자신의 정체성에 대해 재정의하는 과정을 인정 의식이라 하며, 인정 의식은 자신들의 정체성을 재천명하고 재정의하는 데 매우 유력한 의식이 된다.[440] 다양한 종류의 사람들을 초청하여 새로운 이야기의 탄생과 그 진실성을 인증하도록 한다. 상담에서 내담자가 화자가 아닌 청중으로 참여함으로써 새로운 경험을 하게 되며, 타인에 의해 존중받고 인정받는 것을 통해 풍부한 이야기를 쓸 기회를 얻게 된다.

인정 의식의 특징은 그것이 공개적이라는 점 이외에도, 상담에 참여하는 상담자, 내담자 그리고 청중들이 어떤 문제에 대해 각각 '듣는 사람'과 '말하는 사람'의 입장을 번갈아 경험하게 된다는 것이다. 동시적으로 이루어지는 두 가지 경험은 새로운 관점을 창조하는 데 기여한다.[441]

인정 의식은 4단계로 이루어진다. 먼저 의식의 주인공이 자신의 삶

439) Jill Freedman and Gene Coms, 『이야기 치료의 이론과 실제』, 119-120.
440) Alice Morgan, op. cit., 155.
441) Tom Andersen, "가족 이미지에 대한 반영," 99.

을 이야기한다. 그다음, 외부 증인들이 그의 이야기를 재진술한다. 그 후, 의식의 주인공이 증인들의 이야기를 다시 말한다.[442] 마지막으로 상담자와 내담자, 그리고 청중들이 참여한 모든 사람이 토론에 참여한다. 이러한 단계를 도표로 나타내면 [그림 9-1]과 같다.

그림 9-1 인정 의식 대화의 단계

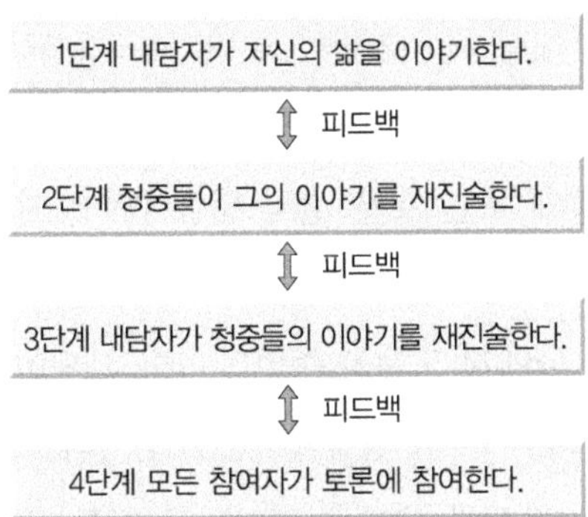

이러한 의식은 일대일로 상담자와 내담자가 상담하는 일상적 상황과 다르기 때문에 어색하고 이상한 느낌을 줄 수 있지만, 이 방식의 효과를 느끼면 이러한 감정은 점차 줄어든다.[443]

1단계: 내담자가 자신의 삶을 이야기한다

인정 의식의 첫 번째 단계는 내담자의 재저작 대화에서 출발한다. 상담자와 내담자가 재저작 대화를 하는 과정을 청중들에게 듣도록 한다. 이때 청중들은 단지 상담 내용을 조용히 경청하게 한다. 초청받은 청중

442) M. White, *Maps of Narrative Practice*, 180f.
443) Ibid.

들은 내담자의 이야기를 들으면서 성공적이고 긍정적인 측면에 초점을 맞추어 경청하도록 한다. 이때 청중들이 주목해야 하는 것은 내담자가 빈약한 이야기 가운데서도 그것에 대항했던 것이나, 그 문제를 극복하려고 노력하였던 의지, 그리고 재저작 대화를 통해 그가 새롭게 발견한 자아정체성 확립에 대한 이야기들이다. 왜냐하면 이러한 이야기들은 내담자의 새로운 이야기를 더욱 윤택하고 풍부하게 하기 때문이다.

또한 청중들은 내담자의 이러한 이야기를 경청하면서 자신의 삶을 돌아보고, 내담자의 이야기에서 자신의 삶에 가장 의미 있고 감명 깊은 것을 찾는다. 이렇게 하는 것은 결국 내담자의 재저작 대화를 통해 그의 새로운 이야기를 발견하기도 하지만, 또한 그 이야기가 나의 삶을 되돌아보게 하고, 나에게 도움을 주었던 것을 내담자와 나누기 위한 준비 과정이기도 하다. 이야기 상담에서는 상담자와 내담자, 그리고 초청을 받은 청중들도 자신의 새로운 이야기를 만드는 데 도움을 받는다.

이때 초청받은 청중들의 자리를 폐쇄형으로 할 것인지, 아니면 개방형으로 할 것인지에 대해 논의가 있다. 폐쇄형은 상담자와 내담자가 상담을 하고 있는 중에 일방경이 설치된 관찰실에서 청중들이 상담 과정을 경청하게 하는 것이다. 앤더슨T. Andersen은 일방경이 설치된 관찰실에서 상담 과정을 지켜보게 하는 것은 문제가 있다고 지적하였다. 그의 주장에 의하면, 청중들이 일방경에서 상담을 관찰하고 상담자와 전문가들끼리 토론에 참여할 때, 그들은 일방경에서 잡담을 하거나 토론을 할 때에도 단정적인 언어와 전문적인 언어를 사용하였다. 그래서 앤더슨은 이야기 상담에 개방형 반영팀을 도입하였다.[444)]

444) Tom Andersen, "가족 이미지에 대한 반영," 89–94.

상담에 참여하고 있는 개방형 반영팀의 모습[445]

필자는 인정 의식은 앤더슨의 주장처럼 개방형으로 하는 것이 바람직하다고 생각한다. 왜냐하면 이야기 상담의 기본 전제가 상담에 참여하는 모든 사람들은 동등하며, 오히려 내담자가 더 전문가라는 입장이기 때문이다. 초청받은 청중들이 개방형으로 상담에 참여할 때, 상담자와 내담자는 내부에서 상담을 진행하고, 청중들은 원 바깥에서 상담과정을 경청을 한다. 이때 청중들은 조용히 상담 과정을 관찰해야 한다.

2단계: 청중들이 내담자의 이야기를 재진술한다

청중들은 상담자나 내담자와 자리를 바꾸며 역할을 바꿔본다. 인정 의식에서의 청중들은 자기 자신을 위해 초청받은 것이 아니라 내담자를 위해 초청받은 것이다. 청중들은 오직 내담자를 돕기 위해 초청받았음을

445) 웹 사이트 www.kaospilots.nl. 2008. 10. 28. 검색.

항상 명심해야 한다. 청중들은 내담자가 재저작 대화를 통해 새로운 이야기를 할 때 증인이 되어 주고, 그 이야기가 더욱 풍부하게 확장될 수 있도록 해야 한다. 그리고 새로운 이야기가 삶에서 실현될 수 있도록 내담자의 심력心力을 키워 주는 역할을 해야 한다. 상담자와 내담자는 이제 청중이 재진술하는 이야기를 듣게 된다.

인정 의식의 두 번째 단계의 목적은 내담자의 재저작 대화에 대한 반영으로 이야기의 핵심 메시지를 뽑아 그것의 경계를 확장하는 것이다.[446] 이 단계는 내담자의 이야기를 재진술하는 시간으로서, 들은 내용을 모두 설명하는 것이 아니라, 내담자 이야기 중 자신이 가장 크게 느낀 부분에 초점을 두고 반응하는 것이다. 청중들의 재진술은 자유로운 형식으로 진행된다.

청중들이 내담자의 이야기를 재진술할 때 주의 사항이 있다. 청중들이 내담자의 이야기를 재진술할 때에는 단정적인 문장으로 하여서는 안 된다. 이렇게 하기보다는 오히려 의문문으로 해야 한다. 왜냐하면 청중들이 내담자의 이야기를 경청한 것은 자신의 짐작이고 해석이기 때문이다. 그러므로 청중들이 재진술할 때에는 의문문의 문장을 사용해야 하며, 조심스러운 태도로 하여야 한다. 즉, '나는 모른다. 그래서 나는 당신을 알고 싶다'는 호기심의 자세로 재진술해야 한다.

이 단계에서 상담자가 할 수 있는 질문은 다음과 같다.

"내담자의 이야기를 듣는 것이 어떠셨습니까?"

"내담자의 이야기를 들으면서 특히 관심을 갖게 된 것은 무엇입니까? 이것이 왜 당신에게 유난히 관심을 갖게 하였는지 말해 주실 수 있습니까?"

---

446) M. White, *Narratives of Therapists' Lives*, 1997, 94.

"내담자의 이야기 중에서 어떤 것이 당신의 삶에 대해 다르게 생각하도록 만들었습니까?"

청중들이 내담자의 이야기를 재진술하는 방법은 다음과 같다.

① 상담자와 내담자는 초청된 청중들과 자리를 바꾼다. 이때 청중들은 원 안으로 들어오고, 상담자와 내담자는 원 바깥에서 청중들의 뒤에 앉는다. 이때 상담자와 내담자는 청중들이 하는 이야기를 조용히 경청한다.

② 청중들은 내담자의 재저작 대화와 관련된 것을 서로 이야기한다. 청중들의 이야기는 내담자의 재저작 대화에서 했던 이야기의 맥락 속에서 재진술되어야 한다. 청중들의 재진술은 내담자의 재저작 대화와 지나치게 동떨어져서는 안 된다. 즉, 내담자의 재저작 대화의 이야기 내용에 근거하여야 한다.

③ 청중들이 이야기할 때는 1인칭과 의문문이 포함된 문장을 사용해야 한다. 이러한 문장으로 해야 하는 이유는 그들의 말이 단지 자신의 추측이며, 해석이기 때문이다. 또한, 내담자가 그 이야기에 대해 생각해 보고 도움이 되면 받아들이고, 도움이 되지 않으면 '아니요'라고 대답할 수 있는 여유를 주는 것이다. 청중들은 자신의 생각이나 관점을 내담자에게 강요할 수 없다. 청중들은 단지 내담자가 하는 이야기에 대한 증인으로서 함께할 뿐이다. 그리고 청중들은 내담자의 새로운 이야기에 대한 거울 역할을 해주는 것이다.

따라서 청중들이 인정 의식을 수행할 때에는 확신이나 단정적인 언어가 아니라 '이런 것이 아닌가?'라는 형식의 문장을 사용해야 한다. 따라서 내담자 앞에서 청중들과 나눔의 시간을 가질 때에는 "제가 듣기에는 …한 것 같은데 어떻습니까?", "제가 보기에는 … 한 것 같은데 어떻습니까?", " 제가 그 사람의 이야기를 듣고 보니 나도 …한 것 같네요." 등의 문장을 사용해야 한다.

재진술에 들어갈 내용은 앨리스 모건의 《이야기 치료란 무엇인가?》에 나오는 내용을 바탕으로 필자가 각색한 것이다.[447]

재진술에 들어갈 내용: 청중의 질문과 응답

청중은 내담자의 새로운 이야기에서 자신이 주목했던 부분에 대해 질문을 한다.

청중들은 내담자의 이야기에서 관심을 끌었던 사건에 대해 질문하면서, 자신이 그 이야기에 호기심을 갖게 된 이유나 더 이해하고 싶었던 대화의 측면에 대해 이야기한다. 또한 내담자의 특정한 사건이 미래에 어떤 의미를 부여할지에 대해서도 조심스럽게 질문을 던지기도 한다.

예를 들어, "지수가 그 정보에 대해서는 엄마를 믿는 것이 안도감을 준다고 말하는 것을 들었어요. 그래서 저는 무엇이 지수로 하여금 엄마를 더 신뢰하도록 할 것인가에 대해 궁금해졌어요. 또한 그것은 '지수가 엄마와의 관계에서 원하는 것과 어떻게 헌신하려 하는지에 대해 무엇을 말하고 있을까?' '이 헌신이 그들의 관계에서 무엇을 의미하며 지수는 그것에 대해 어떻게 생각하고 있을까?'라고 질문하고 싶습니다."

---

447) Alice Morgan, op. cit., 157－159.

청중은 서로 질문에 대해 응답을 하거나 덧붙여 가는 대화를 한다.

청중들 사이에 이야기가 이어지려면 서로 질문을 하고 그 질문에 대해 다른 청중이 말한 것에 대해 응답하거나 덧붙여 가는 식으로 진행해야 한다.

예를 들어, "예, 지수가 엄마를 신뢰하는 것이 중요하며, 엄마가 점점 더 친근하게 다가오게 되었다고 말하는 것을 들었을 때 나 역시 흥미를 가졌어요. 지수가 원하는 것이 '친근함'인지 아니면 다른 것일지 의문이 듭니다."

청중들은 서로에게 질문을 던질 수도 있다. "당신은 그 점에 대해서 왜 특별한 관심을 가지나요? 그 이야기를 들었을 때 당신은 어떤 의문점이 들었나요? 당신은 왜 그 점에 대해 호기심을 느낀다고 생각하나요? 지수와 그녀의 어머니가 서로 친밀감을 되찾는다는 것은 무엇을 말한다고 생각하시나요?"

청중은 내담자의 어떤 이야기가 자신의 관심을 끌었는지에 대해 말한다.

청중들이 내담자의 이야기를 들으면서 어떤 특정한 부분에 관심을 갖게 되는 것은 내담자의 이야기가 자신의 경험이나 삶의 신념에 연결되어 있다는 것을 인정하는 과정이다. 즉, 내담자가 전하는 특정한 이야기에 관심을 갖는 것은 그 이야기가 청중이 알고 있는 사람이나 사건, 또는 생각들과 연관이 있다는 것을 의미한다.

따라서 청중들은 단지 내담자의 새로운 이야기에 대해서만 반응하는 것에 그치지 않고, 그 이야기가 자신의 삶과 어떤 연결이 되는지에 대해서도 이야기해 주는 것이 더욱 효과적이다. 내담자는 청중들의 이러한 피드백을 통해 자신의 이야기가 현실성이 있으며, 그것을 실행할 용기를 얻게 될 것이다.

청중은 내담자의 이야기가 자신의 삶에 어떤 영향을 주었는지에 대해 말한다. 또는 그 이야기가 미래에 어떤 잠재력을 가졌는지에 대해 말한다.

이러한 나눔은 여전히 대화의 중심이 내담자임을 염두에 두고 진행되어야 한다. 예를 들어, "지수가 신뢰에 대해 말했을 때, 나는 내 자신의 삶에서 신뢰할 수 있는 사람을 찾는 것이 얼마나 어려운 일인지에 대해 다시 한번 생각하게 되었습니다. 오늘 지수의 말을 들으면서 신뢰 관계의 중요성을 다시 인식하게 되었습니다. 그의 말은 내가 믿을 수 있는 사람들에 대해 더 많이 생각하게 해 주었고, 이 대화가 끝난 후 그들이 나에게 어떤 의미가 있는지를 이야기하고 싶습니다."

이때 다른 청중들은 이 말을 듣고 질문함으로써 이야기를 이어나갈 수 있고, 또한 자신의 들은 말 중에서 비슷한 생각이나 감정을 불러일으킨 부분에 대해 이야기할 수 있다.

3단계: 내담자가 청중들의 이야기를 다시 말한다

청중들은 다시 한 번 상담자와 내담자의 자리를 바꾼다. 이 과정의 목적은 내담자가 청중들의 진술에 대해 재진술하도록 하는 것이다. 3단계에서는 청중들이 재진술한 내용에 대해 내담자가 다시 말하는 시간을 갖는다. 이 단계에서는 청중들이 다시 청중의 위치로 되돌아가야 한다. 청중들은 내담자가 이야기하는 것에 대해 재진술하는 기회를 가졌던 의식에서 반대로, 내담자가 재진술하는 것을 듣는 위치로 되돌아가는 것이다. 이때 내담자와 청중들은 재진술의 재진술에 참여하고 있는 것이다. 화이트는 이것을 '더 넓은 재진술의 재진술further retellings of retellings'이라고 하였다.448)

내담자는 청중들이 자신의 이야기를 듣고 그것에 대한 청중들의 재진술을 들으면서 자신이 느낀 것이나 깨달은 것을 이야기한다. 내담자는 청중들이 재진술한 내용이나 질문들에 대해 자신의 생각이나 견해를 말할 수 있는 기회를 가진다. 이때 상담자는 내담자에게 가장 인상적인 이야기나 질문이 무엇인지 물어볼 수도 있다. 이렇게 하면서 내담자의 새로운 이야기는 확장되면서 더욱 강화된다.

이 단계에서 상담자가 할 수 있는 질문은 다음과 같다.

"청중들의 진술에서 가장 당신의 관심을 끌었던 것은 무엇입니까?"
"당신이 들은 것 중 가장 기억에 남는 것은 무엇입니까?"

4단계: 모든 참여자가 함께 토론에 참여한다

마지막 단계는 상담자, 내담자와 함께 참여한 모든 사람이 과정에 의견을 제시하는 토론에 참여하는 것이다. 이 단계에서 상담자는 종종 1단계인 재저작 대화에 대해 그들이 기여한 바가 무엇인지에 대한 질문을 받는다. 또한 상담자는 청중들에게 그들이 한 재진술에 대해 물어볼 수 있다.

---

448) M. White, "Reflecting Teamwork as Definitional Ceremony," in White, M. *Re−authoring Lives: Interviews and Essays* (Adelaide: Dulwich Centre Publications, 1995b), 웹 사이트 www.dulwichcentre.com.au/reflectingarticle2.html, 2008. 7. 3. 검색.

인정 의식의 방법

인정 의식의 방법에는 외부 증인 초청, 반영팀 구성, 문서와 편지, 의식과 축하 행사 등이 있다.

외부 증인 초청

외부 증인들은 인정 의식 일환으로 회원 재구성 대화를 통해 새롭게 형성된 회원들을 말한다.

외부 증인의 개념 및 구성원

외부 증인outsider witness은 회원 재구성 대화의 내용과 연결된다. 외부 증인들은 회원 재구성 대화를 통해 내담자에게 긍정적인 영향을 주는 사람들로 구성되어야 한다. 따라서 회원 재구성 대화를 통해 구성된 외부 증인들은 내담자의 새로운 이야기의 증인이 되어, 내담자가 자신의 삶을 조명해 보도록 도와 주는 역할을 한다. 이야기 상담의 외부 증인 초청은 외부 증인들을 통해 내담자에게 자신의 삶의 이야기를 객관적으로 조명하도록 도와주는 방법이다.

'내담자가 증인을 초청하는가? 아니면 상담자가 증인을 초청하는가?' 증인을 초청할 때 회원 재구성 대화를 통해 새롭게 형성된 사람들은 내담자에게 삶의 긍정적인 영향을 줄 수 있는 사람들이 가장 적절하다. 외부 증인은 내담자의 가족, 친구, 함께 신앙 생활하는 사람들 등으로 회원 재구성 대화를 통해 내담자의 삶에 긍정적인 영향을 주었거나 또한 지속적으로 긍정적인 영향을 줄 수 있는 사람으로 구성되어야 한다.

외부 증인의 원리

이야기 상담의 원리는 실패에 대해 판단하거나 비난하는 것이 아니다. 특히 이야기 상담에서 인정 의식은 내담자를 새롭게 세우는 과정이다. 그래서 외부 증인들은 내담자의 실패에 대한 문제를 다시 거론하지 않아야 한다. 내담자의 주 호소 문제를 거론하는 것 대신에, 오히려 내담자가 발견한 새로운 이야기에 대해 지지하고 격려하는 것이어야 한다.

외부 증인의 역할

외부 증인은 무엇보다도 약한 자를 지지하기 위한 그룹이기 때문에, 이야기 상담의 원리에 따라 그 역할을 잘 감당해야 한다.

외부 증인은 새로운 이야기를 인정하고 지지한다 내담자는 상담이 종결된 이후, 종종 주위 사람들로 인해 무너질 때가 많다. 그렇기 때문에 인정 의식의 중요성이 부각된다. 내담자가 새로운 이야기에 대해 상담자 한 사람보다는 다수의 사람들로부터 인정을 받을 때, 그 인정은 매우 큰 효과를 가진다.

외부 증인은 새로운 이야기의 증인이 된다 외부 증인은 내담자의 새로운 이야기를 인정하고 지지하는 역할뿐만 아니라, 새로운 이야기에 대해 증인이 되면서 그것을 퍼뜨리는 중요한 임무를 수행한다.[449]

외부 증인은 내담자에게 새로운 삶의 의미를 부여한다 외부 증인의 역할은 지지하고 격려하는 차원에서 그치는 것이 아니다. 그들의 역할은 내담자가 빈약한 이야기에서 풍부한 이야기로의 회복에서 그치는

---

449) 고미영, 『이야기의 치료와 이야기의 세계』, 231.

것이 아니라, 자신의 삶에 대해 새로운 의미를 부여하고, 실천적인 삶으로 나아가서 자신의 삶의 주인공이 되도록 하는 것이다. 이렇게 내담자가 새로운 삶을 지속적으로 유지하기 위해서는 새로운 공동체가 필요하며, 이 새로운 공동체가 자신의 새로운 삶의 이야기에 대한 증인이 되어 주는 것이다. 즉, 증인 그룹이 내담자의 새로운 이야기에 대해 청중이 되어 그가 살아갈 새로운 삶에 대해 증인이 된다는 것이다. 이렇게 새롭게 구성된 증인 그룹에 의해 주관된 인정 의식은 새로운 이야기가 지속적으로 유지될 수 있도록 하는 반석이 될 것이다.

외부 증인은 내담자에게 자신의 삶을 조명해 볼 수 있게 한다 외부 증인의 역할은 내담자에게 제3자의 입장이 되어 주는 것이다. 그들의 역할은 내담자가 그들의 말을 통해 자신의 삶을 다른 사람의 눈을 통해 객관적으로 조명해 볼 수 있도록 도와주는 것이다. 이렇게 될 때 내담자는 현재 자신의 어려운 문제를 주변 사람들의 도움을 통해 대처해 나갈 수 있는 용기와 기반을 마련하게 된다.

외부 증인의 준비 및 방법

외부 증인들은 이 의식이 성공적으로 거행되도록 준비해야 할 사항들이 있다.

- 외부 증인들은 내담자의 이야기를 주의 깊게 들어야 하며, 특히 내담자의 이야기 중에서 무엇이 자신의 관심을 끌었는지에 대해 재진술 준비해야 한다.[450]

---

450) M. White, "Reflecting Teamwork as Definitional Ceremony," in White, M. *Re-authoring Lives: Interviews and Essays* (Adelaide: Dulwich Centre Publications, 1995b).

- 이 작업은 청중이 상담실에서만이 아니라, 사람들의 직접적인 삶의 환경에까지 치유의 자리를 확대함으로써 내담자의 근본적인 치유를 돕는 것이다.[451] 외부 증인들은 주인공의 이야기를 경청하고, 감동적인 부분들을 다시 이야기할 수 있어야 한다. 이 이야기를 할 때 거부감을 느끼지 않도록 해야 하며, 개인적인 정서, 이미지, 반응과 생각들이 잘 표현되도록 하고, 판단, 비판, 이론화, 충고 등은 금하는 것이 바람직하다.
- 외부 증인들과의 협상이 필요할 때가 있다. 내담자의 풍부한 대화를 발전시키는 데 도움이 될 수 있는 경우나, 재진술이 의도된 재생산과 마찰을 일으킬 가능성이 있는 경우 등이 이에 해당한다. 상담자는 외부 증인들의 재진술 결과에 대해 전적으로 책임을 져야 한다는 점에서 대화에 적극적으로 관여할 필요가 있다.[452]

외부 증인의 반응

외부 증인의 재진술은 내담자에게 들은 모든 내용을 말하는 것이 아니라, 내담자의 진술 가운데 자신이 가장 관심을 끌었던 부분에 초점을 맞춘다. 이때 외부 증인의 반응 범주는 다음과 같다.[453]

표현 확인 인정 의식의 중심에 서 있는 사람의 이야기를 들을 때, 어떤 표현이 당신의 상상력을 잡았거나 관심을 끌었는지? 어떤 표현이 당신의 심금을 울렸는지?

이미지 기술 이러한 표현들은 사람들의 삶, 그들의 정체성, 나아

451) S. Russel and M. Carey, *Narrative Therapy*, 65.

452) M. White, *Maps of Narrative Practice*, 189f.

453) M. White, *Michael White Workshop Notes*, 웹 사이트 www.dulwichcentre.com.au September 21st 2005. 17. 2008. 12. 5. 검색.

가 세상에 대해 어떤 이미지를 불러일으켰는가? 이러한 표현들은 사람들의 목적, 가치, 믿음, 희망, 꿈, 의지에 대해 당신에게 암시하는 것은 무엇인가?

반응의 구체화 이러한 표현들이 당신의 관심을 끌었거나 심금을 울렸던 이유에 대해 설명하는, 당신 자신의 삶과 일은 무엇인지? 당신의 삶의 경험 중 어떤 부분이 이러한 표현 및 표현을 통한 이미지로 나타나는가?

이동 인정 이러한 삶의 표현을 목격한 후, 자신이 아닌 다른 사람의 상태로 어떻게 이동transference했는지? 만약 당신이 청중으로 참가하지 않았다면 이동하지 못했을 상태가 있는가? 이러한 표현을 목격했기 때문에 어떤 식으로 자신이 아닌 다른 사람이 되었는가?

사례: 내담자 이상아(가명)

필자가 상담한 내담자 이상아(가명)는 자신의 얼굴이 못생겨서 성형수술을 하고 싶어 하는 재수생이었다. 그는 자신의 못생긴 얼굴 때문에 공부에 집중할 수 없었을 뿐만 아니라, 자신의 능력을 제대로 발휘하지 못했다. 이로 인해 그는 대입 시험에 실패를 하였고, 이 일로 인해 그는 가족들을 힘들게 하였다.

그는 성형 수술을 하기 위해서는 자신이 목표로 하는 대학교에 합격해야 한다고 하였다. 그래서 그는 대학 합격을 위해 2~4월까지 열심히 공부하였다. 그러나 그는 평소 잘 알고 있는 여자 후배와의 잦은 통화로 인해 5월 한 달 동안 공부를 거의 하지 못했다고 하였다. 이런 상황 속에서 6월이 되어 지나간 5월을 돌아보니, 그에게는 두려움이 몰려오기 시작하였다. 작년 7월에 실패하였던 시간들이 떠오르면서 불안하고 두려워졌고 결국 더 이상 공부를 할 수 없게 되어 다시 상담실을 찾게 되었다.

상담을 진행하면서 그 내담자는 현재의 불안으로부터 벗어날 수 있는 최선의 방법은, 재수나 반수를 하며 자신이 원하는 대학교에 들어간 사람들의 이야기를 듣는 것이라고 하였다. 그는 지지 그룹이 필요하다고 느꼈다. 상담자는 내담자에게 지지 그룹의 상담 참여에 동의를 얻은 후, 그 다음 주에 내담자와 유사한 경험을 한 사람을 증인으로 초청하였다. 이때 상담자는 초청된 사람에게 내담자의 현재 상황과 그가 증인을 필요로 함을 설명하였다. 그리고 자신의 경험을 긍정적인 방향에서 이야기해 주도록 요청하였다.

초청받은 외부 증인의 이야기와 내담자의 반응

초청받은 외부 증인이 재수생으로서의 삶을 이야기하기 시작했을 때, 내담자는 얼굴이 상기되면서 증인의 이야기를 경청하기 시작하였다. 특히 외부 증인의 이야기 가운데 자신과 같은 형편에 있었던 사실을 이야기할 때, 내담자의 얼굴에는 웃음이 가득하였다.

외부 증인이 "나는 원래 이과였는데 재수를 하면서 문과로 바꾸었다."는 이야기에 내담자는 많은 관심을 보였다. 그리고 외부 증인이 "나는 고등학교 다닐 때 참 얼굴이 못생겼다고 생각하였다. 자기가 좋아하는 여학생이 있었는데, 얼굴에 자신이 없어서 좋아한다는 표현도 못 했다. 그리고 재수를 하면서 힘이 들었는데 그래도 내가 목표를 바라보고 참고 견디어 나갔다. 내가 최선을 다해서 하니까 좋은 결과가 나오더라. 나는 현재 대학 생활에 대단히 만족한다. 그리고 많은 자신감을 갖게 되었다."라는 말에 내담자는 얼굴이 밝아지고 웃음으로 가득하였다.

외부 증인과 내담자 간에 서로 대화하는 시간을 가질 수 있도록 하였다. 이때 내담자는 외부 증인에게 자신이 지금까지 힘이 들었던 점들을 이야기하기도 하고, 궁금한 것은 질문하기도 하였다.

외부 증인과 내담자의 이야기가 끝난 후, 상담자는 내담자에게 이 이야기를 통해 자신에게 도움이 된 점에 대해 말하도록 하였다. 이때 내담자는 "지금 제가 공부하고 싶은 마음이 가득합니다. 이제 공부할 수 있을 것 같습니다. 5월 한 달 동안 나를 힘들게 하였던 공부에 대한 불안은 없어졌습니다."라고 말하였다.

이와 같이 외부 증인은 내담자의 주변 사람이 아닐지라도 내담자와 유사한 경험을 한 사람을 초청하여 구성할 수도 있다.

반영팀

반영팀reflecting team형식은 톰 앤더슨T. Andersen이 처음 개발했으며, 1987년 그의 글 "반영 하는 팀The reflecting team: Dialogue and meta-dialogue in clinical work"에서 처음으로 사용됐다.454) 상담자와 내담자의 상담 과정에서 반영팀이 이를 관찰한 후, 상담이 끝난 뒤에는 입장을 바꿔 상담자와 내담자가 청중이 되어 반영팀의 뒤편에 자리를 잡고, 반영팀이 서로 이야기하는 과정을 관찰한다. 그리고 또다시 입장을 바꿔 반영하는 팀이 재진술하는 과정을 상담자와 내담자가 관찰하는 방식이다.

톰 앤더슨

반영팀은 외부 증인들과는 달리, 내담

---

454) M. White, "Reflecting Teamwork as Definitional Ceremony," in White, M. *Re-authoring Lives: Interviews and Essays* (Adelaide: Dulwich Centre Publications, 1995b).

자가 겪고 있는 문제와 비슷한 경험을 한 사람들 또는 그 분야의 전문가들을 중심으로 이루어지는 인정 의식이다. 반영팀은 내담자의 새로운 이야기를 강화하는 것뿐만 아니라, 상담 과정에서 상담자가 상담을 독단적으로 운영하거나 자의적으로 해석하는 위험을 경계하고 예방하는 필수적 장치로 작용한다.[455]

반영의 개념

반영reflection은 프랑스어인 르플렉시옹reflexion과 동의어로 상대방의 언어를 듣고 그것에 대한 생각을 정리하여 언급하고, 그 이후 다시 상대방에게 되돌리는 작업이다. 이는 영어의 '반복'이나 '비추다'라는 의미와는 다르다.[456] 그러므로 상담에서의 반영은 내담자의 새로운 이야기에 대해 반영하는 것이다. 즉, 내담자가 말한 이야기에 대해 반영팀이 다시 이야기하는 것이다. 이러한 반영은 내담자가 객관적인 입장에서 자기 자신을 인식할 수 있도록 도와준다.

반영팀의 구성원

반영팀은 내담자를 알거나 모르거나 상관없이 둘이나 그 이상의 사람들로 구성된다. 반영팀은 다른 상담자, 가족, 동료, 공동체의 구성원 혹은 전문적인 의견이나 경험을 제공할 수 있는 사람들로, 내담자가 모르는 사람들이 될 수 있다.[457] 예를 들면, 단주 그룹, 가정폭력 가해자 및 행위자 그룹, 성폭력 피해자 그룹, 동성연애자 그룹 등의 전문적인

---

455) D. Epston and M. White, *Experience, Contradiction, Narrative and Imagination: Selected Papers of David Epston and Michael White 1989-1991* (Adelaide, Australia: Dulwich Centre Publications, 1994), 145.

456) Tom Andersen, "가족 이미지에 대한 반영," 91.

457) Alice Morgan, op. cit., 155.

그룹들이다. 이와 같이 내담자와 유사한 경험을 한 사람 등과 같은 제3자가 반영팀으로 참석할 수 있다.

상담자가 반영팀을 초청할 때 명심해야 하는 것은 그들이 내담자의 새로운 이야기에 지지와 격려를 줄 수 있는 사람이어야 한다는 것이다. 또한 내담자의 이야기를 진지하게 경청할 수 있는 사람이어야 한다. 반영팀을 초청할 때에는 내담자와 충분히 이야기된 상황에서 이루어져야 한다. 상담자는 반영팀을 초청하기 전에 먼저 내담자의 동의를 구한 상태에서 이루어져야 한다.

반영팀의 운영

반영팀은 상담실에 직접 초청되어 상담에 참여하게 하는 것이 가장 효과적이다. 그러나 반영팀들의 형편이나 환경이 여의치 않을 때에는 화상 회의나 다른 방법을 통해 반영할 수도 있다. 이때 상담자는 내담자와 함께 화상 회의나 녹음을 청취한 후, 내담자에게 반영팀의 재진술에 대한 내담자의 생각이나 의견을 물어 볼 수 있다. 반영하는 방법에는 몇 가지 규칙이 있다.

일상적인 언어를 사용하라 반영팀은 일상적인 것과 지나치게 동떨어진 언어를 사용하지 않도록 노력해야 한다. 반영팀은 재진술할 때 전문적인 용어를 사용하는 것 대신에 일상생활 용어를 사용하려고 노력해야 한다. 반영팀이 전문적인 용어를 사용하면, 벌써 언어에서부터 내담자와 반영팀 간의 위계질서가 형성될 수 있다. 이야기 상담에서는 상담자와 내담자, 반영팀 간의 위계질서가 해체되어야 한다.

반영팀은 수직적인 관계가 아니라 원탁에 둘러앉아 수평적인 관계에서 편안하게 이야기를 나누어야 한다. 따라서 반영팀이 재진술할 때 학술적인 용어나 외래어 대신 일상 언어를 사용하는 것이 중요하다. 그러나 이런 방식은 결코 쉬운 일이 아니다. 왜냐하면 어떤 때는 특정 상황이나 사건에 대해 전문적인 용어 하나만으로 의미를 전달할 수 있기 때문이다.

반영팀의 주요 역할은 내담자에게 어떤 해답이나 문제를 해석해 주는 것이 아니라, 내담자의 새로운 이야기를 청중의 입장에서 다시 내담자에게 되돌려주는 것이다. 내담자는 이를 통해 새로운 이야기에 대한 용기를 얻고, 미처 깨닫지 못한 부분을 인식하게 되며, 새로운 아이디어를 얻을 수 있다. 따라서 반영팀이 재진술할 때는 내담자가 쉽게 이해할 수 있는 일상 언어를 사용할 때보다 효과적이다.

가능한 한 많은 견해를 이야기하라 반영팀이 재진술할 때, '이것인가 저것인가'의 사고에서 벗어나 '이것도 저것도'의 사고로 전환해야 한다. 반영팀은 옳고 그름을 판단하는 사고에서 벗어나, 내담자의 이야기를 들으며 그 이야기에 관심이나 궁금증을 표현하고, 자신에게 의미가 있었던 사소한 것이라도 질문하고 이야기하는 것이 내담자에게 도움이 된다.

일반적으로 사람들은 자신이 생각하기에 사소한 것이라고 느끼면 이를 말하지 않으려 한다. 그러나 인정 의식에서는 사소한 것조차 내담자에게 큰 도움이 될 수 있다. 따라서 우리가 반영팀으로 상담에 참여하여 사소한 것이라고 생각되는 부분을 말하게 되면, 그 이야기들이 모여 내담자에게 도움이 되는 새로운 의미를 창조할 수 있다.

"병은 소문을 내라. 병은 하나지만 약은 수만 가지이다."라는 말처럼 청중들의 다양한 견해는 내담자가 새로운 이야기를 확장하고 강화하는 데 원동력이 될 것이다.

평가 대신 지지하라 프리드먼과 콤스는 상담 센터에서 2년 과정의 프로그램을 마친 한 상담자의 반영팀 경험에 대해 소개하면서, 반영팀이 어떻게 운영되어야 하는지에 대해 설명하고 있다. 다음은 반영팀에 참여한 한 상담자의 경험담이다.

> "저는 전에 다른 가족치료 교육 프로그램을 참여한 적이 있었는데, 제 차례가 오면 죽을 지경이었어요. 전부 나만 바라보고 있었는데, 그 사람들이 제가 한 일을 평가하고 있다고 느꼈어요. 저는 다 잘못하고 있다고 생각했어요. 하지만 반영팀을 진행할 때는 완전히 달랐어요. 저는 팀원들이 모두 저를 지지해 준다고 느꼈어요. 혹시 제가 중요한 것을 놓치더라도 팀에서 누군가가 그것을 대화로 이끌어 내 주었어요. 그것은 평가가 아니었어요. 우리는 그 속에서 모두 하나가 되었어요. 그런 식으로 작업 방법을 배웠어요."[458]

이와 같이 반영팀은 서로를 평가하거나 판단하는 것이 아니라, 동반자라는 의식을 가지고 있어야 한다. 반영팀은 지지하는 관계를 통해 새로운 이야기의 가능성을 열어 주는 책임을 실천하는 모임이다. 이때 반영팀으로서 자신에게 할 수 있는 질문이 있다. "나는 내담자의 새로운 이야기를 강화하는 데 초청받은 사람으로서의 책임감을 느끼고 있는가?"

반영팀의 방법과 절차

반영팀의 반영 방법과 절차는 반영팀의 개발자인 앤더슨T. Andersen의 상담 방법과 절차를 바탕으로 하여 필자가 재구성하였다.[459]

---

458) 이 자료는 웹 사이트에서 참고한 것이나 확인이 불가능함을 밝혀 둔다.
459) Tom Andersen, "가족 이미지에 대한 반영," 97-101.

상담의 시작 내담자를 처음 만나면 상담을 위한 준비를 시키고, 무엇을 할 것인지와 어떤 절차를 밟을 것인지에 대해 설명한다. 또한, 상담을 어떤 형태로 이끌어 갈 것인지에 대해 서로 충분히 이야기를 나누는 것이 중요하다.460)

- 상담을 하는 데 가장 적당한 장소에 대해 의견을 나눈다.
  - "상담하기에 적당한 장소는 어디라고 생각합니까? 자택입니까? 아니면 상담소입니까?"
- 반영팀의 구성 유무에 대해 의견을 나눈다.
  - "반영팀은 있는 것이 좋습니까? 아니면 없는 것이 좋습니까?"
- 이야기의 시점과 대상에 대해 의견을 나눈다.
  - "어떤 문제에 관해서는 누가, 언제 이야기하는 것이 좋겠습니까?"

상담자가 내담자에게 상담의 시작과 반영팀의 필요성에 대해 설명을 할 때, 다음과 같이 일반적으로 이야기할 수 있다.

> "우리는 약 40분 동안 당신이 처해 있는 상황과 당신이 상담을 통해 원하는 것에 대해 이야기를 나누고자 합니다. 그 시간이 끝난 후에는 반영팀이 우리들의 이야기를 듣고 느낀 점들을 서로 이야기 할 것입니다. 우리가 이렇게 팀으로 상담하는 이유는 두 사람의 지혜가 한 사람 것보다 낫다고 믿기 때문이며, 당신은 다양한 관점을 참고할 수 있는 기회를 가질 수 있기 때문입니다."461)

---

460) Ibid., 97.

461) John S. Walter and Jane F. Peller, *Becoming Solution-Focused in Brief Therapy*, 가족치료연구모임 역, 『단기가족치료: 해결중심으로 되어가기』 (서울: 하나의학사, 1996), 71.

상담의 시작에서 무엇보다 중요한 것은 먼저 내담자가 편안한 마음으로 상담에 참여할 수 있는 분위기를 만드는 것이다.

협력적인 관계 형성 이야기 상담에서의 전문가는 내담자이다. 따라서 상담자와 내담자의 협력적인 관계가 중요하다. 상담자는 내담자와 협력적인 관계를 형성하기 위해 상담 초기에 다음과 같은 2개의 질문을 할 수 있다.

- "이 시간을 어떻게 사용하고 싶으세요?"
  - 이렇게 질문하는 것은 상담자가 미리 상담에서 무엇을 어떻게 이야기할 것인가에 대해 계획을 세우지 않으려는 의도에서 나온 것이다. 이로 인해 상담자는 내담자와의 관계를 보다 동등하게 유지할 수 있다.[462]
- "이곳에 상담을 받으러 올 때까지 어떤 일이 있었나요?"
  - 이러한 질문을 통해 누가 상담을 받아야 한다고 생각하는지, 상담이 누구에게 어떤 영향을 미치는지를 명확히 할 수 있다.[463]

문제 형성 체계와 문제 해소 체계

- "이 문제에 대해 지금까지 누구와 어떤 이야기를 나누었나요?"
  - 이 질문을 통해 상담 과정에서 언급할 필요가 없는 사건이 무엇인지 알 수 있다.
- "이 문제에 관해 누구와 이야기할 수 있나요?"
  - 이 질문을 통해 상담 과정에서 보다 유용한 대화 상대를 찾아낼

462) Tom Andersen, "가족 이미지에 대한 반영," 97.
463) Ibid., 98–99.

수도 있다. 적당한 차이를 가진 사람끼리 이야기를 나누며 의견을 교환하면 새로운 해석에 도달하기 쉽다.

듣는 사람과 말하는 사람의 역할 변경 반영하는 기법의 특징은 공개적이라는 것 이외에도, 참여하는 사람이 어떤 문제에 대해 각각 듣는 사람과 말하는 사람의 입장을 번갈아 경험하게 된다는 점이다. 이렇게 어떤 문제에 대해 동시에 두 개의 입장을 가질 수 있게 되며, 이로 인해 두 가지의 관점을 경험하게 된다. 이러한 두 가지 관점은 새로운 관점을 창조해 나가는 과정으로 이어진다.[464]

상담자와 내담자가 40분간 상담할 때, 반영팀은 두 사람의 대화를 듣는다. 이 과정을 거친 후, 반영팀은 10분간 대화를 나눈다. 이때 반영팀은 지금까지 내담자에게 들었던 이야기들에 대해 서로의 생각과 관점들을 이야기한다.

그 후 상담자와 내담자는 10분간 대화를 하고, 반영팀은 그들의 대화를 듣는다. 이때 상담자와 내담자의 대화 주제는 반영팀의 이야기와 관련된 느낌을 중심으로 이루어진다. 이 과정이 다 끝난 후, 상담자와 내담자 그리고 반영팀이 함께 이야기를 나눈다.

이러한 과정은 듣는 사람이 되었을 때 내면과의 대화가 일어나고, 이야기하는 사람이 되었을 때 외부 사람과의 대화가 이루어지면서 이 두 가지가 교차한다.[465]

464) Ibid., 99.
465) Ibid., 100.

반영팀 과정의 구조

반영하는 시간 분배는 필자가 코헨S. M. Cohen 외 7명이 쓴 「치료관계에서 위계 최소화하기: 반영팀 접근법」[466]을 중심으로 구성하였다. 또한, 다섯 명의 내담자들이 반영팀에 참여하면서 기록한 반영팀의 효과와 의미를 내담자들의 언어로 정리하여 추가하였다.

상담 전 모임(약 20분) 상담자와 지도감독자supervisor가 나누는 이야기를 내담자와 반영팀원들이 듣는다. 이 시간 동안 상담자는 자신의 힘듦과 성장에 대해 이야기한다. 내담자는 이를 통해 상담자도 자신이 좋아하는 방식으로 살아가고자 애쓰는 사람이라는 것을 경험하게 된다. 이러한 경험을 통해 내담자는 상담자를 한 사람으로 받아들이게 되며, 상담자에 대한 신비감을 없앤다.

내담자들이 반영팀에 참여한 경험보고서에서 말하는 상담 전 모임의 효과는 다음과 같다:

- 내담자가 상담 전 모임을 관찰함으로써 상담에 대한 불안이나 불편한 느낌이 점차 사라지고, 편안하게 이야기하게 된다.
- 내담자는 상담자가 상담에 대해 어떻게 생각하고, 다음에 어떻게 해야 할지에 대해 알게 된다.
- 상담의 질을 높이기 위해 상담자와 내담자가 어떻게 해 나가야 하는지에 대해 알게 된다.

---

466) S. M. Cohen et al., “치료관계에서 위계 최소화하기: 반영팀 접근법,” in J. Freedman and G. Combs, 『이야기 치료의 이론과 실제: 부부치료를 중심으로』, 116–131.

첫 상담 과정(약 40분) 상담자와 내담자가 상담하는 동안 반영팀은 내담자 뒤편에서 상담 과정을 관찰한다.

반영팀(약 10분) 반영팀이 상담 과정을 관찰한 후 그 과정을 이야기한다. 이때 상담자와 내담자는 청중의 입장이 되어 반영팀의 뒤편에서 그들의 이야기를 경청한다. 팀원들은 상담 과정에서 알게 된 것과 알고 싶은 것에 대해 이야기한다. 반영팀은 새로운 이야기에 초점을 맞추어 이야기를 나눈다.

두 번째 상담 과정(약 10분) 상담자와 내담자가 다시 상담을 진행하며, 반영팀은 청중으로서 그들의 이야기를 경청한다. 내담자와 상담자가 반영팀원들의 이야기를 듣고, 반영팀원들의 이야기 내용에 대해 서로 이야기를 나눈다.

상담 후 만남(약 20분) 상담자의 상담 과정에 대한 팀의 반영 후, 상담자와 슈퍼바이저가 팀원들의 반영에 대해 반영한다. 때로는 슈퍼바이저가 상담자를 상담하여 상담자로서의 발전에 대한 이야기를 끌어낸다.

상담 후 해체(약 20분) 상담에 참여한 모든 사람들은 상담자와 반영팀원들에게 그들의 의도와 동기를 해체하는 질문을 한다. 이 시간에는 누구든지 상담자나 반영팀원들에게 상담 동안 그들의 행위에 영향을 준 생각과 의도에 대해 질문하며 해체해 나간다. 상담 후 해체는 각 상담에 대해 평가하며, 각자의 동기와 의도, 시도했거나 해보지 못한 노력에 대한 영향을 질문할 수 있는 공간이 된다.

내담자는 자신이 원하면 이 모임에 참석할 수 있으며, 이때 상담이 어떻게 진행되었는지에 대해 대화를 나눈다. 또한, 내담자는 상담 진행 방법에 대해 자신의 의견을 이야기하며, 상담자가 잘한 점이나 개선할 수 있는 점에 대해 의견을 제시할 수 있다.

문서와 편지

상담 각 회기 종료 시, 내담자의 새로운 이야기를 강화하고 확장하는 것이 중요하다. 새로운 이야기를 강화하기 위해 상담자는 외재화 언어를 사용하고, 언급된 독특한 자료들을 강조하며 무엇이 일어났는지를 요약한다. 이 요약은 상담자가 내담자에게 보내는 편지에 종종 삽입된다. 이러한 요약의 목적은 상담자가 회기 중 내담자와 함께하며, 그 내담자의 새로운 정체성을 축하하고 있다는 메시지를 전달하는 것이다.[467)]

이야기 상담에서는 내담자의 새로운 이야기를 풍부하게 만들고 이를 실제 생활에서 실행할 수 있도록 돕기 위해 문서와 편지를 작성할 수 있다.

문서화하고 회람하기

이야기 상담에서는 새로운 이야기가 상담실 밖에서 실행될 때 비로소 변화가 일어났다고 본다. 따라서 상담자는 새로운 이야기를 기록하고 이를 회람시키는 것에 관심을 둔다.[468)] 이것을 위해 상담자는 상담을 하면서 새로운 이야기가 전개되는 과정을 기록하고, 이 기록들을 종종 내담자에게 돌려주어 큰 소리로 읽게 한다.[469)]

---

467) Michael P. Nichols and Richard C. Schwartz, *The Essentials of Family Therapy*, 272.

468) D. Epston and M, White, *Narrative Means to Therapeutic Ends*, Jill Freedman and Gene Combs, 『이야기 치료의 이론과 실제』, 141－142.

469) Ibid., 56에서 재인용.

편지 쓰기

내담자의 새로운 이야기를 확장하고 풍부하게 해 주는 방법 중 하나는 편지 쓰기가 있다. 편지 쓰기를 통해 상담자는 내담자에게 지속적인 관심과 지지를 표현할 수 있으며, 내담자가 발견한 새로운 이야기와 삶을 지속적으로 유지하고 발전시킬 수 있도록 돕는 지지 역할을 한다.

또한 내담자는 상담 후에 종종 문제로 되돌아가는 경향이 있다. 이때, 내담자에게 보내는 상담자의 편지는 이러한 문제로의 회귀를 사전에 예방하는 데 중요한 역할을 한다. 따라서 편지쓰기는 내담자의 새로운 이야기를 확장하고 풍부하게 하는데 그치지 않고, 내담자가 문제로 회귀하지 않도록 돕고 지속적인 발달을 지원한다.

상담자는 편지를 통해 내담자에게 독특한 자료를 반영하고, 상담 시간에 묻지 못하였던 질문들을 하기도 한다.[470] 엡스턴과 화이트는 '편지는 대화를 확장하는 것'이라고 정의했다. 그들은 편지의 효과를 다음과 같이 표현했다.[471]

> "대화는 하루살이처럼 쉽게 사라지지만, 편지는 시들거나 쉽게 사라지지 않는다. 오히려 편지는 시간과 공간의 벽을 넘어 상담 결과에 증인이 되어주고, 더 나아가 지지자가 되어준다."

이처럼 상담자가 쓴 편지는 상담의 전체 과정과 내용을 담고 있으며, 내담자에게 그 과정을 되새기게 해 주는 좋은 도구가 된다. 내담자는 편지를 읽으면서 상담 중 새롭게 발견한 자신의 정체성, 즉 자신의 과거-현재-미래의 삶에 대해 다시 한번 돌아볼 기회를 얻게 된다.

---

470) Jill Freedman and Gene Combs, 『이야기 치료의 이론과 실제』, 57.
471) D. Epston and M. White, *Experience, Contradiction, Narrative and Imagination: Selected Papers of David Epston and Michael White 1989–1991*, 31.

이러한 과정을 통해, 내담자는 일상생활에서 변화된 자기정체성으로 살아가고자 노력하게 된다. 내담자는 상담실에서만 변화된 자아가 아니라, 일상생활에서 변화된 자아로 살아가야 한다. 일상생활 속에서 변화된 자아로 살아가기 위해서는 내담자가 상담을 통해 발견한 새로운 이야기를 항상 되새기고 집중하는 것이 중요하다. 내담자가 새로운 이야기를 기억하며 집중하게 할 수 있도록 돕는 좋은 도구가 바로 상담자가 쓴 편지이다.

내담자는 이 편지를 읽으며 새로운 이야기를 다시 기억하고, 이를 통해 자신에게 새로운 이야기를 들려줄 수 있게 된다. 따라서 상담자가 쓴 편지는 삶 속에서 지속적으로 풍부한 이야기를 자신에게 할 수 있는 원동력이 된다. 내담자 자기에게 들려주는 이야기를 통해 지속적인 자기 성장을 이루어 나갈 것이다. 결론적으로, 편지는 내담자에게 지속적으로 새로운 이야기를 삶에서 실천하며 살아가도록 돕는 중요한 에너지 역할을 한다.

편지 쓰기 위한 사전 준비

편지는 상담에서 시작되었던 아이디어나 이야기를 확장하는 데 더 초점을 맞출 수 있다. 편지가 효과적이고, 가치가 있으려면 사전 준비가 필수적이다. 따라서 상담자는 편지를 작성하기 전에 반드시 사전 준비를 해야 한다. 다음은 모건A. Morgan의 책 《이야기치료란 무엇인가?》에서 제시된 내용을 바탕으로 정리한 편지 쓰기를 위한 사전 준비 사항이다.472)

472) Allice Morgan, op. cit., 134-138.

내담자와 상의해야 한다 편지쓰기는 상담자가 일방적으로 결정해서는 안 된다. 상담자는 새로운 방법을 도입할 때 내담자가 전문가임을 존중해야 한다. 편지쓰기는 분명 내담자에게 매우 유용한 방법이지만, 상담자는 내담자와 상의도 없이 이를 강제로 시행해서는 안 된다. 따라서 상담자는 사전에 내담자와 편지쓰기에 대해 충분히 논의하고 동의를 얻은 후에 시행해야 한다.

내담자의 원함을 확인해야 한다 내담자가 편지 받기를 원하는지, 받기를 원하지 않는지에 대해 상담자가 먼저 상의해야 한다. 편지 받기를 원하면 편지에 어떤 내용이 담길 것인지에 대해서도 대략적인 설명을 할 수 있다. 또한 내담자에게 편지 받는 것에 대해 어떻게 느끼는지 물어볼 수도 있다. 그러나 내담자가 편지를 원하지 않으면 강요해서는 안 된다.

상담자는 비밀유지를 고려해야 한다 상담에서 중요한 것은 상담의 비밀유지이다. 상담자는 내담자의 비밀을 철저히 보호해야 하며, 이는 상담자의 전문성의 중요한 부분이다. 따라서 상담자는 내담자에게 편지를 보낼 때 비밀유지를 위해 어떻게 편지를 받기를 원하는지 사전에 확인할 필요가 있다. 내담자가 편지를 우편으로 받기를 원하는지, 아니면 이메일로 받기를 원하는지 등을 확인해야 한다. 우편으로 받기를 원한다면 받기를 원하는 장소가 어디인지도 확인해야 한다.

편지에 대해 미리 계획해 보게 한다 내담자가 편지를 받으면 어떻게 할 것인지에 대해 미리 생각하게 해야 한다. 예를 들어 '편지를 받으면 몇 번 읽을 것인가? 그 편지를 어디에 보관할 것인가? 그 편지가 나에게 어떤 영향을 줄 것인가?'와 같은 질문을 통해 내담자가 편지에 대해 마음의 준비를 할 수 있도록 돕는다.

편지의 효과에 대한 피드백을 설명한다 상담자는 내담자가 편지를 읽은 후, 다음 상담 시간에 받은 편지에 대한 생각과 느낌, 그리고 도움이 된 점에 대해 듣기를 원한다고 설명할 수 있다. 그러나 상담자는 편지의 효과에 대해 피드백을 해 달라고 강하게 요구하지 않아야 한다. 왜냐하면 편지쓰기는 내담자에게 지속적인 관심과 삶에서의 변화를 추구하면서 또한 내담자 스스로가 자기 자신을 돌아보게 하는 것이기 때문이다.

이 편지 쓰기는 상담이 종결된 후에 이루어질 수도 있다. 상담이 끝난 후 다시 상담실에서 물어볼 수 없을 때, 편지나 이메일, 문자 메시지 등을 통해 소통할 수 있다.

편지에 들어갈 내용 엡스턴D. Epston과 화이트M. White는 다양한 종류의 편지를 상담에 활용하였다. 이들은 편지를 상담의 연장으로 볼 수 있다고 제시하였다. 상담자는 편지를 쓸 때, 내담자가 상담 중에 사용한 단어와 언어들을 반영하도록 노력해야 한다. 내담자가 대안적 이야기에 부여한 이름을 사용해야 하며, 외재화 과정에서 사용한 언어들을 반영해야 한다. 또한, 편지를 쓸 때 상담 기록지는 큰 도움이 될 것이다.[473] 따라서 상담자는 상담을 마친 후 상담 내용을 기록하는 습관을 가져야 한다.

상담자는 편지에 내담자가 자신의 삶의 이야기에서 새롭게 발견한

473) Ibid., 134.

언어를 사용하는 것이 효과적이다. 편지에는 내담자가 발견한 독특한 자료와 새로운 이야기에 대한 상담자의 해석과 설명을 기록할 수 있다. 상담자가 편지를 쓸 때에는 상담 과정에서의 기록들을 토대로 내담자의 상황에 대해 대안적인 설명을 덧붙여 보내는 것이 효과적이다. 편지의 분량은 정해진 것이 없다. 상담자는 상담 내용과 상황에 따라 편지의 분량과 길이를 자유롭게 설정하면 된다.

상담자는 내담자와 상담한 내용을 요약하여 편지를 쓸 수 있다. 편지에 포함될 내용은 다음과 같은 주제들이 될 수 있다.[474]

- 상담 중에 나타난 중요한 생각과 사상들
- 상담을 마친 후 떠오른 의문점에 대한 질문들
- 상담에 대한 상담자의 성찰들
- 상담 회기 중에 발견된 독특한 자료들에 대한 기록
- 상담자가 좀 더 명확히 하고 싶었던 부분에 대한 설명 요구
- 상담 중 충분히 탐색하지 않았던 부분 중 내담자의 흥미를 자아낼 만한 주제들

초대와 관계 형성을 위한 편지 이 편지는 내담자의 가족이나 인정 의식을 위해 청중으로 사람들을 초청할 때 사용할 수 있다. 사람들을 초대할 때에는 초대의 이유가 명확하게 제시되어야 하며, 초대에 응답할 수 있는 기회를 제공해야 한다. 초대하는 편지는 상담자와 초대받은 사람들 간에 좀 더 친밀한 관계를 형성할 수 있게 도움을 준다.[475]

---

474) Ibid., 134–135.
475) Ibid., 138.

의식과 축하 행사

화이트와 엡스턴에 의해 상담의 종결 시점에 축하하고, 상을 주고, 메달을 달아 주는 예식이 상담에 처음으로 도입되었다. 이것은 상담의 초점이 문제 중심의 관계에서 긍정적인 단계로 전환되었음을 알리는 출발점이다. 이러한 의식들은 내담자를 계속 성장할 수 있도록 도와주는 역할을 한다.

의식rituals과 축하행사celebration는 빈약한 이야기에서 벗어나 삶을 새로운 이야기로 바꾸는 시작을 기념하는 것이다. 의식과 축하 행사는 공식적 또는 비공식적으로 진행할 수 있으며, 상담자가 있을 때와 없을 때 모두 진행할 수 있다.476) 의식과 축하 행사를 계획할 때 일반적으로 참고해야 하는 원칙은 재저작 대화를 강화하는 것이다.

특별히 주의할 점은 문제 이야기에 초점을 맞추지 말고, 새로운 이야기와 대안적 이야기에 초점을 맞춰야 한다는 것이다. 이러한 과정은 특히 초청된 청중들 앞에서 수행되어야 한다. 이런 경우에 대안적 이야기를 말하고 선포하는 것은 변화시키는 힘을 가지게 된다.477)

의식과 축하행사는 초청된 사람들에 따라 다양한 방법으로 진행 될 수 있다. 의식과 축하 행사의 범위, 시간, 그리고 방법은 상담자와 내담자, 그리고 청중들의 형편과 상황을 고려하여 상호 협력하여 결정한다.

---

476) Ibid., 145.
477) Ibid., 148.

격 려 상

성명: 김 하 늘

위 사람은 힘든 가운데서도 남편에게 격려하는 말과 행동을 많이 하였고, 자신의 이야기를 통해 남편을 훌륭하게 세워 주었기에 이 상을 수여함.

20 년 월 일

상담자 ○ ○ ○ (인)

- 증서를 만들어 수여식을 진행 할 수 있다. 이때 상담자는 내담자가 이야기 상담을 통해 극복한 핵심 주제를 중심으로 증서를 만들어 수여할 수 있다.
- 새로운 삶의 방향을 기념하는 트로피를 만들어 수여할 수 있다. 상담자는 새로운 삶의 이야기 구성에 대한 기념의 의미로 내담자와 함께 기념 트로피를 만드는 것에 대해 의논을 한다. 이때 상담자는 내담자가 트로피를 만드는 데 주도적으로 참여할 수 있도록 돕는다. 트로피의 재료는 다양하게 사용할 수 있다.
- 내담자는 자신의 새로운 삶에 대한 선언문을 작성하여 낭독할 수 있다. 이때 상담자는 내담자에게 자신의 새로운 삶에 대한 선언문을 작성하여 오도록 한다. 이 선언문에는 자신의 새로운 삶에 대한 핵심적인 주제와 함께 실천 내용들을 중심으로 작성할 수 있다. 따라서 내담자는 미리 자신의 새로운 삶에 대한 선언문을 작성하여 청중들 앞에서 낭독한다. 청중들은 준비한 꽃다발과 선물을 주며 격려하고 지지한다.

옆 페이지의 선언문은 필자가 상담을 하였던 중학교 2학년이 쓴 '내 마음의 선언서'이다. 내담자는 2남 1녀 중 장남이며, 중학교 2학년이다. 내담자가 상담을 통해 그가 작성한 후 작성한 '내 마음의 선언문'이 바로 이것이다. 이때 지지 그룹으로 어머니와 아버지가 함께 참여하였다. 내담자는 '내 마음의 선언서'를 지지 그룹 앞에서 소리 내어 읽었으며, 지지 그룹으로 참여한 부모는 내담자를 안아 주며 격려하였다.

내 마음의 선언서

"나는 가족과의 관계를 좋게 하며, 원하는 것을 자신 있게 표현한다."

이를 이루기 위해

첫째, 나는 부정적인 생각을 하는 것 대신 긍정적인 생각을 하려고 노력한다.

둘째, 나는 가족과 사이좋게 지내기 위해 먼저 내가 양보한다.

셋째, 나는 아버지와 어머니에게 거짓말하지 않고 솔직하게 말하려고 노력한다.

넷째, 나는 어떤 행동을 할 때 센스 있게 대처한다.

20 년 월 일

작성자 : ○ ○ ○ (인)

상담자 : ○ ○ ○ (인)

부 록
이야기 상담의 용어 정리

공간을 여는 질문 opening space questions

이 질문은 내담자의 삶에서 예외적인 이야기를 찾도록 돕는 질문이다. 내담자는 자신의 삶이 항상 불행했다고 느낄 때, 그 지배적인 느낌과는 반대로 행복했던 때를 기억나게 하는 질문을 던짐으로써 새로운 생각이나 느낌을 가지도록 할 수 있다.

구상 plot

하나의 이야기는 사건, 등장인물, 배경이라는 요소로 이루어져 있으며, 이 세 요소의 상호 작용을 구상이라 한다. 사건, 등장인물, 배경이 동일한 이야기라고 해도, 이것들을 어떻게 엮느냐에 따라 상이한 이야기가 만들어질 수 있다.

담론 discourse

담론은 이야기가 전개되는 방식에 관한 논의이다. 쉽게 말하면, 이야기를 이끌어 가는 기술이 바로 담론이다. 이야기의 전개 과정은 이야기의 관점, 상징, 아이러니, 시간성 등에 따라서 달라진다. 이것은 이야기의 수사학이라 할 수 있다.

대안 이야기 alternative story

대안 이야기는 지배적인 이야기와는 다른 새로운 이야기로서 내담자의 삶을 바꿀 수 있는 이야기이다. 이 이야기는 과거의 삶에서 독특한 요소나 예외 상황을 발견하여, 이것을 중심으로 하여 미래에 자신이 살아갈 수 있는 이야기이다.

독특한 자료 unique outcomes

화이트M. White는 이 용어를 고프만E. Goffman에게서 차용했다. 우리가 어떤 경험을 삶의 사회적 체계 속으로 구조화시킬 때, 사회구성원들에게 기본적이며 공통된 요소들이 선호되는 까닭에 독특한 요소들은 등한시된다. 만약 등한시되는 이 요소들이 적당하게 인정받는다면, 이 요소들이 어떤 가치나 의도를 반영시키는지를 찾아내는 것 사이에는 큰 간격이 있다. 상담자의 역할은 이 틈을 메워 주는 것이다.[478]

삶의 지배적 구상에는 항상 틈새가 있는데, 이 틈새를 찾음으로써 독특한 자료를 발견할 수 있다. 이 자료를 찾는 단서는 과거의 삶에서 내담자가 문제의 영향에 대해 저항했던 때를 찾아서, 지배적 문제에 가려져 있던 문제들이 수면 위로 드러나도록 한다. 이 과정을 통해 문제에 가려져 있던 장점들이 발견되고 탐구된다.

---

478) M. White, *Maps of Narrative Practice*, 232

빈약한 이야기 thin description

빈약한 이야기는 내담자가 상담을 할 때 자신의 삶에서 문제적 경험을 중심으로 삶을 바라보고 해석한 이야기이다. 빈약한 이야기는 자신이 부족하고 결함이 많다고 느끼게 하여, 자신의 잠재적 지식, 기술과 자질을 사용하기 어렵게 한다. 이 이야기는 사회 · 문화의 영향으로 사람들이 당연하게 받아들이는 고정관념, 즉 사회문화적 담론으로서 내담자가 자신의 문제를 해결하고자 하는 욕구가 담긴 이야기를 의미한다.

서사 narrative

서사는 이야기체 내지 이야기 형식의 작품이다. 서사는 담론이 있는 이야기라 할 수 있다. 이야기를 내용what이라 한다면, 담론은 이야기하는 방식how에 해당된다. 그래서 이야기 내용과 이야기 방식을 합한 것이 서사이다. 보통 서사에는 이야기를 하는 화자narrator와 그 이야기를 듣는 수화자narratee가 있다. 하나의 서사 안에는 여러 가지 작은 이야기들이 들어갈 수 있다.

화자(해설자) → 이야기 → 수화자

선호질문 preference questions

선호질문은 예외적인 자료가 나타났을 때 그것을 더 선호하도록 유도하는 질문들이다. "이런 방식으로 사태를 다루는 것이 더 나았습니까? 아니면 더나빠졌습니까?" "그것은 긍정적이 발전이었습니까? 아니면 부정적인 것이었습니까?"

이 선호질문은 독특한 자료의 의미를 새롭게 발견하도록 하며, 지금까지의 지배적인 부정적 이야기를 거부하고 새롭고 긍정적인 이야기를 하도록 돕는 질문이다.

은유 metaphor

은유의 어원은 meta, '건너편, 뒤의, 경계를 넘어선'의 의미와 perein, '운반하다, 지니다'의 의미가 합성된 것이다. 따라서 이 용어는 '넘어설 수 없는 한계를 초월한 지점으로 인도하는 것'을 의미한다.

은유는 일상적인 일차적이고 의미를 근거로 하여 환상과 미지의 세계에 있는 이차적인 의미를 생산해 내는 수사법이다. 예를 들면 '미소'라는 일상적인 의미를 가진 단어를 사용해서 '만물이 미소 짓는다.'라는 표현을 할 수 있는데, 이때 이 표현은 일차적인 미소의 의미를 넘어서서 이차적인 새로운 의미의 세계를 나타내고 있다. 은유는 "… 같다." 즉 "그는 곰 같다."라는 직유simile와 구분된다.

이야기 story

이야기라는 용어는 가끔 서사徐事, narrative와 혼용되고 있다. 학문의 세계에서는 이 두 용어들이 구별되어 사용된다. 이야기에 담론discourse을 추가한 것이 서사가 된다. 이야기는 단순한 이야기와는 다른 특징을 가지고 있는데, 이 특징은 사건, 등장인물, 배경이라는 이야기의 구성요소들 때문에 생긴다.

위치도 position map

이것은 문제에 대한 조감도를 그리는 것을 의미한다. 문제를 외재화하기 위해서는 이것을 유발시키는 대화를 발전시켜야 하며, 그 대화를 만들기 위해서는 문제를 전체적으로 바라볼 수 있는 시각, 즉 위치도(도표, 도해)가 필요하다. 위치도는 외재화하는 대화의 내용을 네 가지 범주의 질문들로 설명한다. 이 질문들은 내담자로 하여금 보다 쉽게 문제를 파악하게 하고 해결책을 적용하고 발전시키는 것을 가능하게 한다.

위치도는 내담자의 부정적인 진술이나 문제적 결론을 드러내는 데 도움을 준다. 그러나 위치도가 외재화 대화의 모든 측면을 다 설명하는 것은 아니다. 위치도는 내담자의 삶에서 무엇이 중요한지를 파악하게 해 주며, 다른 사람들이 내담자에게 부과한 입장으로 인해 고통을 겪고 있는 내담자에게 문제 인식과 대처를 돕는 중요한 역할을 한다.

위치도는 또한 상담자의 입장을 명확하게 해 준다. 이 입장은 결정적이지 않지만 내담자가 문제를 해결할 수 있는 기회를 제공하는 영향력 있는 입장으로서 기능한다.

화이트M. White는 질문들을 네 가지 범주로 나눈다: 문제의 규정, 문제의 결과를 도표로 그리기, 문제의 결과를 평가하기, 평가를 타당화하기.[479]

의인화 personification

의인화는 외재화하는 과정에서 문제와 사람을 분리시켜 문제를 해결하고자 하는 기법 중 하나이다. 예를 들어, 알코올 중독의 문제에서 알

479) Ibid., 40.

코올 중독을 의인화하여 이 문제를 중독자와 분리시키고 알코올 중독 자체를 인격이 있는 존재로 간주하는 방식이다.

이 과정에서 알코올 중독을 주어로 삼아 "알코올 중독이 당신을 괴롭히는군요."와 같은 방식으로 표현한다.

외부 증인들 outside-witness

외부 증인은 증인 의식에 참여하도록 초청된 사람들이다. 이들은 내담자를 지지하는 역할을 하며, 내담자의 이야기를 잘 이해하고 공감적 표현을 할 수 있도록 내담자와 같은 경험을 한 사람이 이상적이다.

따라서 외부 증인은 내담자의 가족, 학교나 직장의 친구들, 이웃들, 그리고 상담과 복지 관계의 전문가들로 구성된다.

이 의식이 성공적으로 진행되도록 준비해야 할 사항들이 있다. 외부 증인은 주인공의 이야기를 경청하고, 그 이야기에서 감동적인 부분을 다시 이야기할 수 있어야 한다. 이 이야기를 나눌 때 거부감을 느끼지 않도록 해야 하고, 개인적인 정서, 이미지, 반응과 생각이 잘 표현되도록 돕는다. 또한 판단, 비판, 이론화, 충고 등은 지양하는 것이 좋다.

외부 증인들과의 협상이 필요할 때가 있다. 예를 들어, 내담자의 풍부한 대화를 발전시키기 위한 판단이 필요하거나, 재진술이 의도된 재생산과 마찰을 일으킬 가능성이 있을 때이다.

상담자는 외부 증인들의 재진술 결과에 대해서 온전하게 책임을 져야 하므로, 대화에 관여하는 것이 중요하다.[480]

480) Ibid., 189f.

외재화 externalization

외재화는 내면에 담겨 있는 문제를 밖으로 드러내며, 궁극적으로 문제와 자신을 분리시키는 과정을 의미한다. 내담자는 문제와 자신이 분리되는 과정을 경험하면서 문제를 해결할 수 있는 능력을 얻게 된다. 많은 경우 내담자는 문제와 자신을 분리시키지 못할 때, 그 문제를 자신의 일부로 인식하여 고통을 느끼게 된다.

재저작 대화 re-authoring conversation

재저작 대화는 독특한 자료와 전망들을 중심으로 새롭게 자신의 이야기를 창조해 가는 과정이다. 이 과정은 사람들이 자신의 삶을 이야기할 때, 그동안 등한시되었던 중요한 사건과 경험을 지배적 이야기에 포함시키도록 돕는다. 이러한 독특한 자료나 예외적인 사건들은 재저작 대화의 출발점을 제공한다. 초기 단계에서 이 자료들은 불가시적이지만, 대안적 이야기를 창조하는 기초적인 요소가 된다.

상담자는 질문을 통해 이러한 대안적 이야기를 발전시킨다. 이 질문들은 내담자가 자신의 경험들을 새롭게 바라보게 하며, 그들의 마음을 열고, 상상력을 동원시켜 의미 있는 자료를 활용하도록 돕는다. 내담자는 대화가 진행됨에 따라, 그동안 등한시되었던 삶의 측면들이나 관계성에 관심을 가지게 되며, 새로운 매력을 느끼게 된다.481)

인정 의식 definition ceremony

이 용어는 문화인류학자인 마이어호프B. Myerhoff가 사용한 개념으로,

481) Ibid., 81.

공동체가 소집한 전통적인 의식적 회합을 의미한다. 이 의식에서 공동체의 구성원들은 자신들의 삶을 계속해서 이야기하고, 전통적인 의식을 거행할 수 있는 기회를 제공받는다. 이러한 과정을 통해 그 구성원들은 자신들의 정체감을 형성할 수 있다. 특히 소외된 그룹의 사람들은 이 의식을 통해 그들의 정체성, 가치, 생동력을 회복할 수 있다. 이 의식에서 외부 증인들이 중요한 역할을 하며, 의식은 4단계로 이루어진다.

1단계: 의식의 주인공이 자신의 삶을 이야기한다.
2단계: 외부 증인들이 주인공의 이야기를 재진술한다.
3단계: 의식의 주인공이 증인들의 이야기를 다시 말한다.
4단계: 모든 참여자가 함께 토론한다.

이러한 의식은 일상적인 일대일 상담과는 다르기 때문에 어색하고 이상한 느낌을 자아낼 수 있지만, 이 방식의 효과가 느껴지면 이러한 감정은 점차 줄어든다.[482]

지배적 구상 dominant plot

지배적 구상은 내담자의 삶의 중심에 위치한 주요 이야기를 의미한다. 내담자가 어떤 지배적 구상을 가지고 있느냐에 따라 그 사람이 자신의 삶을 바라보는 관점이 달라진다. 지배적 구상이 부정적 요소로 구성되어 있으면 내담자는 자신의 경험이나 사건들을 부정적으로 해석하게 될 것이며, 긍정적 요소로 구성되어 있으면 자신의 경험이나 사건들을 긍정적으로 해석하게 될 것이다. 흔히 지배적 구상은 자석과 같다고 하

482) Ibid., 180f.

는데, 그 이유는 이 구상이 삶의 크고 작은 경험들과 정서들을 그 속으로 끌어들여 그 관점으로 해석하기 때문이다.

풍부한 이야기 thick description

풍부한 이야기는 빈약한 이야기의 반대어로, 내담자의 지배적 이야기가 긍정적이며 개방적인 이야기를 말한다. 빈약한 이야기는 내담자의 예외적이고 독특한 자료를 이용하여 풍부한 이야기로 발전시킬 수 있다.

해체 deconstruction

해체이론은 텍스트 안에 의미가 구조화되어 있다는 구조 이론을 거부하고, 작품 내에는 의미가 무제한으로 발견될 수 있다는 입장을 취한다. 이 이론에 따르면, 개인의 이야기가 구조화되어 있다는 기존의 사고를 거부하고, 개인의 이야기는 끝없이 새롭게 창출될 수 있다는 입장에서 개인의 이야기를 듣는 것을 해체적 경청이라고 한다.

해체질문 deconstruction questions

해체질문은 문제를 외재화하는 질문이다. 외재화하는 과정에서 중요한 사항은 문제를 내담자와 분리시키는 것인데, 이를 위해서는 문제를 의인화하는 것이 도움이 된다. 예를 들면, 우울증의 내담자에게 우울을 내담자와 분리시키고 의인화 하여 "우울이 당신 귀에 무엇이라고 속삭입니까?"라고 묻는 방식이다.

해체질문은 구조화된 기존의 개념을 파괴하여 새로운 의미와 가치를 재창출하기 위한 질문 기법이다. 이 질문은 지배적인 부정적 구상으로부터 벗어나도록 돕는다. 이 과정에서 은유를 통한 문제의 파악과 새로운 의미의 창출은 중요한 단계이다.

행위 조망landscape of action과 정체성 조망landscape of identity

화이트M. White는 브루너J. Bruner의 서사적 은유 연구에서 이 개념을 차입했다. 문학 텍스트의 구조와 의미를 만들어 내는 지적 활동의 구조 사이에는 유사성이 존재한다. 서사의 구조는 일상의 삶에서 의미를 부여하는 행위를 이해하는 주요한 틀을 제공한다.

조망landscape은 경치를 전체적으로 바라보듯이 각각의 사건들을 한눈에 들어올 수 있도록 나열하는 것이다. 즉, 내담자의 삶의 사건들이 한눈에 들어오도록 연결하여 독특한 자료들을 세밀화하고 구체화하는 방식으로 이루어진다. 이 과정은 내담자의 빈약한 이야기가 풍부한 이야기로 전환되는 중요한 전환점이다. 이 전환점은 과거의 사건들에 대한 새로운 관점을 제공하며, 예전에는 내담자가 자신의 과거 문제를 과거 속에서만 보았다면, 이제는 그것을 현재에서 바라보고, 또한 그 과거에 내포된 미래를 보는 방식으로 변화한다.

이 과정은 과거 재방문하기를 통해 이루어진다. 이는 마치 새로운 안경을 쓰고 과거를 되돌아보는 것과 같다. 기독교 관점에서 보면 하나님의 뜻에 따라 과거의 삶을 조망하는 것이라고 할 수 있다.

이야기는 행위 조망과 정체성 조망으로 구성된다. 화이트M.White는 '의식'이라는 용어가 가지는 혼란 때문에 이를 '정체성'으로 대체한다.

행위 조망은 이야기의 소재이고, 구상과 주제로 이루어진 일련의 사건들로 구성되어 있다. 행위 조망은 내담자가 독특한 자료를 찾았을 때 문제를 불러일으켰던 행동에 대해 이름을 붙이거나 그 특징을 부각시켜 그 행동의 의미를 구체적으로 탐색하는 방법이다. 이때 '어떻게'와 '무엇'이라는 질문을 통해 내담자가 자신의 행위를 조망하도록 도울 수 있다. 때때로 내담자가 만족하는 사건과 경험에 초점을 맞추기도 한다. 행위 조망은 사건, 환경, 순서, 시간, 구성의 요소들로 설명된다.

정체성 조망은 이야기의 저자와 독자, 그리고 주인공의 의식을 드러내 보며 행위 조망 사건들에 대한 주인공의 사고와 반응으로 구성된다. 이는 사건에 대한 의미부여, 사건의 의도와 목적에 대한 추론, 다른 주인공들의 성격과 정체성에 대한 결론을 포함한다.

행위 조망과 정체성 조망 모두 틈은 존재한다. 이 틈은 독자들이 메워야 한다. 독자들은 행위와 정체성 조망에 있는 틈을 의식하고, 자신의 삶과 경험을 통해 이 틈을 메우는 데 참여하게 된다. 이를 위해 저자는 여러 가지 기교를 동원한다.483)

행위와 정체성 조망 개념들은 서사 구조의 맥락 안에서 의미를 생산하는 활동에 참여하는 사람들이 이를 핵심으로 삼는다. 이 개념들은 치유적 대화의 발전을 위한 기초를 제공한다.

회원 재구성 대화 re-membering conversations

정체성은 핵심보다는 삶의 관계성에 근거해 있다는 것이 회원 재구성 대화의 기본적 생각이다. 삶의 관계성은 중요한 인물들과 그 사람의 과거, 현재, 미래의 정체성으로 구성된다. 중요한 인물들의 목소리는

483) Ibid., 77f.

내담자의 정체성을 형성하는 데 중요한 영향력을 미친다.

회원 재구성 대화는 사람이 그들의 삶의 관계에서 어떤 회원들의 지위는 높이고, 다른 회원들의 지위는 낮추는 조정 작업을 수행하게 한다. 이 대화는 수동적인 회상이 아니라 목적이 있는 재조정 과정이다.

중요한 인물들은 반드시 내담자와 직접적인 관계를 가져야 하는 것은 아니다. 그들은 영화나 소설의 인물들일 수도 있고, 사람이 아닌 동물이나 장난감일 수도 있다.

한 사람의 이야기에서 중요한 존재와 자신의 과거와의 재결합은 목적이 있고 의미심장한 통합이다. 이는 일상적인 의식의 흐름에서의 감정들이나 일시적 영상들처럼 수동적이고 파편적인 것이 아니다. 이러한 이해는 재구성이 마치 클럽이나 화합과 같은 이미지를 가지게 한다.[484]

마이어호프B. Myerhoff는 "사적이고 집단적인 삶이 적절하게 재구성된다면 그것은 해석학적 의미를 가진다. 그것은 충분하고 풍부한 이야기며, 공유하는 신념, 상징들, 특별한 역사적 사건들과의 연결고리를 포함한다."고 말한다.[485]

재구성은 다양한 목소리를 가진 정체성의 개발과 과거에서 미래로의 일관성을 확립하는 데 도움을 준다. 또한, 재구성은 치유적 대화와 관련이 있는데, 이는 서구 사회의 지배적 인간상인 자기소유, 자기만족, 자아실현과 같은 고립된 자아에서 벗어날 기회를 제공하기 때문이다.[486]

회원 재구성 대화는 삶을 공동체적 관점에서 바라보게 하고, 다양한

484) Ibid., 136.

485) Barbara Myerhoff, "Life History Among the Elderly: Performance, Visibility and Remembering," in *Crack in the Mirror: Reflexive Perspectives in Anthropology*, ed., J. Ruby (Philadelphia. PA: University of Pennsylvania Press, 1982), 111.

486) Ibid., 137.

목소리를 가진 정체성을 확장시킨다. 이는 수동적인 수용자로서의 개인이 상호 관련성을 가진 능동적 과정이 인간으로 변화되는 과정이다.

재구성 대화는 두 가지 주요 질문들로 시작한다.

- 주요 인물이 내담자의 삶에 미친 공헌(영향)을 재진술하는 질문들
- 내담자가 이 인물의 삶에 끼친 공헌(영향)을 재진술하는 질문들

참고문헌

고미영. “이야기의 속성과 치유.” 『교수논총』 11 (2000): 7-30.

_____. “이야기 치료의 경험에 관한 질적 연구 - 이야기의 전환은 가능한가.” 『한국사회복지학』 30 (1996): 1-24.

_____. 『이야기 치료와 이야기 세계』. 서울: 청목출판사, 2004.

고미숙. “우리의 삶을 이야기하는 서사적 접근의 도덕교육.” 『교육철학』 24 (2000): 1-28.

고영복. 『사상사개설』. 서울: 사회문화연구소, 1992.

김동식 등. 『우연성 아이러니 연대성』. 서울: 민음사, 1996.

김번영. 『이야기 치료와 상담』. 서울: 솔로몬, 2007.

김욱동. 『포스트모더니즘의 이론』. 서울: 민음사, 1992.

김혁기. “포스트모던 법리론 연구: 데리다의 해체론을 중심으로.” 서울대학교 박사학위논문, 2000.

박민수. 『마음을 움직이는 대화의 기술』. 서울: 시그마북스, 2024.

박보경. “은유의 의미 구조 고찰.” 전남대학교 대학원 석사학위논문, 1997.

박정호. 『현대 철학의 흐름』. 서울: 동녘, 1996.

박찬부. 『현대 정신 분석 비평』. 서울: 민음사, 1996.

박혜경 · 조선하. “유아 내러티브 발달에 대한 연구.” 『생활과학연구』 8 (2003): 162-172.

백승균 등. 『해석학과 현대철학』. 서울: 철학과 현실사, 1996.

변정민. “한국어의 은유 표현 연구: 정치 은유를 중심으로.” 『동국어문학』 14 (2002): 103-130.

손봉호. 『오늘을 위한 철학』. 서울: 지학사, 1986.

손철민. “이야기 치료 이론.” 『복음과 상담』 40 (2007): 42-72.
안석모. 『이야기 목회 이미지 영성: 해석학적 목회론』. 서울: 목회상담, 2001.
_____. “세 개의 귀를 가진 상담자.” 『세계의 신학』 15 (1992): 9-26.
_____. “해석학적 전환으로의 치유.” 『한국기독교상담심리치료학회 제5회 학술대회』, 2001. 11. 10.
양유성. 『이야기 치료』. 서울: 학지사, 2007.
오탁번 · 이남호. 『서사문학의 이해』. 서울: 고려대학교 출판부, 2001.
유재천. “소쉬르의 언어이론.” Website: http ://nongae .gnu .ac .kr, 2008. 12. 10.
윤익세. “이야기식 설교에 대한 연구.” 『칼빈논단』 26 (2006): 287-333.
이광래. 『미셸 푸코』. 서울: 민음사, 1989.
이연길. 『이야기 설교학』. 서울: 쿰란출판사, 2006.
이인숙 · 김춘경. “노년기 우울과 죽음불안 감소를 위한 생애회고적 이야기치료 집단프로그램의 효과.” 『한국가정관리학회지』 25(5) (2006): 113-128.
이현경. 『이야기 치료: 이론과 실제』. 파주: 양서원, 2007.
임병권 등. 『이야기하기의 이론: 소설과 영화의 문화』. 서울: 한나래, 1997.
임지룡. 『인지의미론』. 서울: 탑출판사, 1997.
정기철. “역사 이야기 이론을 위한 해석학적 고찰.” 『철학과 현상학 연구』 (1993): 217-246.
정석환. 『목회상담학 연구』. 서울: 한국학술정보, 2002.
_____. “이야기 심리학과 기독교 상담.” 『한국기독교상담심리치료학회 제5회 학술대회』, 2001. 11. 10.
정원용. 『은유와 환유』. 서울: 신지서원, 1996.
정정호 · 강내희. 『포스트모더니즘의 쟁점』. 서울: 문학과학사, 1989.
정희성. “열린 체계로서의 목회임상진단.” 『목회와 상담』 2 (2002): 250-283.
정희자. “삶으로서의 은유.” 『부산외대논총』 (1999): 219-247.
조선일보. 2008. 4. 5.
한국기호학회. 『은유와 환유』. 서울: 문학과 지성사, 1999.
해석학연구회. 『현대철학과 해석』. 서울: 지평문화사, 1994.

Anderson, Harlene. "On A Roller: A Collaborative Language Systems Approach to Therapy." In *The New Language of Change*, edited by S. Friedman, 1993. New York: Guilford Press.

Anderson, Harlene, and Harold Goolishian. "Chronic Pain: The Individual, the Family, and the Treatment System." *Houston Medicine 6* (1990a): 157-163.

Anderson, Harlene, and Harold Goolishian. "Human Systems as Linguistic Systems: Preliminary and Evolving Ideas about the Implications for Clinical Theory." *Family Process* 27 (1988): 371-393.

Anderson, Harlene, and Harold Goolishian. "전문가인 내담자: 치료에서 알지 못한다는 자세." In *Therapy As Social Construction*, edited by Sheila McNamee and Kenneth J. Gergen, 김유숙 역, 『심리치료의 사회구성주의』 서울: 학지사. 2004.

Andersen, Tom. "가족 이미지에 대한 반영." In *Therapy As Social Construction*, edited by Sheila McNamee and Kenneth J. Gergen, 김유숙 역, 『심리치료의 사회구성주의』 서울: 학지사. 2004.

Andersen, Tom. *The Reflecting Team: Dialogues and Dialogues About the Dialogues*. Edited by Sheila McNamee and Kenneth J. Gergen, 김유숙 역, 『심리치료의 사회구성주의』 서울: 학지사. 2004.

Benjamin, Alfred. *The Helping Interview With Case Illustration*. Cengage Learning, 2001.

Bleicher, Josef. *Contemporary Hermeneutics: Hermeneutics* as Method, Philosophy, and Critique. 김유숙 역. 『현대해석학』, 서울: 한마당, 1990.

Blanton, P. G. "Narrative Family Therapy and Spiritual Direction: Do They Fit?" *Journal of Psychology and Christianity* 24, no. 1 (2005): 69.

Brook, Peter. *The Empty Space*. New York: Avon, 1968.

Bruner, Jerome. *Actual Minds, Possible Worlds*. Cambridge: Harvard University Press, 1986.

Bruner, Jerome. "Life as Narrative." *Social Research* 54, no. 1 (1987): 11-32.

Bruner, Jerome. *The Culture of Education*. Cambridge: Harvard University Press, 1996.

Brunner, Edward. "Experience and Its Expressions." In *The Anthropology of Experience*, edited by Edward Brunner and Victor Turner, 1986. Chicago: University of Illinois Press.

Carr, David. *Time, Narrative, and History*. Bloomington and Indianapolis: Indiana University Press, 1986.

Cattanach, Ann, ed. *The Story So Far: Play Therapy Narratives*. London: Jessica Kingsley Publishers, 2002.

Chatman, Seymour Benjamin. *Story and Discourse: Narrative Structure in Fiction and Film*. Cornell University Press, 1980.

Clifford, James, and George E. Marcus. *Writing Culture: The Poetics and Politics of Ethnography*. Berkeley, CA: University of California Press, 1986.

Cohen, S. M., et al. "치료관계에서 위계 최소화하기: 반영팀 접근법." In *Narrative Therapy: The Social Construction of Preferred Realities*, edited by Jill Freedman and Gene Combs, 허남순 역, 『이야기 치료의 이론과 실제: 부부치료를 중심으로』. 서울: 학지사, 2006.

Dejong, Peter, and Insoo Kim Berg. *Interviewing for Solutions*. 김남순, 노혜련 역, 『해결을 위한 면접』. 서울: 학문사, 2000.

Dreyfus, H. L., and P. Rainbow. *Michael Foucault: Beyond Structuralism and Hermeneutics*. Chicago: University of Chicago Press, 1983.

Epston, David, Michael White, and Keith Murray. "새롭게 쓰는 치료의 제안: 로즈의 인생에 대한 새로운 진술." In *Therapy As Social Construction: Possibilities for Therapeutic Practice*, edited by Sheila McNamee and Kenneth J. Gergen, 허남순 역, 『이야기 치료의 이론과 실제: 부부치료를 중심으로』. 서울: 학지사, 2006.

Epston, David, and M. White. "Consulting Your Consultants: The Documentation of Alternative Knowledge." *Dulwich Centre Newsletter*, 1990.

Epston, David, and M. White. *Experience, Contradiction, Narrative and Imagination: Selected Papers of David Epston and Michael White 1989–1991*. Adelaide, Australia: Dulwich Centre Publications, 1994.

Forster, Edward M. *Aspects of the Novel.* 1927; reprint, Harmondsworth, Eng.: Penguin Books, 1962.

Freud, Sigmund. *Studies on Hysteria.* 김미리혜 역, 『히스테리 연구』. 서울: 오픈북스, 1997.

Freeman, Jennifer, David Epston, and Dean Lobovits. *Playful Approaches to Serious Problems: Narrative Therapy with Children and Their Families.* London: W. W. Norton, 1997.

Freedman, Jill, and Gene Combs. *Narrative Therapy with Couples... and A Whole Lot More! A Collection of Papers, Essays, and Exercises.* 김남순 등 역, 『이야기 치료의 이론과 실제』. 서울: 학지사, 2006.

Freedman, Jill, and Gene Combs. *Narrative Therapy: The Social Construction of Preferred Realities.* New York: W. W. Norton and Company, 1996.

Freedman, Jill, and Gene Combs. "Developing Relationships, Performing Identities." In *Narrative Therapy and Community Work: A Conference Collection.* Adelaide: Dulwich Centre Publications, 1999.

Gerkin, Charles V. *Living Human Document.* 안석모 역, 『살아있는 인간문서』. 서울: 한국심리치료연구소, 1988.

Gergen, Kenneth J. *Realities and Relationships: Soundings in Social Construction.* Cambridge: Harvard University Press, 1994.

Hawkes, Terence. *Metaphor.* 심명호 역, 『은유』. 서울: 서울대학교출판부.

Hedtke, Loraine, and Jone Winslade. "The Use of the Subjunctive in ReMembering Conversations With Those Who Are Grieving." *OMEGA* 50, no. 3 (2004-2005): 197-215.

Hoffman, Lynn. "가족치료를 위한 재귀적 관점." In *Therapy As Social Construction, edited* by Sheila McNamee and Kenneth J. Gergen, 김유숙 역, 『심리치료와 사회구성주의』. 서울: 학지사, 2004.

Ivey, Allen E. *Intentional Interviewing and Counseling: Facilitating Client Development in a Multicultural Society.* 3rd ed. Pacific Grove, CA: Brooks/Cole, 1994.

Kollar, Charles Allen. *Solution-Focused Pastoral Counseling*. 유재성 역, 『해결중심 목회상담』. 서울: 요단, 2004.

Kort, Wesley A. *Narrative Elements and Religious Meaning*. Philadelphia: Fortress Press, 1975.

Lakoff, George, and Mark Johnson. Metaphor's *We Live By*. 노양진, 나익주 역, 『삶으로서의 은유』. 서울: 서광사, 1995.

Lax, William D. "임상장면에서 포스트모더니즘적 사고." In *Therapy As Social Construction*, edited by Sheila McNamee and Kenneth J. Gergen, 김유숙 역, 『심리치료와 사회구성주의』. 서울: 학지사, 2004.

Lowry, Eugene L. *The Sermon*. Nashville: Abingdon Press, 1997.

MacIntyre, Alasdair. *After Virtue*. Notre Dame: University of Notre Dame Press, 1989.

MacIntyre, Alasdair. *After Virtue: A Study in Moral Theory*. 3rd ed. Notre Dame: University of Notre Dame Press, 2007.

Mark, Allan P. *What is Narrative Criticism?*. 이종록 역, 『서사비평이란 무엇인가』. 서울: 한국장로교출판사, 2002.

May, Rollo. *The Cry for Myth*. New York: W. W. Norton and Company, 1991.

McNamee, Sheila, and Kenneth J. Gergen. *Therapy as Social Construction*. 김유숙 역, 『심리치료와 사회구성주의』. 서울: 학지사, 2004.

Mink, L. "Narrative Forms as a Cognitive Instrument." In *The Writing of History: Literary Forms and Historical Understanding*, edited by R. H. Canary and H. Kozicki, 111-125. Madison, WI: University of Wisconsin Press, 1978.

Mishler, E. *Research Interviewing: Context and Narrative*. Cambridge, MA: Harvard University Press, 1986.

Morgan, Alice. *What is Narrative Therapy?*. 고미영 역, 『이야기치료란 무엇인가?』. 서울: 청목출판, 2004.

Morrison, J. D. "South African Journey." *Social Work Networker: National Association of Social Workers, Illinois Chapter* 31, no. 2 (March 2000): 5-7.

Myerhoff, Barbara. "Life History Among the Elderly: Performance, Visibility and Remembering." In *A Crack in the Mirror: Reflexive Perspectives in Anthropology*, edited by J. Ruby, 195-206. Philadelphia: University of Pennsylvania Press, 1982.

Myerhoff, Barbara. "Life Not Death in Venice: Its Second Life." In *The Anthropology of Experience*, edited by Victor Turner and Edward Brunner, 269-289. Chicago: University of Illinois Press, 1986.

Neimeyer, R. A. "An Appraisal of Constructivist Psychotherapies." *Journal of Consulting and Clinical Psychology* 61, no. 2 (1993): 221-234.

Nichols, Michael P., and R. C. Schwartz. *Family Therapy: Concepts and Methods*. 김영애 역, 『가족치료: 개념과 방법』. 서울: 시그마프레스, 2002.

Myerhoff, Barbara. "Life History Among the Elderly: Performance, Visibility, and Remembering." In *A Crack in the Mirror: Reflexive Perspectives in Anthropology*, edited by J. Rudy, 195-206. Philadelphia: University of Pennsylvania Press, 1982.

Nichols, Michael P., and R. C. Schwartz. *The Essentials of Family Therapy*. 3rd ed. Boston: Allyn and Bacon, 2007.

Norris, Christopher. *Derrida*. 이종인 역, 『데리다』. 서울: 시공사, 1999.

Palmer, Richard E. *Hermeneutics: Interpretation Theory in Schleiermacher, Dilthey, Heidegger, and Gadamer*. 이한우 역, 『해석학이란 무엇인가』. 서울: 문예출판사, 1990.

Penn, Peggy. "Feedback-Forward: Future Questions, Future Maps." *Family Process* 24 (2004): 299-310.

Peterson, Eugene H. *Leap Over a Wall*. 이종태 역, 『다윗: 현실에 뿌리박은 영성』. 서울: IVP, 1999.

Polkinghorne, Donald E. "Narrative and Self-Concept." *Journal of Narrative and Life History* 1, no. 2&3 (1991): 135-153.

Polkinghorne, Donald E. *Narrative Knowing and The Human Sciences*. New York: State University of New York Press, 1988.

Rhoads, David M., Joanna Dewey, and Donald M. Michie. *Mark As Story: An Introduction to the Narrative of a Gospel*. Augsburg Fortress Publishers, 1999.

Robinson, Wayne B. *A Journey into the Sermon: The Design and Delivery of an Effective Sermon.* 이연길 역, 『이야기식 설교를 향한 여행』. 서울: 한국장로교출판사, 1983.

Rogers, Carl. "The Necessary and Sufficient Conditions for Therapeutic Personality Change." *Journal of Counseling Psychology* 21 (1957): 95–103.

Ruby, Jay. *A Crack in the Mirror: Reflexive Perspectives in Anthropology.* Philadelphia: University of Pennsylvania Press, 1982.

Russell, Shona, and Maggie Carey. "Re-membering: Responding to Commonly Asked Questions." *The International Journal of Narrative Therapy and Community Work* 3 (2002): 23–31.

Russell, Shona, and Maggie Carey. *Narrative Therapy.* Adelaide, Australia: Dulwich Centre Publications, 2004.

Sampson, E. E. "The Construction of the Self." In *Texts of Identity,* edited by John Shotter and Kenneth J. Gergen, 63–77. London: Sage, 1989.

Tappan, Mark B. "Narrative, Language, and Moral Experience." *Journal of Moral Education* 20, no. 3 (1991): 243–256.

Tilley, Terrence W. *Story Theology.* Washington, Delaware: Michael Glazier, 1985.

Wachterhauser, B. R. *Hermeneutics and Modern Philosophy.* New York: State University of New York Press, 1986.

Walter, John S., and Jane F. Peller. *Becoming Solution-Focused in Brief Therapy.* 가족치료연구소 연구팀 역, 『단기가족치료: 해결중심으로 되어가기』. 서울: 하나의학사, 2001.

White, Michael. *Re-Authoring Lives: Interviews and Essays.* Adelaide, Australia: Dulwich Centre Publications, 1995.

White, Michael. "Naming Abuse and Breaking from its Effects." In *Re-Authoring Lives: Interviews and Essays,* 41–58. Adelaide: Dulwich Centre Publications, 1995a.

White, Michael, and David Epston. *Narrative Means to Therapeutic Ends.* New York: W. W. Norton &Company, 1990.

White, Michael. "Reflecting Teamwork as Definitional Ceremony." In *Re-Authoring Lives: Interviews and Essays*, 111-126. Adelaide: Dulwich Centre Publications, 1995b.

White, Michael. "The Externalizing of the Problem and the Re-Authoring of Lives and Relationships." *Dulwich Centre Newsletter* (Special edition, summer 1988-1989): 3-21.

White, Michael. Maps of *Narrative Practice*. New York: Norton & Co., 2007.

White, Michael. *Re-Authoring of Lives*. Adelaide, Australia: Dulwich Centre Publications, 1995.

White, Michael. *Narratives of Therapists' Lives*. Adelaide: Dulwich Centre Publications, 1997.

White, Michael. "Reflecting Teamwork as Definitional Ceremony Revisited." In *Gecko: A Journal of Deconstruction and Narrative Ideas in Therapeutic Practice*, Vol. 1. Reprinted in Reflections on Narrative Practice: Essays and Interviews, 173-190. Adelaide: Dulwich Centre Publications, 1999.

White, Michael. *Reflections on Narrative Practice: Essays and Interviews*. Adelaide, Australia: Dulwich Centre Publications, 2000.

White, Michael. "Workshop Notes, 9," September 21, 2005. Published on Dulwich Centre website. www.dulwichcentre.com.au /articles /mwworkshopnotes. 2024년 9월 검색.

William, David L. "임상장면에서 포스트모더니즘 사고." In Sheila McNamee and Kenneth J. Gergen, *Therapy as Social Construction*, 273-290. 김유숙 역, 『심리치료와 사회구성주의』. 서울: 학지사, 2004.

Winslade, John Maxwell, and Gerald D. Monk. *Narrative Counseling in Schools: Powerful & Brief*. 송현종, 정수희 역, 『이야기 상담』. 서울: 학지사, 2005.

웹 사이트

http://www.balmbra.no
http://www.bibliothek.bbaw.de
http://www.bootstrapproductions.org
http://www.creativeenergyblog.files.wordpress.com
http://www.dulwichcentre.com.au
http://www.elizemorkel.co.za
http://www.harleneanderson.org
http://images.google.co.kr
http://www.kalipedia.com
http://www.kaospilots.nl
http://www.lighthouseresources.com.au
http://www.narrativeapproaches.com
http://www.phillwebb.net
http://www.photo.net/gallery/photocritique
http://www.popularpersons.org
http://www.pushby.com
http://www.richardwebster.net
http://www.rocktheboattraining.com
http://www.scicom.in
http://www.systemagazin.de
http://www.strengths2009.org.au
http://www.thefreedictionary.com
http://www.yannarthusbertrand.com

찾아보기